Eigenhändige Unterschrift des Inhabers

Hans Ulrich Jörge

Der Schrei
des Hasen

Hans-Ulrich Jörges

Der Schrei des Hasen

Lebensbeichte
eines Kolumnisten

Für Anne und Nora

Der Verlag bittet etwaige Inhaber des Copyrights an einzelnen Bildern darum, berechtigte Forderungen zu melden.

Edel Books
Ein Verlag der Edel Verlagsgruppe

Copyright © 2021 Edel Verlagsgruppe GmbH, Neumühlen 17, 22763 Hamburg
www.edelbooks.com

Projektkoordination und Lektorat: Dr. Marten Brandt
Umschlagfotos: © Urban Zintel
Fotos im Innenteil: Uli Jörges privat
Layout und Satz: Datagrafix GSP GmbH, Berlin | www.datagrafix.com
Umschlaggestaltung: Groothuis. Gesellschaft der Ideen und Passionen mbH | www.groothuis.de
Lithografie: Frische Grafik

Druck und Bindung: GGP Media GmbH, Pößneck

Printed in Germany

ISBN 978-3-8419-0807-0

Inhalt

Vorwort

»Ein Mann, der die Wahrheit spricht, braucht ein schnelles Pferd«, sagt Konfuzius. Ich fürchte mich nicht davor. Andere aber, von denen die Wahrheit durchaus verlangt werden darf, wagen es nicht, sie auszusprechen. Oder offenbaren sie nur lückenhaft. Weil ihnen das eine oder andere in ihrer Biografie peinlich ist. Weil sie sich gar dafür schämen. Oder weil sie fürchten, dass Geständnisse nicht ohne Konsequenzen blieben. Ich kenne etwa ein halbes Dutzend Menschen, die Ende der 60er-, Anfang der 70er-Jahre des vergangenen

Jahrhunderts auf der linksradikalen Rasierklinge balancierten. So wie ich. Bekannte und sehr bekannte Menschen. Frauen und Männer, die bedeutende Positionen im Staat erlangt haben. Sie hätten Unangenehmeres zu erinnern als ich. Doch sie achten die Omerta, das Schweigegebot, das wir aus der Mafia kennen. Bis heute. Bis ins Grab vermutlich.

Meine Haltung ist grundsätzlich anders. Lebensgeschichte ist erlebte Geschichte. In meinem Fall Zeitgeschichte und Geschichte der Medien. In jedem Leben ist das Schicksal der Gesellschaft eingekapselt wie die Fliege im Bernstein. Man braucht den Stein nur ins Licht zu halten und hindurchzuschauen, dann erkennt man. Deshalb, nicht aus Eitelkeit, habe ich mein Leben aufgeschrieben. Das ist mir nicht leichtgefallen. Doch ich bin vor der Scham nicht ausgewichen, obgleich es manches gibt, wofür ich mich heute schäme. Und ich habe versucht, nichts auszulassen, was verdrängt oder schon fast vergessen war. Denn mein Leben, in dem ich fünf verschiedene Leben entdecke, spiegelt die Qualen, die Irrtümer und die Wandlungen der deutschen Geschichte seit der Mitte des 20. Jahrhunderts.

Dieses Leben kann Hoffnung machen, finde ich. Denn es offenbart, erstens, wie durchlässig diese Gesellschaft ist, von unten nach oben. Selbst vor sechs oder sieben Jahrzehnten, als es noch Elemente einer Klassengesellschaft gab, war sozialer Aufstieg möglich, durch Bildung und durch Leistung. Zweitens: Diese Gesellschaft verzeiht viel. Selbst schwere Irrtümer. Sie beweist eine erstaunliche Integrationskraft. Deshalb möchte ich davon erzählen. Ein Pferd brauche ich nicht.

Schüsse auf freiem Feld

Was, zum Teufel, tat ich hier? Nie zuvor und niemals danach habe ich mich so weit entfernt von meinen moralischen Standards, von meinem Überzeugungskern, von Herz und Verstand. Was hat mich so deformiert, in wenigen Jahren, dass ich, der Kriegsdienstverweigerer, nach hochnotpeinlicher Befragung des Gewissens in erster Instanz anerkannt von einem Prüfungsausschuss, nun hier stand, auf freiem Feld, mit einem Gewehr in der Hand? Neben mir zwei der drei Freunde aus der Frankfurter Wohngemeinschaft, zeittypische Linksradikale wie ich, auch sie bewaffnet. Die halbautomatischen Klein-kalibergewehre – jede Patrone wird als Einzelschuss abgefeuert, nur die erste aber vom Schützen in den Lauf gehoben, die fol-genden automatisch aus dem Magazin nachgeladen –, jene durchaus tödlichen Waffen also haben wir zu dritt bei einem Händler in der Frankfurter Innenstadt gekauft. Nicht weit vom Hauptbahnhof entfernt. Das war Anfang der 70er umstandslos möglich, Volljährigkeit reichte. Ich war 20. Wir wurden nicht gefragt, wofür wir die Gewehre denn bräuchten. Aus freien Stücken tischten wir dem Waffenhändler das Märchen auf, wir wollten uns einem Schützenverein anschließen, um dort, auf dessen Schießanlage, gelegentlich das zu betreiben, was der Klub Sport nannte.

Schießsport aber bewegte uns, die wir uns gegenseitig Ge-nossen nannten, keineswegs. Die Bewaffnung sollte uns vor-bereiten auf revolutionäre Zeiten. Irgendwie. Diffus. Vorbereiten auf die linke Revolution in der Bundesrepublik, von der wir spät-pubertär fantasierten bei Joints und Roll 'n' Roll und die, davon waren wir überzeugt, ohne Waffengewalt gegen die Büttel des Systems nun mal nicht zu haben war. Eine Revolution ist kein Deckchensticken, hatte Mao geschrieben in seiner kleinen, roten Bibel. Oder auch rüsten gegen einen faschistischen Putsch, den wir nach den unlängst durchgedrückten Notstandsgesetzen und nach unseren eigenen Demonstrationserfahrungen mit der Poli-zei an den Brennpunkten Frankfurts in greifbarer Nähe wähn-ten. Benno Ohnesorg war 1967 bei Protesten gegen den Berlin-Besuch des Schahs von Persien im Halbdunkel eines Hinterhofs von dem Polizisten Karl-Heinz Kurras, vier Jahrzehnte später als Stasispitzel enttarnt, per Kopfschuss getötet worden. Im folgenden Jahr wurde Rudi Dutschke, Ikone der Rebellen, auf dem Kurfürstendamm in Berlin von einem verhetzten Rechtsradikalen niedergeschossen und lebensgefährlich verletzt. Die schießen wieder, die wollen uns umbringen! Der Satz wurde zum Mantra der Linksradikalen. Die Schöpfer des linken Terrorismus, die Gründer der Roten Armee Fraktion (RAF), fügten hinzu: Also müssen wir uns bewaffnen. Auch ich nahm den verhängnisvollen Satz:»Die schießen wieder« auf, wog ihn ab und stimmte dem Befund zu. Selbst meine Mutter, deren Liebe die linksradikale Verdrehung des Sohnes nicht zu brechen vermochte, teilte die Sorge, instinktiv. Sie hatte noch aus der Zeit vor der Flucht und Übersiedlung der Familie aus der DDR ein Sperrkonto bei der Sparkasse meiner Thüringer Heimatstadt. Ein paar Tausend Mark, die sie nicht ausgeben, nur in streng limitierten Kleinstbeträgen abheben durfte, wenn sie zum Besuch ihrer Schwester zurück in den Osten kam. Sie hätte das Konto auflösen und das Geld der Schwester schenken können. Doch sie entschied sich anders, aus Sorge um den Sohn.»Falls du mal ins Exil in die DDR gehen musst, wirst du das Geld gut gebrauchen können«, eröffnete sie mir eines Tages. Ich hatte nur Spott dafür übrig. Niemals! Den Sozialismus der DDR verachtete ich. Unfrei, bürokratisch, degeneriert. Ich schwadronierte, wenn die Eltern nach meinen Vorstellungen fragten, und das war ziemlich oft, von einer Räterepublik, radikaldemokratisch, kulturrevolutionär. Die Räte sollten laufend basisdemokratisch neu gewählt werden und damit die Veränderungen der Zeitstimmung widerspiegeln. Unreif, chaotisch, dieses Konzept, zugegeben. Aber ungemein spannend. »Fantasie an die Macht«, lautete die Parole des revolutionären Mai 1968 in Paris, die mir am besten gefiel.

Dem Terrorismus aber wollte ich mich nicht verschreiben. Untergrund kam nicht in Frage, jedenfalls nicht so, wie ihn die RAF vorexerzierte. Militärisch. Rigide. Zum Fürchten. Auch wenn ich zu Hause, wie die anderen auch, das Schießeisen in den Händen hin und her wendete, an die Schulter legte, imaginäre Ziele ins Auge nahm und mit leerem Magazin abdrückte. Wir putzen die Dinger wie andere ihre Motorräder. In einer pervers aufblühenden Waffenliebe. Doch auch in dunkler, wühlender Furcht. Die Waffe konnte das Leben anderer beenden, auch das eigene. Das gelblich-transparente Waffenöl, mit dem ich Lauf und Magazin einstrich, gab diesem ambivalenten Gefühl den Geruch. Man vergisst ihn nie wieder. Aber es musste ja sein. Wer sich nicht wehrlos abknallen oder ins KZ stecken lassen wollte, musste sich vorbereiten. »Die politische Macht kommt aus den Gewehrläufen«, dozierte Mao. Und das erschien mir durch und durch plausibel, dem halbgaren, aufs falsche Gleis geratenen Moralisten. Beseelt von den höchsten Idealen der Menschheit. Doch im Nu abgestürzt von diesen Gipfeln.

Illegale wollten wir indes nicht werden, wir Politpubertären. Wir spürten, dass wir uns dem Sog in den Untergrund widersetzen mussten. Die Gewehre mussten eingehegt werden, zur Verfügung stehen, doch nicht zur Aktion drängen. Also besorgten wir uns Waffenbesitzkarten bei der Polizei. Das war ohne großen Umstand möglich. Man saß eine halbe Stunde auf einem Behördenflur, füllte einen Antrag aus – und erhielt die Karte, die zum Besitz des Gewehrs berechtigte. Das beruhigte das Gewissen, das sich noch nicht vollständig geschlagen geben mochte. Es gestaltete sie noch mit, diese prekäre Phase des revolutionären Bürokratismus, der staatlich geduldeten Vorbereitung zum Aufstand. Wenn die Deutschen einen Bahnhof stürmen wollen, kaufen sie sich eine Bahnsteigkarte, soll Lenin gesagt haben. Wenn sich Linksradikale gegen den vermeintlich faschistischen Staat bewaffnen, beantragen sie bei bei der entsprechenden Behörde desselben eine Waffenbesitzkarte, hätte es analog heißen müssen. Für uns.

Die Gewehre schlummerten, eingehüllt in grüne Jagd-Futterale, in den Schränken der Wohngemeinschaft. Doch ihre Besitzer drängte es zum Ausprobieren, zur Schießübung. Wir wollten wissen, wie die Dinger wirkten, wie weit es die tödlichen Kugeln trug. Also fuhren wir an einem Sonntagvormittag im Herbst, das Wetter war trüb, feucht und kalt, aus Frankfurt hinaus, um irgendwo ein freies Feld zu suchen, weit abseits des nächsten Dorfes. Die Knarren lagen im Fußraum vor der Rückbank des Käfers. Wir hatten die im Futteral unverkennbaren Schießprügel ganz offen am Riemen über der Schulter aus dem Haus im Frankfurter Nordend getragen, zum Auto. Wir haben doch nichts zu verbergen, wir haben Waffenbesitzkarten, wir fahren zum sonntäglichen Sportschießen.

Wir mussten eine Weile suchen, bis wir irgendwo im Hessischen ein abgeerntetes Feld in sanft gewellter Landschaft ausgemacht hatten. Ich ließ das Futteral im Auto zurück, ging voran und trug das Gewehr offen in der Rechten. Das Magazin schon geladen. Was suchten wir eigentlich genau? Einen markanten Stein? Einen Baum? Ein Tier? Wir hatten das im Ungefähren gelassen und damit auch die Frage unbeantwortet, welches Tier man überhaupt mit der Kugel statt mit Schrot jagen dürfe. Das hatte Folgen.

Ich stapfte unschlüssig über das gepflügte Feld, die Begleiter rechts und links zur Seite. Die schwere, nasse, schwarze Erde klebte an den Schuhen, Kälte kroch in die Jacke. Der Blick schweifte über die Fläche. Und blieb an einer Furche hängen. Da lag etwas. Geduckt, starr. Ein Hase. Die Ohren angelegt. Wäre er aufgesprungen und um sein Leben gerannt, die ungeübten Schützen hätten ihn gewiss verfehlt. Doch er blieb sitzen, wähnte sich unerkannt. Den nehmen wir. Ich war der Anführer, ich hob das Gewehr an die Schulter, zielte – die beiden anderen folgten – und drückte ab. Die Kugel traf den Hasen in den Leib.

Was nun folgte, kann ich nicht mehr vergessen. Der Hase schrie. Einen Schrei, wie ich ihn noch nie gehört hatte. Und danach nie wieder hörte. Hell und hoch. Wie ein verletztes Kind. Hockte aber immer noch in der Furche und schrie und schrie. Vermutlich konnte er nicht mehr fliehen. Und wir, die drei Jäger, wurden gepackt von Entsetzen. Welch Grauen erregender Schrei. Schier endlos. Ohne Atempause. Ganz hell, ganz hoch. Der Jagdimpuls erstickte in Panik. Schluss mit diesem Schrei! Hör auf! Wir schossen mehrfach. Zweimal, dreimal, viermal. Liefen schießend auf den Hasen zu. Standen vor ihm. Er schrie noch immer. Ganz hell, ganz hoch. Dem Leiden ein Ende zu bereiten, ging nur durch feigste Tat. Den Nahschuss. Der Hase sah den Schützen dabei an. Mich. Ich meinte, er blicke mir in die Augen. Und ich drückte noch mehrfach ab, bis der Schrei erstarb. Mitleid mit der Kreatur würgte mich. Ich schämte mich. Abgrundtief.

Wir liefen zum Auto zurück. Stracks. Schweigend. Flüchtend. Im Innersten erschüttert. Wenn das ein Mensch gewesen wäre? Wie schreien verwundete, angeschossene Menschen? Vermutlich nicht so kindlich hell wie der Hase. Eher kehlig, dunkel, heiser. Doch nicht weniger grauenerregend und peinigend für den Schützen. Nie wieder. Niemals wieder würde ich mit dieser Waffe losziehen, wann und gegen wen auch immer. Nun hatte ich erlebt, was ich bei der Gewissensprüfung für Kriegsdienstverweigerer abstrakt ins Feld geführt hatte. Nun wusste ich auch, warum mein Vater, der als junger Gefreiter aus dem Krieg zurückgekehrt war, danach nie wieder ein Gewehr anfassen wollte. Nicht mal an der Schießbude auf der Kirmes. Er war Scharfschütze gewesen, Jahre an der Ostfront, dann am Ende im Ruhrgebiet. Kampf um Häuser und Fabriken. Elfmal war er verwundet worden, tiefe Narben und Krater übersäten seinen Körper. Als er nach Hause kam und sich zum Hochzeitsfoto mit der Mutter stellte, war er dürr und bleich, wirkte ausgeblutet und halb verhungert. Wie hatte er geschrien, als er getroffen wurde? Elfmal. Von Kugeln und Granatsplittern.

Der Schrei des Hasen war die Wasserscheide meines Lebens. Die Gewaltfrage war geklärt. Ein für alle Mal. Ich kroch zurück auf mein ethisches Fundament. Ich nahm mich heraus aus dem militanten Linksradikalismus, auch wenn ich da noch eine Weile mitschwamm, unschlüssig, orientierungslos, zog eine Grenzlinie, riss mich am Ende geradezu los. Das bleibt zu erzählen. Das Gewehr stand fortan in der hintersten Ecke meines Kleiderschranks, verborgen von Mänteln und Sakkos. Nie mehr geputzt. Der Zweite von der Hasenjagd übrigens wurde später Pressesprecher der Deutschen Bundesbank, der Dritte Antiquar in Frankfurt. Auch sie hatten sich befreit, jeder auf seine Weise.

Hier muss ich ein Geständnis ablegen, eine Versuchung der Feigheit beichten. Die prägende, quälende Episode mit dem Hasen konnte und wollte ich zunächst nicht in Ich-Form erzählen, sondern in der dritten Person, aus großer Distanz also. Denn der, um den es da ging, ist mir im Nachhinein rätselhaft wie ein Fremder. Ich wollte ihn nicht mehr an mich heran- oder in mich hineinlassen. Nur unter Qual und Scham, bei angestrengter Erinnerung der Zeitumstände, rückt er mir wieder nahe. Es hilft ja nichts, es gibt kein Entrinnen: Der war ich, der bin ich, der werde ich sein. Der mit der Waffe. Damals. Ich hatte verdrängt, wie so viele aus meiner

Generation des Linksradikalismus. Sie beschweigen bis heute die Schreie in ihrer Erinnerung. Ich kann das nicht, ich will das nicht. Ich will rückhaltlos ehrlich sein. Verdrängen konnte und kann ich nicht für alle Zeit. Der Verirrung muss ich mich stellen. Denn ich halte sie für zeittypisch. Es ist daraus zu lernen. Für mich. Für andere. Und für andere Zeiten.

Das Gewehr, das nun unbeachtet im Schrank stand, das sich aber nicht aus dem Gewissen fortstellen ließ, begleitete mich noch einige Jahre. Was tun damit? Wie beseitigt man eine Waffe? Irgendwo in einen Fluss oder See werfen? Ich habe das in Erwägung gezogen und schreckte doch davor zurück, weil mich der Gedanke lähmte, jemand könne das Gewehr finden, reinigen – und benutzen. Als das Haus, in dem ich inzwischen die einstige WG-Wohnung mit meiner Freundin teilte, 1975 bei der Aktion Winterreise, einer bundesweiten Razzia gegen den Terrorismus, durchsucht wurde – ich war als Journalist ein paar Tage bei BP in London –, wurde die Waffe im Kleiderschrank nicht entdeckt. Unbegreiflich. Das Mietshaus im Frankfurter Nordend wurde wegen Brigitte Heinrich durchsucht, die im Erdgeschoss lebte, Kontakte zum Terrorismus hatte und bei der Razzia festgenommen wurde. Später saß sie für die Grünen im Europaparlament. Auch andere Bewohner dieses Hauses waren bemerkenswert, ich komme darauf zurück.

Das Gewehr nahm ich später mit nach Bonn, Helmut Schmidt war Kanzler, dann nach Berlin. Dort stand – ein Relikt der Nachkriegszeit – nach alliiertem Recht noch die

Todesstrafe auf illegalen Waffenbesitz. Erst in München, Strauß regierte Bayern, vernichtete ich die Waffe. Ich zerschlug sie auf dem Betonboden meines Kellers im ehemaligen Olympiadorf, wo 1972 Palästinenser die israelischen Sportler als Geiseln genommen hatten. In einem Haus auf der anderen Straßenseite, damals das Mannschaftsquartier der Israelis, waren wieder Juden in Deutschland ermordet worden. Exakt in jener Zeit, als ich mich in Frankfurt bewaffnet hatte. Der Gedanke machte die Waffe im Keller unerträglich. Ich drosch zunächst den Kolben ab, dann verbog ich den Lauf. Und warf die Reste in den Müllschlucker.

Das war zu Beginn meines fünften Lebens. In dem jetzt, am Übergang zum sechsten, ein Brief der Noch-CDU-Vorsitzenden Annegret Kramp-Karrenbauer neben mir auf dem Schreibtisch liegt. Sie wünscht mir »ein besinnliches Weihnachtsfest und Gottes Segen für das neue Jahr« 2021. Nichts könnte den Spannungsbogen dieses Lebens in sieben Jahrzehnten und zwei Jahrhunderten bildhafter beschreiben.

Erstes
Leben

Entwurzelt

»Deckname: Andreas.« Die Formel wurde für mich zum
Schlüssel für das Verständnis meiner Entwurzelung. Ich war
vier Jahre alt, als »Deckname: Andreas« mein Leben zertrümmerte. Fortan fühlte ich mich heimatlos, gleichgültig, wo
ich aktuell lebte. Achtzehnmal bin ich umgezogen. Da, wo
ich geboren wurde und wo ich Heimat spürte, wurde ich fort-
gerissen: Bad Salzungen, Thüringen, DDR. »Deckname: Andreas«, darauf stieß ich erst nach der Wiedervereinigung beim
Einblick in die Stasiakten meines Vaters. Ich war auf der Suche

nach den Gründen, warum mir die DDR in den 70ern die Akkreditierung als Korrespondent der *Süddeutschen Zeitung* in Ost-Berlin verwehrt hatte. Meine eigene Stasiakte war verschwunden, rätselhaft. Während ich in den Akten von Kollegen vielfach vermerkt war. Zwei Erklärungen sind dafür denkbar. Beide gehen davon aus, dass auf westlicher Seite jemand an der verweigerten Akkreditierung beteiligt war. Entweder ging es um einen Agenten in meiner Nähe, dessen Enttarnung nach dem Untergang der DDR zu verhindern war. Ich komme darauf zurück. Oder Jörges für die *Süddeutsche Zeitung* in Ost-Berlin war eine zu verstörende Vorstellung, weil das Blatt für die Vermittlung der Ostpolitik sozialliberaler Regierungen nun mal eine entscheidende Rolle spielte. Der Kerl ließ sich aber nicht einspannen in regierungsfromme Seilschaften, er hatte sich bei Reuters den Ruf eines quirligen, unberechenbaren Einzelgängers erworben, der größten Wert auf Unabhängigkeit legte.

In den Hinterlassenschaften des Ministeriums für Staatssicherheit fanden sich indes nur meine Karte aus der Zentralkartei und einige Belege für abgehörte Telefongespräche, die ich als Reuters-Korrespondent in West-Berlin aus dem Büro geführt hatte. In der Kartei war ich unter PID und PUT erfasst. Die Kürzel standen für Politisch-ideologische Diversion und Politische Untergrund-Tätigkeit. Im Westen hätte man das ungezähmten Journalismus und hartnäckige Recherche genannt. Auf der Registrierungskarte, auf Deutsch geführt und in kyrillischer Schrift für den sowjetischen KGB übersetzt, fand sich indes auch ein Verweis auf meinen toten Vater, inklusive Aktenzeichen. Lag die Ursache für die Ablehnung in seiner Person, seiner DDR-Vergangenheit, vor der Flucht in den Westen? Ich beantragte Akteneinsicht.

Als ich zum Lesen in die ehemalige Stasizentrale in der Ost-Berliner Normannenstraße kam, übergab mir die Sachbearbeiterin indes nicht nur eine Akte, sondern zwei. »Nehmen Sie erst mal Platz«, eröffnete sie mir. »Ihr Vater hatte eine Opfer- und eine Täter-Akte, wie wir das nennen. Er wurde von der Staatssicherheit verfolgt und bespitzelt, dann aber auch zur Mitarbeit erpresst.« Meinen Schock kann ich kaum beschreiben. Als ich gelesen hatte, packte mich auf der Rückfahrt nach Hamburg tiefe Verzweiflung. Hätte man die Stasiakten nicht besser vernichten sollen, restlos? Könnte man nicht besser leben, wenn man das alles nicht wüsste, was sie nun für alle Zeiten preisgaben?

Mein Vater, ein Stasispitzel. Erst später war ich dankbar für diese Enthüllung, über die ich mit ihm nicht mehr sprechen konnte. Denn sie zerstörte nicht nur seine Lebenslüge, die er mir als Begründung für die Entwurzelung der Familie und ihre Verpflanzung von Ost nach West erzählt hatte. Er sei 1945 aus dem amerikanischen Lazarett im Ruhrgebiet nach Bad Salzungen zurückgekehrt, als einfacher Gefreiter, nur mit dem Verwundetenabzeichen in Gold dekoriert, und in die SPD eingetreten. Als die mit der KPD vereinigt wurde, landete er in der SED. Und dort gerieten die Sozialdemokraten derart unter Druck, endete seine Erzählung, dass er schließlich keine andere Möglichkeit mehr gesehen habe, als in den Westen zu flüchten. So nachvollziehbar, so falsch.

Die Wahrheit, die mir nun die Akten erschlossen, sah anders aus. Meine Familie war, betrachtet man es in historischen Zusammenhängen, an der Nahtstelle zwischen Nationalsozialismus und Sozialismus zerrissen worden. Der Riss verlief mitten hindurch. Mein Vater, der auf den Namen Johann-Friedrich getauft war und sich lieber Hans nennen ließ, stammte aus proletarischen Verhältnissen. Sein Vater war Bahnarbeiter und brachte es am Ende zum Oberrottenführer. Er verlegte mit seiner Kolonne Bahnschienen. Fotos aus der Zeit erinnern an Bilder jener abenteuerlichen Gestalten, die den Wilden Westen für Dampfrösser erschlossen. Nach allem, was mir später erzählt wurde, war das Milieu dieser Kleinfamilie in der Tat sozialdemokratisch. Man wohnte am Rande der Kurstadt Bad Salzungen, nicht weit von Eisenach, auf einer Anhöhe, in einer Siedlung von Wohnblocks, die um einen großen, grünen Innenhof mit vielen Bäumen und Sträuchern errichtet waren. Die Siedlung wurde Zehnt genannt, vor der Nazizeit offiziell Friedrich-Ebert-Hof, dann Adolf-Hitler-Hof und ab 1945 wieder Friedrich-Ebert-Hof. Auch meine Eltern nahmen nach ihrer Hochzeit eine Wohnung auf der Zehnt, meine Schwester und ich wurden dort geboren, sie zwei Jahre vor mir.

Den Mittelpunkt der Stadt bildete ein See mit einem weißen Kurhaus und großbürgerlichen Villen. Von der Zehnt aus gesehen jenseits des Sees, in der Innenstadt, fast am Marktplatz, lebten in bürgerlichem Ambiente meine Großeltern mütterlicherseits. Sie hatten drei Töchter. Wie auch schon sein deutschnationaler Vater war mein Großvater Oskar Lehrer, allerdings wandelte er sich zum Nazi und wurde offenbar – gesicherte Erkenntnisse habe ich nicht – zum höchsten SA-Offizier im Ort. Er kehrte als Hauptmann der Wehrmacht aus dem Krieg an der Ostfront nach Hause zurück. Als die Amerikaner – die erste Besatzungsmacht – abzogen und Thüringen den Russen überließen, wurde er verhaftet und kam zunächst ins ehemalige Konzentrationslager Buchenwald bei Weimar, das die Sowjets als Internierungslager weiter betrieben. Von dort aus wurde er schließlich nach Sibirien deportiert, wo er in einem Bleibergwerk an Lungenentzündung starb. Ein heimkehrender Mithäftling überbrachte meiner Großmutter die Todesnachricht. Ich habe Oskar Hirsch nie kennengelernt, habe ihn auch nur auf einem einzigen Foto gesehen, in Wehrmachtsuniform mit Mütze. Er war künstlerisch veranlagt und malte gut. Mehrere Stillleben sind erhalten geblieben, das von der halben Zitrone auf dem Teller besitzt heute eine meiner Töchter.

Der soziale, kulturelle und politische Bruch zwischen den beiden Familien meiner Eltern blieb mir als Kind nicht verborgen. Die Großeltern hatten praktisch keinen Kontakt zueinander. Ich kenne kein Foto einer Familienfeier, auf dem sie miteinander abgelichtet worden wären. Jeder lebte in seinen Kreisen. Mein Vater erzählte später voller Häme, dass Oskar

Hirsch lange herumgereist sei, um aus kirchlichen Tauf-
büchern und Aufzeichnungen von Standesämtern den Arier-
nachweis zu erbringen. Hirsch klang jüdisch, die Sache musste seiner SA-Karriere zuliebe geklärt werden.

Nachdem er von der Roten Armee verhaftet worden war,
hatte sich seine Frau, meine Oma Toni, anfangs täglich auf
der sowjetischen Kommandantur zu melden, die in einer herr-
schaftlichen Villa am See untergebracht war. Später brauchte
sie nur noch einmal pro Woche vorzusprechen. In einem Zimmer ihrer Wohnung war ein junges sowjetisches Offiziers-
ehepaar einquartiert. Das zersetzte alle Vorurteile gegenüber
»den Russen«. Ich erinnere mich, dass wir eines Abends in der
Wohnküche der Großmutter im großen Kreis um den Tisch
saßen, bei Rührei, als sich die Tür öffnete, die beiden in Uniform hereintraten, höflich auf Deutsch grüßten, den Schlüssel vom Haken nahmen, sich verabschiedeten und in ihr Zimmer zurückzogen. Die Runde war beeindruckt und tauschte
verblüffende Erfahrungen aus, die sie mit den beiden hatte.
Sie sprachen perfekt Deutsch, waren in der hiesigen Kultur
bewandert, spielten Geige und Klavier. So was! Ich machte meine eigenen Erfahrungen mit sowjetischen Soldaten.
Wenn ich als Vier- oder Fünfjähriger mit einem Freund spie-
lend am See unterwegs war und am Zaun der Kommandantur vorüber kam, beobachteten wir häufig Soldaten beim
Basketballspielen im Garten und riefen ihnen ein paar russische Wörter zu, die wir auswendig gelernt hatten, ohne aber
deren Bedeutung zu kennen. Das war nicht ohne Risiko, es

müssen indes freundliche Begriffe gewesen sein, »Drushba« und »Mir« vielleicht, Freundschaft und Frieden. Denn die Soldaten kamen an den Zaun und schenkten uns Bonbons. Nicht nur amerikanische Soldaten haben also nach Kriegsende Süßigkeiten an deutsche Kinder verteilt.

Die Familie meiner Mutter war auch sozial tief gefallen. Ihr Haus wurde enteignet, ebenso der große Garten nebenan. Als meine Tante Lore bei einer Feier zum 1. Mai an der Tribüne der roten Partei- und Gewerkschaftsprominenz vorüberzog, rief ihr von oben die ehemalige Putzfrau der Eltern zu: »Jetzt sind wir dran!« Unterst zuoberst in der jungen DDR. Ich fand diese Erzählung nicht schlecht, als ich sie zum ersten Mal hörte. Mutter und Tanten hin oder her.

Mein Vater, als Mitglied der SED, machte unterdessen Karriere. Er hatte die Reichsfinanzschule im österreichischen Feldkirch absolviert, bevor er 1941 zum Arbeitsdienst und danach zur Wehrmacht eingezogen wurde. Nach dem Krieg begann er bei den Finanzämtern in Eisenach und Bad Salzungen, besuchte 1948 die Kreisparteischule der SED, stieg als Referent in der Landesfinanzdirektion auf und schrieb für die Zeitschrift *Deutsche Finanzwirtschaft*. Das war mit einem ordentlichen Gehaltssprung von 432 auf 679 Mark verbunden, nicht schlecht für DDR-Verhältnisse. Alles schien in sicheren Bahnen zu verlaufen.

Da wurde er politisch vom Gleis gestoßen, völlig unerwartet. 1951, im Jahr meiner Geburt, schloss ihn die SED bei der ersten Parteisäuberung aus. Weil er mit meiner Mutter verheiratet war, die im Stalinismus schematisch als Tochter eines »Nazi- und Kriegsverbrechers« eingestuft wurde – ein klassischer Fall von Sippenhaft. Von diesem Schlag erholte er sich nie wieder. Das Leben aller, auch meines, geriet aus den Fugen. Wegen des Parteiausschlusses wurde mein Vater auch aus der staatlichen Finanzverwaltung entfernt und musste sich beim VEB Kraftverkehr Eisenach als Hauptbuchhalter verdingen. Der Volkseigene Betrieb lebte im Schatten der Wartburg vom Busverkehr.

Mein Vater verbitterte. Seine Opferakte bei der Stasi legt davon Zeugnis ab. Ein Spitzel im Betrieb denunzierte ihn. Der Verfemte rieb sich für den VEB auf, besorgte etwa auf eigene Faust und mit Westmark der Verwandtschaft Ersatzteile für einen Mercedes-Bus, ging dafür nachts illegal, doch mit Wissen der Staatssicherheit, über die Grenze und kehrte anderntags wieder zurück. Im hessischen Tann, wo er geboren war, hatte er noch Verwandte, und in der Nähe von Kassel lebte eine Schwester meiner Mutter mit ihrer Familie. Dort holte er Hilfe. Der Stasispitzel »Cäsar« aber ruinierte seinen Ruf. »Jörges wird im Allgemeinen für den größten Lumpen im Betrieb gehalten«, schrieb der etwa. »Er lästert im Beisein seiner Kollegen katastrophal über unser dztg. Regime.« Den früheren ersten Sekretär der Partei im Betrieb habe er einen »dreckigen Lump« genannt, einem Mann der Gesellschaft für Deutsch-Sowjetische Freundschaft gedroht: »Sie als Funktionär d. DSF werden, wenn es anders kommt, verkehrt aufgehängt.« Aus Ungarn, so kolportierte »Cäsar« weiter, würden nach Ansicht meines Vaters absichtlich fehlerhafte Ikarus-Busse geliefert, da das DDR-Geld keinen Wert habe.

Mit einem Wort: Er wurde als »Gegner des Staates« denunziert. 1954, während der Fußballweltmeisterschaft, verteilte er ein Exemplar des westdeutschen Magazins *Kicker* unter den Kollegen. Vor der Volkskammerwahl im Oktober verkündete er laut »Cäsar«: »Die Ganoven haben diese Wahl schon für sich ausgearbeitet. Unter Ganoven sind die Regierungsmitglieder gemeint.« Die zuständigen Stasioffiziere bilanzierten jedenfalls im selben Jahr: »Jörges diskutiert negativ und verherrlicht den Westen.« Da war er erst einunddreißig. Und konnte nichts mehr werden. Nur noch in der Stasi.

Denn die legte 1954 den Gruppenvorgang Nordpol an, um die beiden wichtigsten Leute im VEB unter die Lupe zu nehmen, den Betriebsleiter und dessen rechte Hand. Im Betrieb arbeiteten 19 ehemalige Angehörige des Panzerregiments 2 aus Eisenach – eine auffällige Konzentration, die bei den Verschwörungsexperten sogleich den Verdacht der Spionage für den Westen nährte. Zumal einer der beiden Verdächtigen früher Kontakt zu einer Frau hatte, die 1952 wegen Militärspionage verurteilt worden war, 1954 wieder freikam und nun im Ruf stand, in Frankfurt am Main für die Organisation Gehlen, Vorläufer des Bundesnachrichtendienstes (BND), zu arbeiten. Dass sich die Panzerleute vielleicht deshalb in einem Fahrzeugbetrieb sammelten, weil sie sich mit schwerer Technik auskannten, spielte bei den Erwägungen keine Rolle. Mein Vater geriet ins Räderwerk des Gruppenvorgangs, weil er das

Vertrauen der beiden Zielpersonen genoss und sie als Buchhalter aus der Nähe beobachten konnte. Und weil das so war, reifte bei der Staatssicherheit der Plan, ihn anzuwerben. Das indes ging nur unter Druck, denn er war zum Oppositionellen geworden.

Also wurden zwei Konspirationen ausgeheckt. Der erste Plan beginnt mit dem Satz: »Jörges erhält eine Einladung zum Staatssekretariat für Kraftverkehr, zwecks Rücksprache über die Rentabilität des Betriebs.« Eine getürkte Sache, aber ein echtes Gespräch in Berlin. Dafür sollte mein Vater Unterlagen des VEB mitnehmen – und in jener Zeit galt Vertrauliches aus der Logistik des Staates als potenzielles Geheimdienstfutter. Auf der Rückfahrt jedenfalls, so der Plan weiter, sollte mein Vater im Zug unter dem Verdacht verhaftet werden, die Dokumente in West-Berlin feindlichen Geheimdiensten gezeigt zu haben. »Die Beobachtung durch Abtlg. VIII muss bis nach Erfurt erfolgen. Ein Mitarbeiter der Abtlg. XIII muß zugegen sein und zwar in Uniform der Transportpolizei, da geplant ist, den J. kurz vor Erfurt festzunehmen, weil bei der Kontrolle seines Gepäcks festgestellt wird, dass er in seiner Tasche Finanzunterlagen hat.« Und weiter: »Dem J. wird zur Last gelegt, dass er mit diesen Unterlagen evtl. in Westberlin war.« Ein abgefeimter Plan.

Man entschied sich dann aber für den direkteren, brutaleren Eingriff. Alle drei, die beiden Spitzenleute des VEB und mein Vater, wurden im März 1955 unter dem von der Stasi konstruierten Vorwurf verhaftet, rund 400.000 Mark aus dem

Betrieb veruntreut zu haben. Ich war drei Jahre alt und habe zwei Erinnerungen an das Geschehen: Mein Vater war längere Zeit verschwunden und es gab in unserer Wohnung eine Hausdurchsuchung. Die beobachtete ich aus meinem Laufstall. Männer in langen, dunklen Ledermänteln und Schlapphüten stellten alles auf den Kopf, was mich in Angst und Schrecken versetzte. Meine Mutter erzählte mir sehr viel später, schon im Westen, ich hätte in die Hose gemacht und der strenge Geruch habe die Wühlarbeit der Besucher zu einem raschen Ende gebracht. In den Stasiakten ist zu lesen, sie hätten 44 Westmark und »faschistische Literatur« gefunden.

Die drei Verhafteten wurden unterdessen intensiv verhört. Einer der beiden anderen, so heißt es, habe Kontakte zum Ostbüro der FDP und zum NTS gehabt, einer antikommunistischen Widerstandsbewegung aus der Sowjetunion, die nach dem Krieg im westlichen Exil fortbestand. Mein Vater wurde freigelassen, weil sich die konstruierten Unterschlagungsvorwürfe bei einer Überprüfung der Bücher nicht bewahrheitet hatten. Die zweimonatige Haft hatte ihn indes zermürbt. Umgehend wurde er zum Gespräch einbestellt von einer Unterleutnantin der Staatssicherheit, die ihn wegen seiner kritischen Haltung im Betrieb zur Mitarbeit erpresste und fortan seine Führungsoffizierin war. Verweigere er sich, werde er seine Kinder acht Jahre nicht wiedersehen, drohte sie ihm. In der Opferakte heißt es dazu: »Jörges wurde nach seiner Entlassung auf Grund seiner im Betrieb geführten negativen Diskussionen im GV ›Nordpol‹ auf Druck angeworben.« Die

Gelegenheit, einen Gedemütigten wie ihn dauerhaft an den Haken zu nehmen, wollte man sich nicht entgehen lassen. Das zerstörte ihn vollends. Am 4. Mai 1955 verfasste mein Vater handschriftlich eine Verpflichtungserklärung – nach Diktat, wie die Formulierungen vermuten lassen. Er sei bereit, »das Staatssekretariat für Staatssicherheit in der Erfüllung seiner Aufgaben zu unterstützen«. Ein eigenes Ministerium war die Stasi damals noch nicht, sie gehörte zum Innenministerium. Ich habe später als Journalist häufig und intensiv über die DDR-Staatssicherheit geschrieben, ich kannte Verpflichtungserklärungen. Als ich die meines toten Vaters las, war ich dennoch schockiert. Das ist keine Floskel. Er hatte mir nie auch nur eine Andeutung gemacht. Davon so wenig wie von seiner kurzen SED-Karriere, die mit Parteiausschluss endete. Er schämte sich. Er war ein Verlierer. Und er hatte sich erpressen lassen.

Es gibt also für mich zwei weiße Flecken in der Geschichte meiner Familie, einen aus dem Nationalsozialismus, den anderen aus dem Sozialismus. Ob meinem in Sibirien gestorbenen Großvater mehr vorzuwerfen war als nur die Offizierskarriere in der SA, weiß ich nicht. Als ich meine Mutter wiederholt und zunehmend drängend befragte, ob es Juden in Bad Salzungen gegeben habe und ob sie wisse, was mit denen geschehen sei, antwortete sie mir am Ende zögernd: Ja, es gab welche. Aber die waren eines Tages weg. Wie – weg? Das wisse sie nicht. Verschwunden. Und die Wohnungen? Da wohnten dann andere Leute. Das kann nicht alles gewesen sein, was sie wusste, erlebt oder gehört hatte. Ich habe selbst recherchiert, dass es in meiner Heimatstadt ein Außenlager des KZ Buchenwald gab. Der Bahnhof lag nicht außerhalb der Stadt, also müssen dort Häftlingstransporte angekommen und Häftlingskolonnen in gestreifter KZ-Kleidung und Holzpantinen unterwegs gewesen sein. Selbst wenn man das nicht persönlich beobachtet hatte, so wurde doch in der Stadt darüber geredet. Hatte mein zunächst nach Buchenwald gebrachter Opa Oskar damit zu tun? Und was hatte er im Krieg an der Ostfront getan? Eine Schwester meiner Mutter hat mir später versichert, er sei kein Kriegsverbrecher gewesen, nur Hauptmann der Wehrmacht und SA-Offizier, was allerdings für die stalinistische Säuberungspraxis nach dem Krieg ausreichen konnte. Beruhigt war ich ob der Beteuerungen der Tante aber keineswegs.

In der schriftlichen Begründung meines Antrags auf Kriegsdienstverweigerung schrieb ich später, ich sei »an der Wetterfront« der unterschiedlichen politischen Auffassungen von Vater und Mutter aufgewachsen. Mein Vater amüsierte sich darüber und machte Scherze über meine Mutter. Das hätte er sich besser verkniffen. Meine Mutter hatte es in der Hand, die Mauer vor seiner eigenen Vergangenheit einzureißen. Dennoch bin ich heute voller Mitleid mit beiden, weil sie zu Opfern der deutschen Geschichte wurden, in unterschiedlichen Milieus, und weil ich die Umstände ihres persönlichen Scheiterns verstehe.

Mein Vater wurde laut Akte von »Gen. Ultn. Glaser«, Genossin Unterleutnant Elly Glaser, als »Geheimer Informator« geführt. »Linie, auf der die geworbene Person arbeitet:

Spionage.« Der Mann, der nun »Andreas« hieß, wurde glänzend beurteilt. Von jener Stasioffizierin Glaser, die mit stark rechtsgeneigter Unterschrift zeichnete, und von Spitzel »Inge« unterstützt wurde. »Jörges ist eine gute Fachkraft, der sehr korrekt ist in seinen Abrechnungen. Er vertritt die Belange des volkseigenen Betriebes. Er ist sehr fleißig und scheut auch keine Überstunden. Politisch ist Jörges nicht einwandfrei, er ist in seinen Äußerungen negativ. Trotzdem ist er in seinem Charakter ehrlich und offen. Er führt ein gutes Familienleben und ist moralisch einwandfrei. Er ist bescheiden und trinkt nicht. Er raucht nur. Verschwiegen ist er ebenfalls.« Welcher Kontrast zu den Anschwärzungen aus »Cäsars« Feder!

»Andreas« sang nur ein Jahr. Unwesentliches, Klatsch aus dem Betrieb, soweit ich es beurteilen kann. Der Fall der beiden Spitzenleute war ja erledigt. Dann wurde er von Mitspitzel »Fritz« vor einer Kommission, die den Betrieb untersuchte, enttarnt – und er selbst dekonspirierte sich gegenüber Kollegen. Seine Doppelexistenz war unhaltbar geworden. Vielleicht wollte er mit dem Geständnis – oder war es eine Prahlerei? – selbst Schluss machen. Ich hätte ihn gerne danach gefragt.

Er flüchtete schon in der folgenden Nacht über die Grenze nach Hessen. Meine Schwester und ich wurden in dieser Nacht von der Mutter geweckt und ins Wohnzimmer geführt. Dort war heftig gezecht worden, die Luft war geschwängert von Zigarettenqualm. Mein Vater hatte, was ich damals nicht begriff, Abschied gefeiert von seinen besten Freunden. Und die verrieten ihn nicht, obwohl sie bei der Einladung gewusst haben müssen, worum es ging. Wir Kinder wurden aufgefordert, uns von unserem Vater zu verabschieden. Wir erfuhren nicht, warum. Gaben ihm ein Küsschen. Und gingen todmüde wieder zu Bett.

Am nächsten Morgen waren wir mit der Mutter allein. Der Vater war irgendwohin verschwunden. Wo er war, warum er gegangen war, wann und ob wir ihn wiedersehen würden, blieb zu meinem jähen Entsetzen offen. Alle Sicherheit war verloren. Auch die Heimat schon, bevor wir sie überhaupt verlassen hatten. Denn die Mutter eröffnete uns, die ganze Familie solle dem Vater folgen, umziehen ins Unbekannte. Irgendwohin. Bis es soweit war, sollte ein Jahr vergehen. Ein Jahr, in dem wir vom Vater nichts hörten, die Mutter zunehmend verzweifelt war und das Packen von Umzugskisten immer wieder durch schikanöse Kontrollen rückgängig gemacht wurde. Alles auspacken. Alles wieder einpacken. Ich erinnere mich, dass ich mit meiner Großmutter väterlicherseits einen Handwagen voller Äpfel aus unserem Garten zu einer Kelterei quer durch die Stadt zog und den Weg als emotionale Abschiedstour empfand. Ich wusste, dass ich diesen Weg nie wieder gehen würde. Und war tieftraurig. Nachdem die Kindheit bis dahin voller Glück gewesen war. In der gefilterten Erinnerung voller Sonne, voller Frühlingsgrün, voller Abenteuer.

Die junge DDR war fröhlich, es wurde viel und feucht gefeiert. Die Menschen wirkten wie entfesselt, sie waren froh, Krieg und Besatzung überstanden zu haben. Wir leben noch! Mein Vater wurde zahllose Male mit Papierhütchen und glänzendem Gesicht beim Zechen fotografiert, in Hochstimmung also. Das Kurhaus am See mit der großen Terrasse zum Wasser war Schauplatz vieler Feiern. Im Sommer gab es ein Seefest mit nächtlichem Feuerwerk – für uns Kinder der Höhepunkt des Jahres. Wir durften aufbleiben bis Mitternacht, als das Feuerwerk begann. Ein grandioses Schauspiel. Der sauertöpfische Sozialismus späterer Jahre war längst noch nicht in alle Ritzen der Gesellschaft gesickert. Obgleich der Stalinismus seine Entartungen über die eroberte Provinz stülpte und der schnurrbärtige Josef, der große Freund des deutschen Volkes, im Porträt von thüringischen Fachwerkfassaden herab schaute auf seine Eroberung.

Bad Salzungen, etwa 30 Kilometer von Eisenach entfernt, war im Krieg nicht zerstört worden. In der Erinnerung meiner Großmutter gab es nicht mehr als einen Bombenangriff auf den Bahnhof, der sie in Sorge um ihren dort arbeitenden Mann quer durch die Stadt eilen ließ. Außer dem See mit Kurhaus hatte das Städtchen eine zweite Sehenswürdigkeit: das Gradierhaus jenseits des Bahnhofs, umgeben von einem Park. In diesem Gradierhaus, einem hölzernen Gebäude ohne Außenwände, sickerte Salzwasser, aus dem Boden geholte heilende Sole, über Reisigwände nach unten. Das zerstäubte zu einem feinen Nebel, der tief inhaliert wurde und gut für die Atemwege war. Zum Schutz der Kleidung trugen die Kurgäste einen weißen Umhang. Das alles wirkte eher wie 30er- denn wie 50er-Jahre. Die DDR zehrte trotz des verheerenden Krieges noch von der Substanz des untergegangenen Reiches.

Wir litten keinen Mangel. Zwar wurden Grundnahrungs-
mittel in der frühen DDR auf Bezugsmarken ausgegeben,
Kartoffeln etwa, die zu einem großen Haufen vor dem Konsum aufgeschüttet und dann streng gewogen abgegeben wurden, doch hielt meine Großmutter Stallhasen und Hühner.
Die gaben einen prächtigen Sonntagsbraten. In der Not direkt nach dem Krieg hatte mein Vater mal einen Schwan vom
See gefangen, geschlachtet und gebraten. Aber da nützte alles
Schmoren nichts, er blieb ungenießbar zäh. Der Schlächter
von Hühnern und Hasen trieb sein perfides Spiel mit den
gruselnd zuschauenden Kindern. Bevor er den Hühnern mit
der Axt den Kopf abschlug und sie dann herumtrudeln ließ,
bis sie tot umfielen, hypnotisierte er sie. Drückte den Kopf
herab auf die Erde und zog vom Schnabel aus eine gerade
Linie in den Sand. Er konnte den Kopf nun loslassen: Das
Huhn starrte wie gelähmt geradeaus und rührte sich erst wieder, als er es hochnahm. Den todgeweihten Hasen durften
die Kinder ausgiebig streicheln – »Ach, du Armer!« –, bis er
ihn an den Hinterbeinen nahm, mit dem Kopf herabhängen
ließ und ihm mit einem zackigen Handkantenschlag das Ge-
nick brach. Dann stach er mit einem spitzen, rostigen Messer in die Kehle und ließ das Blut laufen. Schaudernd liefen
die Kinder davon. Das Häuten erlebten sie nicht mehr. Meine
Großmutter brachte die Felle in die Stadt zu einem Kürsch-
ner, dessen Souterrain-Laden ich nur angeekelt betrat, denn
dort stank es bestialisch nach Verwesung.

Salat, Gemüse und Obst kamen reichlich aus den Gärten, die die Eltern und Großeltern bestellten. Und mein Vater vergor Beeren zu Wein. Ich wurde beglückt mit einem herrlichen Tretauto aus rotem Blech, um das mich alle Freunde beneideten, und einem großen Elefanten auf Rädern, der brummte, wenn man an einem Faden aus seinem Rücken zog. Ich zog oft und öfter, obgleich ich jedes Mal weinte, weil mich das Brummen in Schrecken versetzte. Die beiden ungewöhnlichen Spielzeuge sind im Rückblick höchst erstaunlich für die frühen Jahre der DDR. Mein Vater musste lange danach gejagt haben.

So wie er mit dem Zug nach Berlin fuhr und im Westen der Stadt Orangen und Bananen kaufte, als ich mit Scharlach auf der Isolierstation im Krankenhaus lag. Hiervon rührt ein Trauma meines Lebens. Denn als ich im Nachhinein alles erfahren hatte, was diese Anekdote ausmachte, stellte sich mir der Fall wie folgt dar: Mein Vater stand mit einer Krankenschwester an der Glasscheibe der Isolierstation und deutete hinein, auf mich. Der da solle das Paket mit den Früchten erhalten. Die Schwester aber gab es dem Jungen im Nachbarbett. Ich hatte ja keine Ahnung, dass es eigentlich für mich bestimmt war. Der Junge nebenan begann also eine Orange zu schälen und der unbeschreibliche Duft, den kein Scharlach-Kind jemals gerochen hatte, füllte im Nu den großen Raum. Ich sah dem Jungen eine Weile beim Genuss zu, dann fragte ich vorsichtig, ob er mir ein Stückchen von der Orange abgeben würde. Das tat er umstandslos. Ein Stückchen. Mehr nicht. Danach schaute ich wieder zu. Immer wieder. Bis alle

Orangen und Bananen vertilgt waren. Erst als ich wieder nach Hause kam und mein Vater fragte, wie denn das Obst aus dem Westen geschmeckt habe, erschloss sich uns das ganze Verhängnis. Es grub sich in meine Seele und zeugte den immerwährenden Wunsch, den Verlust zu tilgen. Noch heute esse ich außerordentlich viele Südfrüchte.

Meine Schwester erfuhr ihre eigenen Prägungen durch die Mängel der DDR. Sie nahm einmal unbemerkt eine Kartoffel von dem Haufen vor dem Konsum mit nach Hause. Dort entdeckte meine Mutter die Konterbande. Die kleine Diebin musste die Kartoffel weinend wieder zurücktragen und sich entschuldigen. Im Kindergarten erbrach sie den Reisbrei, den sie gegen ihren Willen zu essen hatte. Da zwang sie die Erzieherin, das Erbrochene erneut zu sich zu nehmen. Ich ersparte mir solche Erfahrungen und bleib nicht mal einen ganzen Tag im Kindergarten. Mittags lief ich weinend nach Hause und rief: »Ich will zu meiner Mama!« Die erbarmte sich.

Wir Kinder hatten drei riesige Abenteuerspielplätze. Einen hinter dem Wohnblock meiner Großmutter auf der Zehnt, mit Schaukel und Karussell, vor einer angrenzenden tiefen Schlucht. Die war teilweise etwas unheimlich, doch wild-romantisch für die kindliche Fantasie. Der zweite Schauplatz war die große Grünfläche zwischen den Wohnblocks der Zehnt. Wir konnten uns in den Büschen verstecken und aus den Zweigen der Hecken Bogen und Pfeile schnitzen. Ein Maibaum wurde jedes Jahr auf diesem Hof aufgestellt und von den älteren Kindern erklettert, bevor die Erwachsenen den Vogel von seiner Spitze holen. Ich hatte ständig aufgeschlagene Knie, denn ich pflegte die Stufen vor unserem Haus herabzustürzen, fast täglich. Das war mir aber egal, auch wenn das Blut lief. Das dritte Spielparadies war der junge Garten, den mein Vater außerhalb der Zehnt angelegt hatte. Im Sommer spielten wir im Gartenhäuschen, meine Oma versorgte uns mit Kuchen. Der Duft des Holzes dieser Hütte ist mir so bleibend in Erinnerung wie jener des Lacks der Holzspielzeuge in dem heute noch existierenden Kindergeschäft nahe dem Marktplatz.

Bei meinem ersten Doktorspiel mit einem Mädchen in einem Kelleraufgang wurde ich ertappt und beim Sonntagsbraten in der Wohnküche meiner Großmutter der wiehernden Heiterkeit der Erwachsenen preisgegeben. Im Winter wurde ich von den anderen Kindern ausgelacht, weil ich beim Schlittenfahren hinter der Zehnt zwar die Wäschestangen unfallfrei umfuhr, dann aber die sanfte Rechtskurve durch ein Gartentor hinab zu einem Flüsschen nicht schaffte, sondern geradeaus weiterfuhr, gegen den Maschendrahtzaun eines Hühnerstalls, wieder und wieder. Bis ich den plattgelegt hatte und die Hühner frei auf der Rodelbahn herumliefen. Zu unserem Hund Purzel hatte ich ein gespanntes Verhältnis. Das heißt: Er zu mir. Wenn ich nach seinem gefüllten Fressnapf griff, knurrte er mich gefährlich an und fletschte die Zähne. Ich gewann aber den Machtkampf, jedenfalls hat er mich nie gebissen. Er jedoch wurde von einem größeren Hund totgebissen. Meine Großmutter ließ ihn in der Frühe alleine vors Haus, er ging dann auf Entdeckungstour, erledigte seine Geschäfte, um dann irgendwann von alleine zurückzukommen. An seinem letzten Morgen kam er jedoch nicht mehr. Meine Großmutter hat ihn lange gesucht. Und dann, nach Stunden, tot gefunden, mit Bisswunden am Hals.

Mit meinem Großvater, der nach unserem Wechsel in den Westen früh an Asthma starb, unternahm ich regelmäßig Spaziergänge zu einer romantischen Bank unter einem Baum. Dort pflegte er uns einen Apfel zu schälen – und der war mein größter Kindheitsgenuss. Weiterlaufen wollte ich nicht, ich war fußfaul und kam rasch ins Jammern: »Opa, ich seh unser Haus schon gar nicht mehr.«

Die politischen Zeitumstände sickerten nur beiläufig in die kindliche Gedankenwelt ein. Noch zu Lebzeiten Stalins, er starb 1953, wurde in Bad Salzungen ein Stadtfunk installiert, Lautsprecher an hohen Masten. Überall. Auch auf der Zehnt stand einer. Verbreitete tagsüber Musik, Propaganda und Informationen: »Im Konsum gibt es Kartoffeln auf Marken.« Ich wurde einmal im Stadtfunk ausgerufen, weil ich meiner Mutter davongelaufen war, als sie mich vor einem Milchgeschäft warten ließ, während sie drinnen einkaufte. Das dauerte zu lange, mir wurde fad und ich beschloss, am Bahnhof meinen Vater von der Arbeit abzuholen. Der kam aber erst am Abend, also stand ich unschlüssig auf dem Bahnsteig herum, bis ich mich auf dem Rückweg in der Stadt verlief, weinend bei der Volkspolizei abgegeben wurde und die über Stadtfunk ausrufen ließ: »Der kleine Uli sucht seine Mama.« Er fand sie bald.

Wenn meine Großmutter von der Zehnt mit mir an der Hand in die Stadt zum Einkaufen ging, dann passierten wir oberhalb des Sees, unweit der sowjetischen Kommandantur, eine verwunschene Villa. Es war die örtliche Stasi-Niederlassung. Fahrräder lehnten an den Mauern. Jedes Mal zog mich meine Großmutter auf die andere Straßenseite, und als ich nach dem Grund fragte, antwortete sie: »Da hört man nachts Schreie aus dem Keller, weil sie Menschen schlagen.« Na ja ... Die nächtlichen Schreie hatte sie ganz gewiss nicht selbst gehört, denn nachts trieb sie sich nicht in der Gegend herum. Gerüchte. Was man sich so erzählte damals. Aber wo man Rauch sieht, muss es auch Feuer geben. Die Staatssicherheit verbreitete einigen Rauch. Im Dachgeschoss über der Wohnung meiner Großmutter lebte eine Krankenschwester. Da sie alleine war, suchte sie die Nähe zu meiner Oma und tauschte sich häufig mit ihr aus. Als eines Tages zwei unbekannte Männer mit Hüten nach ihr fragten und die Treppe emporstiegen, kam sie nach dem Besuch weinend herunter und erzählte, das Duo habe sie zur Spitzelei gedrängt. Es waren Stasimitarbeiter, vermutlich suchten sie jemanden in der Nähe von Ärzten, die in jenen Jahren in großer Zahl in den Westen türmten, wo sie ein Vermögen machen konnten. Im Osten fehlten sie dann.

Die Zwischenphase der fortschreitenden Entwurzelung, im Wartesaal zwischen zwei Systemen, ging 1957 zu Ende. Die DDR legte keinen Wert mehr auf die nicht berufstätige Mutter mit zwei Kindern – noch dazu aus einem »falschen« Elternhaus. Sie ließ uns gehen. Wir wurden aus der Staatsbürgerschaft entlassen und durften ganz legal umziehen – daher auch später zu Verwandtenbesuchen in die DDR zurückkehren. Mit klammem Herzen verabschiedete ich mich von Freunden und Familie. Würde ich sie je wiedersehen? Die Umzugskisten wurden zugenagelt und zum Bahnhof gefahren. Auf dem Bahnsteig gab es einen tränenreichen Abschied. Wie jedes Mal, wenn wir später – Mutter, Schwester und ich, der Vater durfte nicht – zu Besuch in die Heimat zurückkehrten. Tränen bei der Ankunft. Tränen beim Abschied. Gezogen wurde der Zug von Bad Salzungen nach Eisenach von einer Dampflok. Wenn ich später wieder auf der Route fuhr, zurück nach Bad Salzungen, öffnete ich innerlich jauchzend das Fenster und streckte den Kopf hinaus, selbst im Tunnel. Wenn ich ankam, war das Gesicht rußgeschwärzt. Das machte mir nichts aus. Ich mochte den Geruch des Rußes.

Nun aber, bei der Ausreise aus der DDR, nahmen die Sinne nichts wahr. Ich war innerlich leer und als wir die Grenze passierten, am Bahnhof Gerstungen, wurde der Verlust schmerzlich. Auf DDR-Seite gaben Fahnen und Parolen, deren Sinn ich nicht verstand, ein buntes Bild. Auf der westdeutschen Seite, in Herleshausen, sah es dagegen grau und langweilig aus. Ich fiel in Verzweiflung, in ein tiefes Loch. Was wird bloß aus mir? Aus uns? Meine seelischen Luftwurzeln fanden keinen Halt. Dieses Gefühl erlebte ich zum ersten Mal, fortan aber immer wieder.

Zweites
Leben

Die Armut des Westens

Die Ankunft im anderen Deutschland war ein Schock. Wir stürzten vom relativen Wohlstand der DDR in die nackte Flüchtlingsarmut der Bundesrepublik. Der Goldene Westen war für uns nicht vorgesehen, wir sahen, wir spürten ihn nirgends. Jedenfalls nicht in dem nordhessischen Dörfchen Abterode, unweit der Kreisstadt Eschwege und damit der innerdeutschen Grenze, wo ich meinen Vater wiedersah. Die bohrenden Fragen, die sich angesammelt hatten, konnte er nicht beantworten. Warum sind wir hier? Warum geht es uns so schlecht? Sollen wir etwa für immer hierbleiben?

Der Westen begrüßte mich mit einer vollgeschissenen Hose. Das passte. Nicht etwa, dass ich selbst in die Hose gemacht hätte, aus Angst, aus Verzweiflung. Nein, ich bekam eine braune, kurze Hose aus Bleyle-Strickstoff durch eine Kleiderspende der Caritas – und die hatte versäumt, das vermeintlich gute Stück vor seiner Übergabe zu reinigen. Es klebte darin die verkrustete Hinterlassenschaft des Vorbesitzers. Seine offenbar wohlhabende Mutter – Bleyle war nicht billig – hatte wohl beschlossen, das Braune im Braunen lieber wegzuschenken als auszuwaschen. Ich ekelte mich davor und trug die Hose nie.

Wir wurden empfangen wie die meisten Zonenflüchtlinge dieser Jahre. Wir waren nicht willkommen, wurden bestenfalls herablassend beäugt, zumeist aber mit Nichtbeachtung bestraft. Die Migranten, die ihren armseligen Status mit einem Flüchtlingsausweis nachweisen durften, wurden wie Konkurrenten behandelt, Konkurrenten um Wohlstand, Arbeit und Wohnraum. Wir landeten in einer Holzbaracke und stapften bei Regen durch den Matsch vor der Tür. Womöglich waren in der Behausung unter den Nazis Zwangsarbeiter untergebracht gewesen.

Meine Eltern fanden zum Glück eine kleine Wohnung im Dorf bei einem Ziegenzüchter. Er wohnte mit seiner Frau unten, wir im ersten Stock als Untermieter. Ziegen stinken, und das, was sie von sich geben, erst recht. Vor der Haustür stanken Misthaufen und Jauchegrube. In deren grünlich-braune

Suppe bin ich beim Spielen gleich zweimal gestürzt, mit Haut und Haaren. Ich stank erbärmlich und kippte Gülle aus den Gummistiefeln. Der Ekel reichte ein Leben lang. Niemals gab ich Ziegenkäse oder Ziegenmilch eine Chance. Nachdem ich damals die erste Ziege gestreichelt hatte, roch ich angewidert an meinen Händen.

Das Leben auf dem Hof war primitiv. Geheizt wurde mit Holz im Brennofen, aber nur in der Wohnküche. Im Haus gab es weder Badezimmer noch Toilette. Wer austreten musste, hatte quer über den Hof, um eine riesige Scheune herum, am Ende auf einem Brennnesselpfad zu einem hölzernen Plumpsklo zu laufen, wo im Sommer die Schmeißfliegen summend Vollversammlungen abhielten. Nachts war der Weg unbeleuchtet und eine Taschenlampe gab es nicht. Das vor Angst schlotternde Kind starrte mit aufgerissenen Augen ins Dunkel und tastete sich voran, durch die Tür des Scheißhauses, auf den stinkenden Trichter. Das war so fürchterlich, dass ich die Sache eines Nachts abzuwenden versuchte und mich für das große Geschäft schon vor der Haustür auf den Misthaufen der Ziegen hockte. Da öffnete sich die Tür und ich saß mit blankem Hintern im hellen Licht. Unter den Augen des wütenden Bauern. Meine Eltern wurden schreiend geweckt und hatten öffentlich zu geloben, dass sich eine solche Schweinerei niemals wiederholen werde. Der Bauer züchtete indes nicht nur Ziegen, er mästete für den Eigenbedarf auch ein Schwein. Ich wurde schockierter Augenzeuge meiner ersten Schlachtung. Drei Männer hatten der Sau Stricke um die Beine gebunden und zogen sie daran auf den Boden. Der vierte sollte sie mit dem Beil betäuben. Er schlug ihr mit dem stumpfen Ende vor den Kopf, traf sie aber nicht richtig, sodass sich das Tier in Todesangst losriss und quiekend, die Seile an den Beinen hinter sich herziehend, über den Hof rannte. Es dauerte eine Weile, bis die Mörderbande das Tier zu fassen bekam und wieder auf den Boden warf. Diesmal schlug der Vollstrecker mit dem spitzen Ende der Axt zu und der Kopf der Sau platzte auf. Danach wurde ihr mit dem Messer in den Hals gestochen, um das herausquellende Blut in einer Schüssel für die Blutwurst aufzufangen. Ich war tierlieb und durch den brutalen Mord schwer schockiert. Anfangs. Sobald die Leiche aber heiß gebadet und rasiert war, aufgeschlitzt und von den Innereien befreit, sobald sie also als Nahrungsmittel erkennbar wurde, verebbte die Abscheu vor dem Töten. Ich hatte immer Hunger und bekam denn auch als Zeuge etwas ab vom Ertrag der Bluttat.

Überhaupt: Wir zählten zu den Armen im Dorf. Wir hatten keine Landwirtschaft und nährten uns überaus mühsam. Fleisch war selten auf dem Tisch. Eher Quark und Kartoffeln, Eier und Senfsoße. Also bettelten die Kinder der armen Leute Anfang Dezember, wenn die Schweine geschlachtet wurden, bei den Bauern. Man versteckte sich hinter Büschen und Schneehaufen, bis es dunkel wurde, schlich sich dann an die Tür des Hofs und warf ein Emailleschüsselchen in den Flur. Unterm Scheppern des Gefäßes wurde ein ritueller Spruch aufgesagt. »Kling, klang, Dippchen fang, Wurst und Fleisch und Kraut dermang.« So ist er mir jedenfalls in Erinnerung geblieben. Dann rannte man zurück ins Dunkel und wartete, bis sich die Tür wieder öffnete und der Bauer die mit Wurstsuppe oder Kesselfleisch und Sauerkraut gefüllten Schüsseln herausstellte. Ich eilte, wie meine Spießgesellen, durch die Kälte nach Hause, wo die Familie schon erwartungsvoll um den Küchentisch saß, bereit für den seltenen Schmaus.

Wir alle waren entwurzelt, fremd in diesem Deutschland, mein Vater aber fand anfangs auch beruflich keinen Halt. Beim Finanzamt kam er nicht unter, obgleich er den Beruf des Steuerprüfers ja nicht in der DDR, sondern noch im alten Reich gelernt hatte. Ich vermute, dass er bei seiner Vernehmung nach der Flucht die Wahrheit gesagt hatte: SED, Parteiausschluss, Stasi, Dekonspiration. Im Kalten Krieg der 50er-Jahre war das auf westlicher Seite eine Misstrauen erregende Melange. Keine Brücke zur Beamtenlaufbahn. Beamte mussten ja jederzeit für die freiheitlich-demokratische Grundordnung ... Also schlug er sich mit Gelegenheitsjobs durch. Ein Tankstellenpächter mit großer Reparaturwerkstatt für schwere Lastwagen beschäftigte ihn als Aushilfe, eine Musiktruhenfabrik am Ort steckte ihn in einen Lkw und ließ ihn Geräte ausliefern, ein Bäcker schickte ihn samstags mit einem Kombi los, um Brot auszufahren. Ich hockte währenddessen unter dem Küchentisch des Bäckers, gut verborgen hinter der tief hängenden Decke, und erforschte den spannendsten Winkel seiner Tochter Ella. Danach durfte sie meinen entdecken.

Mein Vater eröffnete mir später, als er den sozialen Aufstieg aus dem Nichts geschafft hatte, er habe, im Lastwagen unterwegs mit Musiktruhen, hin und wieder überlegt, ob er an den Pfeiler einer Autobahnbrücke rasen solle, um seinem verkorksten Leben ein Ende zu bereiten. Nur der Gedanke an seine Kinder habe ihn davon abgehalten. Ich war irritiert. Nicht auch der Gedanke an seine Frau? Oder war das nur ein Spruch?

Einmal fuhr seine Vergangenheit ins Dorf. Aufsehenerregend. Ja, geradezu sensationell. Ein amerikanischer Straßenkreuzer mit riesigen Heckflossen schaukelte über die nicht asphaltierte Straße und zog einen Schwarm johlender Kinder hinter sich her. Die hatten ein solches Schiff noch nie zu Gesicht bekommen. Ich auch nicht. Da sah ich, zu meinem Entsetzen, dass es in den Hof unseres Ziegenzüchters einbog, zwei Men in black ausstiegen und das Haus betraten. Schwarze Anzüge, dünne schwarze Krawatten, schwarze Hütchen. Einer der beiden hatte auch noch schwarze Haut. Mutmaßlich der erste Schwarze im Dorf. Mir war klar: Die wollen zu meinem Vater. Es waren offenbar CIA-Leute, die hier zum Hohn auf jede geheimdienstliche Tarnung höchst komfortabel einritten und meinen Vater zu seiner bewegten Vergangenheit im Osten befragten. Mich machte das dem Dorf noch fremder. Alle zerrissen sich darüber die Mäuler. Wir waren nicht nur Flüchtlinge, sondern auch noch geheimnisvolle Exoten.

Fast an jedem Wochenende fuhren wir an die Grenze, voller Heimweh. Blickten hinüber nach Thüringen und winkten den Bauern, die dort auf den Feldern ernteten oder Heu machten. Gelegentlich winkte auch mal einer zurück. Die Grenze bestand damals nur aus einem Stacheldrahtzaun, nicht viel anders als der Zaun einer Viehweide. Minen und Selbstschussanlagen gab es noch nicht. Wenn man nah heran trat an den Stacheldraht, liefen Wachposten auf der anderen Seite direkt an einem vorüber, man hätte nach ihnen greifen können. Einmal stand neben meinem Vater und mir ein eigentümliches Männchen, runzelig und mit wirrer Frisur, dem vorne die Zähne fehlten. »Kommt rüber, hier könnt ihr Weißbrot fressen«, rief er der Doppelstreife zu, die vorbeilief, die Maschinenpistolen über der Schulter. Die beiden ließen sich nicht provozieren, sahen ungerührt geradeaus.

Der Satz vom Weißbrot hat sich mir unauslöschlich ins Gedächtnis gebrannt. Er hat mich lange beschäftigt. Stammte der Zahnlose auch aus dem Osten? War er wegen Weißbrot abgehauen? Warum gerade Weißbrot? War das der Ausdruck von Wohlstand? Gab es das drüben nicht? Konnte man nur wegen Weißbrot flüchten? Und was mochten die beiden Grenzsoldaten denken, als sie den Satz gehört hatten? Mir jedenfalls taten die Posten leid, mir war die ganze Szene peinlich. Irgendwie waren die Grenzwächter doch Landsleute aus dem Land, in dem ich geboren war. Würde ich vielleicht nicht auch irgendwann Streife gegangen sein, wenn meine Eltern geblieben wären? Und verlockte der Weißbrotspruch zur Flucht – oder schreckte er davon ab? Weißbrot wollte ich jedenfalls nicht mehr essen, seit diesem Erlebnis. Weißbrot ist ein Luxus für Zahnlose.

Das Auskommen der Familie war schäbig. Das köstlichste Mahl jener Zeit waren mühsam im Wald gepflückte und von meiner Mutter für den Winter eingemachte Blaubeeren, als Beilage zu Pfannkuchen. Dreimal im Jahr gab's ein wenig Schokolade, an meinem Geburtstag, an Ostern und zu Weihnachten. Ansonsten tat's auch ein Apfel. Oder eine Handvoll grüne Stachelbeeren, die ich irgendwo vom Strauch gestohlen hatte. Die Kleider waren abgelegt, die Pullover kratzig. Ich trug im Herbst Strumpfhose unterm kurzen Beinkleid. Das war ein kleiner Fortschritt, denn im Osten trug ich noch Strapse und befestigte daran lange Strümpfe. Ein Junge mit Strapsen! Die, immerhin, war ich nun los.

Spielzeug bastelte ich mir aus dem, was herumlag auf dem Hof oder in der Natur wuchs. Pfeil und Bogen etwa. Gekaufte Spielsachen hatte ich kaum. Einmal schenkten mir meine Eltern einen hölzernen Lastwagen mit Kippmulde hintendrauf. Die Auflage baute ich umgehend ab, sie war mir zu langweilig, und ersetzte sie durch eine leere Zigarrenkiste, die ich auf den Lkw nagelte. Bei meinen Eltern kam das handwerkliche Meisterstück indes nicht gut an. Ich bezahlte es bitter, mit einer Ohrfeige.

Das Dorf bot mehr als genug Ablenkung und Abenteuer. Im Frühjahr sammelte ich Maikäfer in einer Kiste, im Sommer Kartoffelkäfer im Plastikeimer – und ließ sie von den Hühnern unseres Ziegenzüchters aufpicken. Das Massaker erfüllte mich mit heiligem Schauer. So nah lagen sie also beieinander, Leben und Tod. Des einen Tod bedeutete des anderen Leben. Ich hockte über dem Richtplatz und streichelte mal das Opfer und mal die Henkerin. Im Herbst half ich bei der Kartoffelernte und freute mich feucht-klamme Stunden lang auf das Feuer, in dem am Ende Kartoffeln geröstet wurden. Sie wurden einfach in die Glut geworfen und als die Schale aufplatzte, mit einem Stock herausgerollt, in der Handfläche geschält und gegessen. Eine Köstlichkeit für Hungerleider.

Einmal besuchte uns Oma Toni, die Mutter meiner Mutter, aus Bad Salzungen. Sie besah sich das Elend, in dem wir hausten, voller Mitleid. Ein wenig schockiert. Uns Kindern hatte sie Schokolade aus der DDR mitgebracht, die in Wahrheit aber gar keine war, sondern aus Kakaoersatzstoffen bestand. Schmeckte grauenhaft, doch so ausgehungert, wie wir waren, verschlangen wir sie dennoch gierig. Der Besucherin war es auch gelungen, Silberbesteck aus dem Familienerbgut über die Grenze zu schmuggeln, an ihrem Körper versteckt. Nun hatten wir wenigstens ein prächtiges Besteck für die Festtage, auch wenn es auf den Tellern weniger prächtig aussah.

Zum Trost gab es noch Ärmere im Ort. Die Familie Kohn. Mit elf Kindern, wie die Orgelpfeifen. Der Vater war Alkoholiker und hielt ein paar Ziegen, die Mutter war beleibt und ungemein gutmütig. Die Kinder liefen mit verfilzten Haaren und mehrfach abgelegten Klamotten herum, in den Augenwinkeln gelbe Krusten. Im Dorf nannte man sie die Köhnchen. Wenn eines dieser Köhnchen eingeschult wurde, hielt es als einziges Kind eine leere Zuckertüte im Arm, die schon seine Geschwister getragen hatten. Ich wurde mit einem Köhnchen eingeschult und es tat mir unendlich leid. Auf dem Klassenfoto von der Einschulung bin ich mit der Kleinen zu sehen, trage eine zu kurze Strickjacke über der Cordhose und habe den blonden Pony schräg über die Stirn geschnitten. Das Köhnchen, dessen Vornamen ich nicht erinnere, trug ein verschossenes Kleid. Wir waren ein Pärchen, von der Not getraut. Immerhin: Meine Zuckertüte war gut gefüllt.

Ich spielte mit dem zotteligen Mädchen, half ihm in der Schule und verwöhnte es gelegentlich mit einer Süßigkeit, die ich allerdings selbst erst organisieren musste. Kleinstkriminell. Wenn mein Vater einen Brief geschrieben hatte, schickte er mich damit zur Postfiliale, die in einem kleinen Lebensmittelladen nebenher geführt wurde. Ich kaufte von den paar Groschen, die mir mein Vater mitgegeben hatte, allerdings keine Briefmarke, sondern warf den Brief unfrankiert in den Kasten und kaufte von dem Geld etwas Süßes, das ich mit dem Köhnchen teilte. Das hatte ich schon auf dem Weg zur Post abgeholt. Es war ein großes Glück mit uns beiden. Bis eines Tages der Posthalter zu meinen Eltern nach Hause kam und stockend, mit schlechtem Gewissen, vorbrachte, er wisse ja, dass es uns nicht gut gehe, dass wir als Flüchtlinge viele Entbehrungen zu tragen hätten, aber auf Dauer könnten wir unsere Briefe nicht ohne Briefmarken einwerfen. Mein Vater schluckte das schweigend, entschuldigte sich und versprach Besserung. Aber er verriet mich nicht. Als der Mann gegangen war, packte er mich allerdings am Schlafittchen und fragte mich ganz ruhig: »Siehst du ein, dass du eine Strafe verdienst?« Ich bejahte ohne Zögern, denn ich glaubte, er würde mich begnadigen, wenn ich die Schuld eingestand. Denn warum musste man strafen, wenn der Delinquent geständig und reuig war? Das war ein Irrtum. Ich musste mich bücken, das Gesäß hinhalten und bekam eine Tracht Prügel, von der Hand des Scharfrichters.

Fortan hatten das Köhnchen und ich Diät zu halten – das Köhnchen ungleich strengere. An einem Weihnachtsfest brauste die Nachricht durchs Dorf, wie der Vater seine Frau und die elf Kinder verladen hatte. Er kam am Heiligen Abend betrunken aus dem Wirtshaus, griff sich vor dem Haus ein Brett und schlug es im Dunkeln krachend auf die Mauer des Misthaufens. Dann betrat er die Wohnküche, wo alle mit großen Augen auf die Bescherung warteten. Der Vater aber beschied ihnen, er habe soeben das Christkind erschossen – den Schuss hätten sie ja gehört –, dieses Jahre gebe es nichts. Meine Fantasie reicht nicht, um mir vorzustellen, was in meinem Köhnchen vor sich ging und wie es dieses »Fest« verbracht hatte. Immerhin: Einen ärmlichen Weihnachtsbaum hatte die Mutter besorgt und in der Küche aufgestellt. Ich schaute am zweiten Feiertag vorbei, bewunderte den dürftig geschmückten Baum und brachte meinem Köhnchen eine Orange und Nüsse.

Bei uns brannte einmal der Weihnachtsbaum im Wohnzimmer lichterloh. Wir hatten echte Kerzen am Baum und als die an Heiligabend entzündet waren, die Bescherung gerade zelebriert werden sollte, fing ein Ast Feuer. Im Nu schossen die Flammen den Baum empor, es ging um Sekunden, um einen Wohnungsbrand, womöglich ein Feuer im gesamten Haus zu verhindern. Mein Vater war geistesgegenwärtig. Er riss den Vorhang zur Seite und das Doppelfenster sperrangelweit auf, griff den brennenden Baum ganz unten am Stamm und warf ihn mit der Spitze voran im hohen Bogen aus dem Fenster. Er landete im Hof, der Schnee erstickte die Flammen zum Teil, doch der größte Teil der filigranen Christbaumkugeln, alte Familienstücke, aus der DDR hinübergerettet, zerbrach. Ein unwiederbringlicher Verlust. Der Teufel scheißt immer auf den größten Haufen? Mag sein. Bei uns fraß er vom kleinsten.

Mit unserer Familie aber ging es über die Jahre langsam aufwärts. Mein Vater kam schließlich doch beim Finanzamt unter. Allerdings nur als Angestellter, was er sein Leben lang blieb. Der Beamtenstatus wurde ihm hinhaltend verwehrt, vermutlich wegen der SED-Mitgliedschaft und der Unterschrift für die Stasi. Karriere machte er dennoch. Er war wieder in die SPD eingetreten und besuchte öfters einen Landtagsabgeordneten, der ihm helfen wollte, wieder in Lohn und Brot zu kommen. Ich vermute, er hat ihm am Ende auch geholfen. Der gefestigte soziale Status war schon daran abzulesen, dass sich mein Vater einen gebrauchten Motorroller zulegte. Mit dem fuhr er die Familie sonntags – Mutter, Tochter und Sohn jeweils einzeln hintendrauf – in die Natur. Der kleine Wohlstand der nicht mehr ganz so armen Familie kam voran, der Motorroller wurde gegen ein Auto eingetauscht. Es war ein fast dreißig Jahre alter Vorkriegs-DKW. An dem Oldtimer waren nur die Motorhaube, die Abdeckung des Kofferraums und die geschwungenen Kotflügel aus Stahl. Der Rahmen war aus Holz, Wagendach und Seitenteile der Karosserie bestanden aus gelb und schwarz beschichteter Pappe. Wir polierten die gelben Teile mit Bohnerwachs. Das Sozialprestige dieses Gefährts war allerdings gleich null. In jenen Jahren machte man mit einem VW, einem Opel oder wenigstens einem Goggomobil etwas her. Nachkriegsproduktionen.

Die Familie eines Freundes fuhr ein Goggo, was mir als Verkörperung von Wohlstand erschien. Das winzige Auto war eierschalenfarben und hatte rote Kunststoffsitze. Als ich einstieg, überkam mich ein Gefühl von Luxus. Unser DKW hatte zwar einen größeren Innenraum, dafür aber abgewetzte graue Stoffsitze. Gefahren wurde der knatternde Zweitakter mit einer Krückstockschaltung, die nach unten geknickt aus dem Armaturenbrett ragte. Jedes Mal, wenn die Familie einen Sommerausflug auf den Hohen Meißner unternahm, machte das betagte Gefährt an schwierigen Steigungen schlapp und wurde kriechend von allen anderen überholt. Schließlich blieb es stehen, weil der Kühler kochte. Ich wurde mit einer Flasche in den Wald geschickt, um einen Bach zu suchen und Wasser zum Nachfüllen zu holen. Das war abenteuerlich. Und ungemein mühsam. Beheben ließ sich der Mangel nicht. Vier Personen waren für den Motor einfach zu schwer. Selbst mit leeren Geldbörsen.

Der Einschulung ging ein Test voraus, um die Schulreife der Kinder zu beurteilen. Alle Neuen wurden an einem Samstag einbestellt, in eine Klasse gesetzt und bekamen den Auftrag, auf einem Blatt Papier etwas zu »schreiben«. Ich hatte schon ein paar Wörter gelernt und brachte die in Schönschrift aufs Blatt. Mama, Papa, Auto, Haus ... Aber nach einer Zeile hatte meine vorschulische Bildung schon ihre Grenze erreicht. Ich schaute mich um in der Klasse und sah zu meinem Schrecken, dass die anderen schrieben und schrieben und schrieben. Ihr ganzes Blatt voll. Also begann ich noch mal: Mama, Papa, Auto, Haus ... Zwei Zeilen. Als die Blätter eingesammelt wurden, war ich verzweifelt. Überzeugt, als Einziger durchgefallen zu sein. Wie erleichtert war ich, als mir meine Mutter am nächsten Tag eröffnete, ich sei zugelassen und der Beste beim Test gewesen. Als ich einwandte, die anderen hätten doch viel mehr geschrieben, antwortete sie mir, die hätten nur in großen Schleifen herum gekritzelt. Ich aber hatte schon Wörter geschrieben ...

Die Schule gab mir Halt. Die Lehrerin, eine Dame über 60, begegnete mir freundlich und gab mir zu verstehen, dass ein Flüchtlingskind besondere Zuwendung verdiente. Aber Freundschaften jenseits der Bäckerstochter und meines Köhnchen sind mir nicht in Erinnerung. Die Sprösslinge der Bauern schnitten mich. Ich spielte auf dem benachbarten Hof, im Stall bei den Kühen, im Garten, am Bach, auf den Feldern. Meist aber allein. Stürzte einmal in der Scheune von einem Balken hoch oben unterm Dach tief hinunter und landete auf dem strohbedeckten Boden. Die Luft blieb mir weg, ich konnte nicht mehr atmen. Öffnete den Mund, wieder und wieder, versuchte Luft zu ziehen. Konnte aber nicht. Und dachte schon: Jetzt stirbst du. Da wich die Atemlähmung, im letzten Moment. Ein andermal geriet ich, hinten auf dem Wagen eines Bauern sitzend, mit einem Bein in die Speichen eines Rades. Hätten die Ochsen stürmischer gezogen, wäre das Bein gebrochen worden. Vor Angst war ich indes unfähig, dem Bauern vorne zuzurufen, er solle halten. Der blickte sich zufällig um – und sah meine Not. Ich konnte dem Rad entkommen.

Wie auch dem Dörfchen, das mir zwei Jahre lang nicht zur neuen Heimat geworden war. Irgendwann kam mein Vater nach Hause und eröffnete der Familie, wir würden demnächst nach Fulda umziehen. Dort habe er eine Stelle als Betriebsprüfer am Finanzamt gefunden. Alle freuten sich, das dörfliche Elend, die Perspektivlosigkeit hinter sich zu lassen. Fulda, das hieß Rückkehr in städtisches Leben, nicht weit von der Heimat entfernt. Niemandem aus der Familie war das Herz schwer, als wir im Oldtimer des Vaters vom Hof fuhren, dem Möbelwagen hinterher. Endlich ließen wir das Zwischenreich der Armut hinter uns. Nur ich war ein wenig traurig, als ich sah, dass mir das Köhnchen nachwinkte. Ich wusste, es war nun ganz allein.

Drittes
Leben

Einübung des Widerstands

Fulda verwies uns sofort auf den gesellschaftlichen Platz, der für uns vorgesehen war: politisch und kulturell randständig. Oppositionell. Freisinnig. Wir waren kaum in den gelben Wohlblock oberhalb des Stadtzentrums eingezogen, da nahm mich mein Vater mit zu einer katholischen Prozession durch die Innenstadt zum Dom. Solche Umzüge waren in dem erz-katholischen Städtchen an hohen Feiertagen üblich. Wir aber waren Erzprotestanten, 30 Kilometer vor Bad Salzungen hatte Luther auf der Wartburg mit dem Tintenfass nach dem

Teufel geworfen. Von katholischen Riten hatten wir nicht die geringste Ahnung. Also gingen wir hinunter in die Stadt und stellten uns neugierig mitten unter die Gläubigen. Glocken läuteten, die Stimmung war feierlich, an den Masten wehten gelb-weiße Kirchenfahnen. Da sahen wir die Prozession auch schon herannahen, gemessenen Schrittes. Unter dem Baldachin die Monstranz mit den geweihten Hostien, der Bischof selbst hielt sie empor. Das katholische Volk kniete nieder und betete. Wir standen, mein Vater und ich. Als Einzige. Wir hatten ja keine Ahnung. Und so zu tun, als seien wir Katholiken, wollten wir auch nicht. Das aber bekam uns schlecht. Wir wurden wütend angezischt, mit Schlägen bedroht, an den Kleidern gepackt. Es herrschte so etwas wie Pogromstimmung. Wir rissen uns los und liefen davon. So war das hier also! Wir mussten Widerstand einüben.

Ähnliches widerfuhr uns noch ein zweites Mal. An einem warmen Sonntag im Mai ging ich mit meinem Vater über die Felder spazieren, als sich uns – schon von Weitem sanft schaukelnd zu erkennen – eine Himmelfahrtsprozession näherte. Die gleiche Szenerie wie vor dem Dom. Baldachin, Monstranz, Messdiener vorneweg, Gläubige hinterdrein. Als sie bei uns waren, zog mich mein Vater auf die Seite ins Getreide, um den Zug passieren zu lassen. Da stürmte ein junger Eiferer unter dem Baldachin hervor und schlug meinem Vater wortlos den hellen Sommerhut vom Kopf, wandte sich um und reihte sich wieder ein. Die Prozession entschwand, als wäre nichts gewesen. Ich empfand das als ungeheuerliche

Provokation, ja Demütigung meines Vaters. Er rang sichtlich um Fassung. Ein solcher Übergriff war ihm nicht mal bei der Staatssicherheit widerfahren. Schweigend zog er mich davon.

In meiner Seele hinterließ das tiefe Spuren. Ich begriff: Hier lebst du in einer feindseligen Umgebung. Niemand nimmt dich an der Hand, niemand in den Arm, außerhalb der Familie. Meinen Vornamen Hans-Ulrich habe ich nie gemocht, ich ließ mich Uli nennen. Auf die Frage, warum sie mir diesen seltsamen Taufnamen gegeben hätten, antwortete mein Vater: »Ulrich nach Ulrich von Hutten, Hans nach mir.« Jetzt offenbarte sich, wie gut das passte. Ulrich von Hutten war 1499 von seinem Vater dem Kloster in Fulda übergeben worden. Dort lernte er Auflehnung und wurde zum Anhänger der Reformation gegen die Papisten. Religion und Gewalt waren in der Stadt des Bischofs Bonifatius aufs Engste verwoben. Um 1350 starben etwa 3000 Fuldaer an der Pest – und in der Stadt wurden 600 Juden erschlagen, weil man sie dafür verantwortlich machte. Anfang des 17. Jahrhunderts wurden rund 300 Frauen als Hexen verbrannt.

Das Katholische hatte Fulda so eisern im Griff, dass es zu bizarren Exzessen kam. Im November 1974 – ich lebte schon in Frankfurt und war vom Widerstand zur Revolution übergegangen – schändete ein früherer Schulkamerad, der inzwischen als freischaffender Künstler lebte, den toten Bischof im Dom. Eine ungeheuerliche Tat. Er brach nachts in das Gotteshaus ein, schob dem aufgebahrten Bischof die Kleider nach oben und manipulierte, wie es später amtlich hieß, an den Genitalien. Dann nahm er den Bischofsstab mit und vergrub ihn am Kalvarienberg. Die Tat war so schockierend, dass sie zunächst totgeschwiegen wurde. Bis mein späterer Freund und Kollege Egon Scotland davon Wind bekam und das Monströse publik machte, deutschlandweit. Scotland war als junger Reporter der Deutschen Presse-Agentur (dpa) in die Stadt gekommen, schrieb später in München für die *Süddeutsche Zeitung* und wurde 1991 während der Balkankriege von einem Sniper in Kroatien erschossen.

Die Schändung des Leichnams von Bischof Adolf Bolte begründete der Täter vor Gericht mit »Hass auf die Kirche und ihre Würdenträger«. Lynchstimmung machte sich unter den Katholiken breit. Vor Wut Rasende verlangten »Aufhängen« respektive »Abhauen seiner rechten Hand«. Der Bericht über die Leichenschändung ließ die Betondeckel von der verborgenen Kanalisation der heuchlerischen Gesellschaft springen. Im Stadtteil Bachrain schissen Messdiener nächtens auf dem Altar in die Monstranz ihres neuen, erzkatholischen Priesters aus Schlesien. Ein paar Monate später passierte in der Edelzeller Kirche Ähnliches. Dort wurde auch noch das Gestühl angekokelt. Erst sehr viel später ging mir durch den Kopf, ob jener Bischofsschänder einst vielleicht selbst geschändet worden war. Als Kind. Von einem Priester – oder gar vom Bischof. Denn wie kommt man auf die Idee, einem Toten im Dom nächtens an die Genitalien zu gehen? Hass auf die Kirche lässt sich ganz anders zum Ausdruck bringen, politischer. Selbst im Dom.

Ich antwortete auf meine Weise. Fulda war erzkatholisch – also wurde ich erzprotestantisch. Wirklich gläubig. Ich betete täglich, etwa für gute Klassenarbeiten, besuchte sonntags den Kindergottesdienst und spielte Horn, danach Trompete im Kirchenorchester. In einem Schulchor nahm ich aber auch an einem Gastspiel im gegnerischen Milieu teil: Ich sang die Matthäus-Passion für katholisches Publikum, in der festlichen Orangerie. Dort stellte man mehr auf die Beine als die kleine evangelische Gemeinde von Trotzgläubigen. In Religion brachte ich es auf eine Eins im Zeugnis. Allerdings weniger wegen der Erstklassigkeit meines Glaubens, sondern wegen meines Spendenergebnisses fürs Müttergenesungswerk. Die Sammlung wurde einmal im Jahr von der evangelischen Kirchengemeinde organisiert. Man bekam eine verplombte Spendenbüchse in die eine und ein Sträußchen kleiner Papierblumen in die andere Hand, um davon den Spendern jeweils eine zu überreichen. Ich wusste die Freigiebigkeit mit Turbo zu beschleunigen. Hielt jeweils nur ein Blümchen in der Hand und sprach ausschließlich ältere Frauen beim Einkaufen an. »Ach bitte, mein letztes Blümchen ...«, bettelte ich. Es funktionierte fast immer. Unter den Kindern hatte ich das beste Sammelergebnis.

Mein Vater – und damit die gesamte Familie – lebten aber auch noch in einer zweiten Diaspora. Er war Mitglied der SPD. Und gehörte damit einer hoffnungslosen Minderheit an. In meiner Klasse im Gymnasium gab es noch zwei andere Jungen, deren Väter sozialdemokratische Neigungen hatten – der eine betrieb sogar einen Großhandel mit Wolle, war also wohlhabender Geschäftsmann und fuhr einen mächtigen Opel Admiral. Alle anderen Klassenkameraden kamen aus schwarzen Elternhäusern. Was meine Schullaufbahn nicht unerheblich beeinflusste. Als zu Beginn des Schuljahres abgestimmt wurde, welche zweite Fremdsprache wir lernen wollten, Latein oder Französisch, wählte ich die lebendige Sprache. Wieder nur in einer Minderheit von drei Schülern. Die erdrückende Mehrheit bestand auf Latein. Die Konservativen wollten Ärzte werden oder Juristen, das ging nur mit Latein. Erstaunlich, wie politische, ökonomische und kulturelle Orientierungen bei solcher Gelegenheit verschmelzen.

Das Sozialdemokratische in unserer Familie sorgte bei jeder Wahl für ein schroffes Wechselbad der Gefühle. Mein Vater war Wahlhelfer und jedes Mal, wenn er am Morgen nach dem Frühstück loszog, tönte er: »Dieses Mal kommen wir über 30 Prozent!« Wenn er abends zurückkehrte, nach dem Auszählen der Stimmen, war er zerschlagen. Wieder nur weit unten im Zwanzig-Prozent-Turm. Die CDU kam auf mehr als 60. Schon am Briefkasten erkannte man morgens, dass mein Vater an die SPD glaubte. Wir hatten die *Fuldaer Volkszeitung* abonniert, das linke, kleine, aber unbeugsame Gegenblatt zur katholisch-konservativen *Fuldaer Zeitung*. Die Volkszeitung war einst unter schwierigsten Bedingungen von einem Kommunisten gegründet worden, was deren Lesern zeitlebens in der Wahrnehmung der Mehrheit Schwefelgeruch entströmen ließ.

Ich allerdings fühlte mich wohl in der doppelten Diaspora. Mein Widerstandsgeist wurde in Fulda geboren. Ich gewöhnte mich daran, allein zu stehen. Das machte stark. Ich prügelte mich gerne und meine Spezialdisziplin war dabei der Schwitzkasten. Man nahm den Hals des Gegners in die eigene Armbeuge und drückte zu, stellte ihm dann ein Bein und warf ihn auf den Rücken. Gab er dann nicht gleich auf, konnte man ihm noch die Knie rechts und links auf den Bizeps setzen und die Muskeln reiten, bis der Unterlegene schrie. Den Schwitzkasten brachte ich öfters zum Einsatz, wenn ich am Samstagnachmittag auf katholische Jungen lauerte, die von der Beichte aus der Kirche kamen. Sie waren gerade ihre Sünden losgeworden und deshalb nur eingeschränkt abwehrfähig. Mir machte das teuflischen Spaß, bis eines Tages der Vater eines Besiegten zu meinem Vater nach Hause kam und sich bitter beklagte. Sein Sohn könne sich nicht richtig wehren, weil er durch die Beichte gerade sündenfrei geworden sei. Mein Vater gab sich verständnisvoll. Als der Anschwärzer gegangen war, nahm er mich aber in den Arm und lobte mich für meine kleinen Siege im Glaubenskrieg.

Eine Erfahrung fürs Leben war eine winterliche Schlägerei. Ich fuhr mit vielen Kindern hinter unserem Haus Schlitten. Da gab es, zwischen Wäsche- und Teppichstangen, einen herrlichen Kurs mit drei Gefällen. Ich geriet mit einem anderen Jungen in Streit, der nicht in unserer Siedlung wohnte, weshalb er ohnehin schon schlechtere Karten hatte. Er traute sich nicht, mit mir eine Schlägerei zu beginnen, wandte sich ab und verschwand mit den Worten: »Ich hole meinen großen Bruder. Da wirst du schon sehen …« Mir wurde bange. Das könnte sich zu einer schrecklichen Niederlage auswachsen, unter den Augen der gesamten Kinderschar, die ansonsten großen Respekt vor mir hatten. Ich rodelte eine Weile weiter und begann schon daran zu glauben, dass der Streithahn wohl nicht zurückkehren werde, weil ihm sein großer Bruder den Vogel gezeigt hatte. Da kamen die beiden. Der Große zu mir: »Komm mal her. Ich höre, du willst was.« Ich folgte mit bangem Herzen und dem Gefühl, dass ich der Tracht Prügel wohl nicht mehr entgehen könne. Im Nu hatten die anderen Kinder einen Kreis um uns gebildet. Der Große überragte mich weit und blickte mir herausfordernd in die Augen. Mir ging durch den Kopf: Entweder er schlägt dich gleich zusammen – oder du greifst ihn an, womit er nicht rechnet, und wirst erst danach zusammengeschlagen, aber das ist der ehrenhafte Weg. Ich ließ die Leine meines Schlittens aus der Hand gleiten, ballte die Fäuste, stürmte auf den Großen zu und ließ einen Hagel von Faustschlägen auf ihn niederprasseln. Er leistete nicht die geringste Gegenwehr, beugte sich herab, versuchte das Gesicht zu schützen, wandte sich dann zur Seite, schließlich um – und lief davon. Flucht! Ich hatte den weit überlegenen Gegner mit Herz in die Flucht geschlagen. Die Lehre lautete für mich: Wenn dich einer angreifen will, komm ihm zuvor und greif ihn deinerseits an. Du zerschlägst mindestens seine Angriffsplanung. Danach boxe ich noch heute beim Sparring in meinem Berliner Boxclub. Angriff ist die beste Verteidigung, sagt der Volksmund. Da ist, wie bewiesen, etwas dran. Als ich dem Großen später in der Stadt begegnete, wechselte er die Straßenseite, sobald er mich sah. Er legte keinen Wert darauf, die Scharte auszuwetzen. Welch Triumph für den Kleinen!

Wir zogen 1958 nach Fulda. Ich kam dort zunächst in die Volksschule, ein altes Backsteingebäude. Die Klassenlehrerin bevorzugte Mädchen, unverhohlen, was ich empörend fand. Meine Zeugnisse waren dennoch sehr gut. Und ich verliebte mich zum ersten Mal – in eine blonde Mitschülerin. Schüchtern allerdings, wie ich es lebenslang blieb. Ich wagte nicht, sie anzusprechen. Erst als die Klasse im Winter einen Ausflug machte, bot ich ihr tollkühn und mit pochendem Herzen an, sie auf meinem Schlitten zu ziehen. Sie akzeptierte und blickte den anderen triumphierend in die Augen, als ich voranstapfte. Danach verfiel ich wieder in banges Schweigen. Als ich nach der vierten Klasse aufs Gymnasium wechselte, entschwand sie aus meinem Radius und ich hatte erstmals Liebeskummer. Während des Unterrichts und auf dem Schulhof hatte ich sie wenigstens anstarren können. Ich patrouillierte ein paar Tage vor ihrer Wohnung auf und ab, doch sie ließ sich nicht blicken. Also machte das Leben einen Schnitt.

Ich kam aufs Freiherr-vom-Stein-Gymnasium. Ein moderner Bau mit gläserner Pausenhalle und Wasserspeiern auf dem Schulhof. Die 60er-Jahre gelten als Jahrzehnt des Aufstiegs durch Bildung. Das stimmt. Ich war ein herausragendes Beispiel. Einer wie ich, einer aus immer noch wirtschaftlich schwierigen Verhältnissen, ein Flüchtlingskind, ein Minderheitenknabe, einer mit falscher Religion und fehlfarbenem Vater, der wäre früher aussortiert, mindestens entmutigt worden. So wie mein Vater ja auch. Gymnasium war für ihn undenkbar.

Mit mir ging es bergauf. In der Volksschule war ich ein erstklassiger Schüler. Ich musste nicht lernen, die Dinge fielen mir zu. Ich dachte, das ginge auch auf dem Gymnasium so weiter. Das war ein folgenschwerer Irrtum. In der allererersten Klassenarbeit, einem Vokabeltest in Englisch, schrieb ich eine Sechs. Nichts gelernt, nichts gewusst, und die einzige Antwort falsch. »In Ordnung« übersetzte ich mit O.K. Bei der Rückgabe der Hefte hielt mir der Lehrer eine Standpauke, wie mein Vater dann zu Hause auch. Ich sei ja ein prima Kerl, aber eben stinkend faul. Und wenn sich das nicht ganz plötzlich ändere, bekäme ich ein echtes Problem auf der neuen Schule. Ich änderte es ganz plötzlich und glänzte fortan als einer der besten Schüler der Klasse. Nicht als Primus, das erschien mir nicht erstrebenswert, aber als Nummer zwei oder drei. Als Primus wurde man in der Klasse wechselweise bedauert oder verachtet, auf jeden Fall existierte man in drückender Bildungsisolation. Immer hübsch gescheitelt vom wässrigen Kamm, die Kleider frisch gebügelt. Der erste Primus in meiner Klasse, ein sympathischer Junge, einziger Sohn eines Polizisten, starb nach wenigen Jahren an Blutkrebs. Wofür, fragte ich mich, hatte er ständig gelernt? Jetzt war er tot, ohne je gelebt zu haben. Alle in der Klasse waren erschrocken.

Morgens, auf dem Weg zur Schule, durch neue Einfamilienhäuser, über weite Wiesen, den Blick schon auf das Haus des

Freiherrn vom Stein geheftet, hatte ich Zeit, über meinen ungewohnten Aufstieg nachzudenken. Den Aufstieg aus dem Elend. Irgendetwas, das war mir klar, würde nun aus mir werden. Mit Abitur irgendwann. Aber was? Was wollte ich eigentlich? Akademische Träume waren mir fremd, dafür stand mein Elternhaus nicht. Schulfreunde, Söhne von Ärzten, wollten auch Ärzte werden. Ich aber wollte nicht aufs Finanzamt wie mein Vater. Dafür lohnte sich die Anstrengung nicht. Mich lockte, wie es in einer Zigarettenwerbung hieß, der Duft der großen weiten Welt. Der hellblaue Fortschritt der 60er-Jahre. Flugzeugkapitän wollte ich werden. Heute Rio, morgen Casablanca. Und immer platinblonde Stewardessen um mich herum, die es auf einen wie mich abgesehen hatten. Einen Flight Captain in maßgeschneiderter, dunkelblauer Uniform.

Der Weg dahin allerdings war lang und führte so steil bergauf, dass man ins Schnaufen kam. Ich mobilisierte alle Kräfte, tat mehr als nötig. Und fiel auf in der Schule. Ich sang im Chor, töpferte nachmittags, glänzte in der Leichtathletik-AG beim Hochsprung und baute superleichte Modellflugzeuge. Im September 1964 holte ich mit meinem »kleinen Uhu« bei einem Segelflugwettbewerb den vierten Platz. 104 Sekunden war das Modell in der Luft geblieben. Einmal legte mir der Direktor mit der mächtigen Hornbrille die Hand auf die Schulter und sagte, ich sei doch der, von dem er schon gehört habe. Vermutlich stimmte das sogar. Ich war der Flüchtlingsjunge aus dem Osten, der sich so gut machte. Aufstieg durch Bildung. Nur durch Bildung. Da hatte ich gerade mit der Laubsäge maßgeblich ein mächtiges Weihnachtsrelief für die Lobby der Schule gesägt, geklebt, geschmirgelt und lackiert. Es wurde noch viele Jahre später zu Weihnachten aus dem Schulfundus geholt und aufgehängt. Eine gewisse Berühmtheit verschaffte mir auch, dass ich in der letzten Stunde vor den Sommerferien vom jeweils unterrichtenden Lehrer nach vorne gebeten wurde, um vor der Klasse auf seinem Stuhl Platz zu nehmen und aus dem Stehgreif eine nicht vorbereitete, spontan zusammenfantasierte Abenteuergeschichte zu erzählen. Es klappte immer. Die Klasse lauschte hingerissen. Und der Lehrer staunte.

Der Uli war überall vornedran. Leider auch im Sportunterricht, wo der Lehrer, ein alter Nazi, zu Beginn antreten und durchzählen ließ und wenn ihm das nicht zackig genug ging, mit dem kleinen grünen Notenbuch zuschlug. Ich bekam das Ding öfters ins Gesicht, mit voller Wucht, sodass mir die Nase blutete. Die Klasse schwieg dann betreten, man selbst auch – und wischte sich das Blut unauffällig ab. Das allerdings war die einzige unerfreuliche Erscheinung dieser Schulzeit. Ich fuhr im Bus zur Oper in Kassel und sah dort *Boris Godunow* von Mussorgsky. Meine erste Oper. Welcher Genuss, dachte ich, reiche Leute erleben so was ständig. Ich meldete mich auch für eine Arbeitsgemeinschaft, um Wasseramseln zu fangen, zu beringen und wieder fliegen zu lassen mit einem Ring um den rechten Fuß. Die reine Wissenschaft. Wasseramseln waren relativ leicht zu fangen. Ich stapfte nachmittags mit einem Lehrer und zwei oder drei anderen Freiwilligen an Bachläufen entlang, brachte an günstiger Stelle quer über dem Wasser ein superfeines Netz an, lief im hohen Bogen zurück und trieb dann geräuschvoll die Amseln ins Netz. Sie flogen immer über Wasser, kürzten keine Schleifen des Bachlaufs ab und waren deshalb leicht zu kriegen. Wir befreiten sie sanft aus dem Netz, vermaßen ihre Spannweite, bogen ihnen einen Ring um den Fuß und notierten dessen Nummer. Nach zwei oder drei Monaten, manchmal auch erst ein Jahr später, bekam man dann Nachricht von einer Vogelwarte weitab in Deutschland. Sogar von der Nordseeküste. Dort hatten sie einen unserer Vögel gefangen und seine Route berechnet.

Einmal, im Winter, stürzte aus dem Unterholz ein wütender Bauer auf mich zu, packte mich am Kragen und wollte mich schon ohrfeigen, als der Lehrer im letzten Moment eingriff. Der Grund für seine Wut: Der Bauer hatte mich an den Abdrücken meiner Stiefel im Schnee erkannt. Es waren die alten Militärstiefel meines Vaters, für moderne Gummistiefel hatten wir kein Geld. Die Lederteile aber saugten sich mit der Zeit voll Wasser und bereiteten ihrem Träger eiskalte Füße. Und damit war mein Vater durch Russland marschiert? Der Bauer hatte an den Spuren erkannt, dass ich es war, der eine hölzerne Falle zertreten hatte, mit der er Füchse und Hasen fangen wollte. Das war verboten, gottlob, deshalb konnte er auch keinen Schadenersatz verlangen. Mein Lehrer machte ihm klar, dass er sich besser trollen solle, bevor er auch noch angezeigt werde.

Im gläsernen Pausenhof der Schule wiederum las ich Vögel auf, die mit Donnerhall gegen die Scheiben geflogen waren und nun benommen, oft mit Blut am Schnabel, am Boden lagen. Einige starben an den Kopfverletzungen, viele aber nicht. Ich trug sie in den Biologieraum und legte sie vorsichtig in einen kleinen Verschlag neben dem riesigen Käfig der Stabheuschrecken. Wenn ich in der nächsten Pause nachschauen kam, hüpften sie oft schon wieder. Ich nahm sie in die Hand, fühlte ihr Herz pochen, trug sie nach unten auf die Wiese vor der Schule und ließ sie fliegen. Herrlich, ich hatte ein Leben gerettet!

Zur Grenze pilgerten wir von Fulda aus nur noch selten. 1961 wurde in Berlin die Mauer gebaut und auch die Grenze über Land wurde rasant militarisiert. Durch die Wälder wurden breite Schneisen geschlagen, um Flüchtlinge weithin sichtbar werden zu lassen, Minen wurden verlegt und der Stacheldraht wurde Zug um Zug durch feinmaschige meterhohe Grenzzäune ersetzt. Bauern waren nun in Grenznähe nicht mehr auszumachen. Die Dörfer waren weitgehend geräumt und, falls überhaupt, nur noch von absolut Linientreuen bewohnt. Da es uns wirtschaftlich besser ging, konnte meine Mutter nun zu Weihnachten ein Paket an die Familie der Schwester in Bad Salzungen schicken: Zitronat, Orangeat und Rosinen für den Stollen – ich hasste den widerlichen Südfrüchteersatz –, ein wenig Schokolade, frische Orangen und ein Kleidungsstück für die Kinder. Als es den Verwandten besser ging, kamen Weihnachtspakete zurück. Bonbons mit flüssiger Füllung und Schokolade aus Ersatzstoffen (brrr!), dazu Bücher für uns Kinder. Ich kann mich an eines erinnern, das eine westdeutsche Familie beschrieb, die wegen ihrer Not nach Australien auswanderte, dort keine Wurzeln schlagen konnte und nach Deutschland zurückkehrte. Aber in das andere Deutschland, das bessere, wo keine Not herrschte, wo sie schon an der Grenze aufs Herzlichste begrüßt und vor dort aus in ein neues, glückliches Leben begleitet wurden. Mir war schon klar, dass das Unsinn war, Propaganda für Kinder. Und dennoch berührte das Buch die empfindlichste Stelle meiner Seele, wo der Zweifel nistete, ob der Wechsel von Ost nach West wirklich richtig gewesen war.

Die Verbundenheit mit den Verwandten im Osten war ungebrochen. Meine Mutter fuhr mit meiner Schwester und mir in den Ferien häufig zurück, zu mehrtägigen Besuchen. Wir durften das, wir waren ja höchst legal aus der Staatsbürgerschaft der DDR entlassen worden. Mein Vater durfte nicht, er hätte es selbst dann nicht gewagt, wenn er eine Besuchserlaubnis erhalten hätte. Denn seine Mutter hatte, bevor sie in den Westen übersiedeln durfte, bei den Behörden gewaltigen Ärger gemacht. Auf seine Kosten. Wenn ihr Sohn eines Tages zurückkehre, werde er sie aufhängen. Als ich das später hörte, zweifelte ich an ihrem Verstand. Ein Nazi hätte es nicht schlimmer formulieren können.

Der Verwandten im Osten gedachte man nun, nach dem Mauerbau, auf spezielle Weise. Man stellte an Weihnachten Kerzen ins Fenster. Die sah ich nun in vielen Fenstern leuchten, wenn ich an Heiligabend vom Kindergottesdienst nach Hause spazierte, zur Bescherung. Der Glanz in der Dunkelheit machte mir das Herz schwer. Heimat! Fulda wurde nie meine Heimat, auch wenn ich mich zunehmend gut zurechtfand. Die Stadt erlangte in der militärischen Planung des Westens wachsende Bedeutung, als Fulda Gap. Man ging davon aus, dass Truppen des Ostblocks durch die Fuldaer Senke blitzschnell nach Westen vordringen könnten. Jedenfalls würden sie das versuchen. Dem sollte eine amerikanische Garnison Einhalt gebieten. Einmal im Jahr machten die Amerikaner Eigenwerbung bei den Deutschen, indem sie am Tag der Offenen Tür Panzer und Hubschrauber ausstellten. Wir Kinder durften nicht nur darauf herumklettern, sondern auch hineinsteigen und die Instrumente bedienen. Es roch irgendwie befremdlich nach Armee. Nicht schlecht, aber ungewöhnlich.

Sehr gut, weil stets angenehm parfümiert, roch jener schwarze Amerikaner, der im Nachbarhaus so gut wie jeden Tag seine deutsche Freundin besuchte. Er war relativ klein, elegant gekleidet und fuhr in einem offenen Straßenkreuzer mit roten Polstern vor, den er am Straßenrand neben dem Haus der Geliebten parkte. Alle Nachbarn zerrissen sich die Mäuler darüber, lauerten hinter den Gardinen und ätzten über die vollbusige Blondine, die an der Seite des schwarzen Mannes das Haus verließ, zu einem Ausflug irgendwo hin. Die erzkatholische Sexualmoral Fuldas, der von den Nazis eingepflanzte Rassismus machten ihn zum »Neger«, sie zur »Ami-Schickse«. Mein Vater, das rechnete ich ihm hoch an, war da anders. Er begrüßte den Amerikaner bei Gelegenheit mit Handschlag, stellte sich ihm vor, wusste also auch, wie der andere hieß, und plauderte mit ihm über dies und jenes. Er erfuhr deshalb auch, dass die beiden heiraten wollten, um dann gemeinsam in die USA zu gehen. Der Soldat war unheimlich freundlich und trug maßgeblich dazu bei, mir Rassismus von Anfang an verhasst zu machen. Ich mochte ihn, instinktiv schon allein deshalb, weil er vielen anderen verhasst war. Fulda war eben die Grundschule meines Widerstandsgeistes.

Meine politische Bildung erhielt ihren ersten Anstoß, als ich vom Sozialkundelehrer mit einem Freund zu Alfred Dregger geschickt wurde, um den damaligen Oberbürgermeister Fuldas zu interviewen, der auch schon im hessischen Landtag saß und dabei war, eine bundesweite Größe in der CDU zu werden. Antikommunist vom Scheitel bis zur Sohle. In Ermangelung greifbarer Kommunisten hilfsweise Antisozialdemokrat. Denn letztlich, so propagierte die CDU auf Wahlplakaten, führten alle Wege der SPD nach Moskau. Vom Moskauer Horizont blickten die gierigen Augen eines Bolschewiken über den Erdball bis tief hinein ins kleine Westdeutschland. Mein Lehrer also schrieb an Dregger und bat um einen Termin für zwei Schüler. Den bekamen wir umstandslos und an einem Samstagnachmittag klingelten wir an der Tür seiner Wohnung in einem großbürgerlichen Wohnhaus in der Fuldaer Innenstadt.

Ein Sohn öffnete, es muss der Jahre später bei einem Verkehrsunfall getötete Wolfgang Dregger gewesen sein, und führte uns ins Arbeitszimmer des Vaters. Der saß hinter seinem mächtigen Schreibtisch, begrüßte uns überaus freundlich und bat uns, Platz zu nehmen. Was wir ihn fragen sollten, weiß ich nicht mehr. Aber seine wichtigste Antwort blieb mir in Erinnerung. Alfred Dregger erläuterte uns Greenhorns nämlich in wenigen raumgreifenden Sätzen, dass wir Deutschen uns nur mit den Chinesen verbünden müssten, um Moskau in die Zange zu nehmen, die Herausgabe der Sowjetisch besetzten Zone zu erzwingen und die Wiedervereinigung Deutschlands zu besiegeln. Das imponierte mir mächtig. Zum einen wollte ich sowieso meine Heimat zurück. Zum anderen war ich noch nie politischer Strategie begegnet – und dann auch noch solch weltbewegender. Donnerwetter! Was für ein Kerl, dieser Dregger.

Zwei Jahrzehnte später sah ich ihn als Fraktionschef im Bundestag wieder. Man hatte mir als Neuling im Bonner *stern*-Büro die CDU/CSU zugeteilt. Das war, wie ich Naivling sogleich feststellen musste, verbrannte Erde, denn auf die Schwarzen prügelte der rote *stern* unablässig ein, mit allen Mitteln. Dregger wusste also ganz genau, dass da nicht ein Freund oder wenigstens ein Neutraler in sein Büro trat, um sich ihm vorzustellen. Er hatte Lebensart, vor allem aber Charme, bot mir einen Sessel an und begrüßte mich mit den Worten: »Und jetzt nehmen wir erst mal ein Glas Champagner.« Ich aber war politisch zu verkrampft, um mit diesem Stahlhelmer einen Schluck zu nehmen, lehnte ab – und ließ ihn allein trinken. Als ich die Anekdote aus Fulda in Erinnerung rief und den gewaltigen Eindruck, den er damals auf mich gemacht hatte, kannte seine verschmitzte Liebenswürdigkeit keine Grenzen mehr.

Der zweite Kontakt mit der Politik ergab sich auf einem Dorf in der Nähe von Kassel, wo mein Onkel Lehrer in einer Einheitsschule war, die Kinder jeden Alters in einer einzigen Klasse versammelte. Sie alle gleichzeitig zu unterrichten, war eine Herkulesaufgabe, die jener Onkel aber klaglos bewältigte. Er hieß Hans Eichel und der Name lässt schon ahnen, was sich noch dahinter verbarg. Von Fulda aus besuchten wir die Eichels mit den drei Kindern und mit Tante Marianne, der ältesten der beiden Schwestern meiner Mutter, häufig zu Konfirmationen und runden Geburtstagen. Für mich hieß das fette Beute und purer Genuss. Denn es wurde gut gegessen, mittags, nachmittags und abends, Braten, Aufschnitt, Würstchen und Kartoffelsalat, dazu gelbe Limonade, jede Menge Torten und Kuchen – alles, was mein hungriges Herz begehrte. Und zwischendurch, wenn Gratulanten klingelten und Blumen oder kleine Geschenke an der Tür abgaben, öffnete ich und gab als Gegenleistung einen Mohrenkopf heraus, wie die Köstlichkeit damals noch genannt wurde. Die Reserven waren schier unerschöpflich, und so aß ich selbst für jeden Mohrenkopf, den ich herausrückte, einen zweiten selbst. Davon wurde mir über die Stunden so übel, dass ich eines Sonntags auf der Rückfahrt mitten auf der Autobahn, mein Vater durfte nicht halten, meiner Mutter von hinten auf den künstlichen Pelzkragen ihres Wintermantels kotzte. Das gute Teil! Es war ihr bestes. Und verströmte auch nach der Reinigung noch lange einen säuerlichen Geruch. Wie auch die Polster des Sitzes. Ulis Mohrenkopfkotze.

An der Festtafel im Nordhessischen saß häufig noch ein zweiter Hans Eichel, damals ein junger Mann, der aber schon in der SPD angekommen war und später steil zum Bundesfinanzminister aufstieg. Richtig populär wurde er erst mit seiner imagefördernden Sparschweinsammlung auf dem Schreibtisch – eine glänzende Idee seines Chefberaters. Als ich ihm in Berlin offenbarte, wir seien sehr entfernt verwandt und hätten uns vor Urzeiten bei dem anderen Hans Eichel gesehen, gab es großes Hallo und wir duzten uns fortan.

Politisch einschneidend blieb in meiner Erinnerung der Tod Konrad Adenauers 1967. Da war ich schon 15, wir standen kurz vor dem Umzug von Fulda nach Frankfurt, und in der schwarzen Domstadt läuteten unablässig die Glocken. Ganz Deutschland schien in Staatstrauer erstarrt. Fulda auf jeden Fall. Nur ein Einziger freute sich über den Tod des Alten: mein Vater. »Endlich isser weg«, lautete sein trockener Kommentar. Wir beobachteten auf dem Fernsehschirm die Feierlichkeiten in Köln und Bonn, sahen den Sarg auf einem Schiff auf der Fahrt nach Rhöndorf, wo er die letzte Ruhe fand. Alles war Schwarz in Schwarz und alle ganz bedrückt, allein mein Vater schlug sich hin und wieder triumphierend auf die Schenkel. Durfte man sich über den Tod freuen? Ich fand, bei allem Verständnis für den oft enttäuschten Sozialdemokraten: eigentlich nicht. Und uneigentlich? Ich fühlte mich in jenen Tagen auch in der eigenen Familie heimatlos.

Uns ging es jetzt erheblich besser als zuvor, wir waren nicht mehr schreiend arm. Doch knapp bei Kasse waren wir immer noch. Meine Mutter hatte für die Familie hundert Mark in der Woche zur Verfügung. Der intelligente und fromme Knabe entwickelte eine Nachtseite seines Charakters. Was Armut und Mangel nun mal aus Menschen macht. Manchmal stahl ich im Vorübergehen einen Apfel aus der Auslage eines Geschäfts. Oder ich klaute ein Weckglas mit eingemachten Kirschen oder Mirabellen aus dem Keller von Nachbarn und verschlang die Früchte heißhungrig im Halbdunkel. Während der Volksschule kletterte ich auf dem Nachhauseweg – viele Mitschüler gingen vorüber – einem Freund auf die Schulter, um im Hochparterre ein Lebkuchenhaus im offenen Fenster zu plündern. Die Schandtat wurde natürlich gemeldet, anderntags holte mich die Direktorin aus der Klasse und vergatterte mich, auf dem Heimweg an der Wohnung zu klingeln und mich zu entschuldigen. Das tat ich, die Bestohlenen waren beschämend freundlich.

Mein Vater war nun beim Finanzamt Fulda und prüfte Betriebe auf Steuerehrlichkeit. Ich kann mich an einen Metzger erinnern, einen Viehhändler und einen Sägewerksbesitzer, der auch eine Jagdhütte besaß, in der wir zu Gast waren, mein Vater und ich. Wenn die Männer beieinandersaßen, manchmal Skat spielten, dann drehten sich die Gespräche immer wieder um den Krieg. Sie erzählten

Erlebnisse, schilderten die grausigsten Szenen, in denen Kameraden neben ihnen erschossen oder zerfetzt worden waren. Mein Vater schwieg dazu, ich hielt ihm das zugute. Ich wusste von meiner Mutter, dass er Scharfschütze gewesen war und vermutlich viele Rotarmisten erschossen hatte. Damit allerdings mochte er nicht prahlen, er war zum Pazifisten geworden.

Häufig begleitete ich ihn an Sonntagvormittagen zu solchen neuen »Freunden«, wo er sich breitmachte, bewirten ließ und Steuertipps zum Besten gab. Endlos. Dieselbe Geschichte, immer und immer wieder erzählt. Ich saß auf heißen Kohlen und wollte nach Hause, zum Mittagessen. Mein Vater aber konnte sich nicht losreißen. Häufig kamen wir zu spät nach Hause. Noch heute steckt mir das im Gemüt. Bei Gastgebern zu lange sitzen zu bleiben, ist mir zutiefst verhasst und immer wieder Anlass zu Streit mit meiner Frau. Zur Erklärung verweise ich dann auf die schwarzen Stunden mit meinem Vater.

Ehrfürchtigen Kontakt mit reichen Leuten hatte ich in diesen Jahren aber auch selbst. In der Klasse war ich mit einem dicken, gutmütigen Jungen befreundet, der durch einen goldenen Schneidezahn auffiel und der Sohn eines veritablen Direktors war. Der Vater leitete das Kalibergwerk im nahen Neuhof und an Geburtstagen spielten wir in seiner Villa im Schatten der riesigen Abraumhalde. Danach wurden die eingeladenen Jungen im Mercedes nach Hause gefahren, der pure Luxus. Ich schärfte alle Sinne, um den Wagen auf mich wirken zu lassen, seinen Geruch, sein Radio, seine dick gepolsterten Sitze. Umso steiler fielen dagegen bei solchen Festen meine Geburtstagsgeschenke ab. Manchmal brachte ich nur eine Tüte Äpfel mit, was die Mütter der Geburtstagskinder mit ungläubigen und mitleidigen Blicken bedachten. Relativ gesehen war ich immer noch arm. Und fühlte mich auch so. Voller Scham.

Auch wenn mein Vater inzwischen ein vorzeigbares Auto gekauft hatte, gebraucht zwar, aber schön und chic. Einen cremefarbenen DKW 3=6 mit roten Kunststoffsitzen, in der Coupe-Version. Der knatterte immer noch aus einem Zweitaktmotor, doch hinten konnte man die kleinen Coupe-Scheiben herunterkurbeln. Welcher Luxus! Geparkt war das

Gefährt auf einem Streifen zwischen den Wohnblocks neben anderen Sehenswürdigkeiten der Automobilgeschichte. Einem Messerschmitt-Kabinenroller etwa. Der Hersteller hatte nach dem Krieg die Kanzeln von Jagdflugzeugen auf vier kleine Räder gestellt und damit zum Auto gemacht. Zwei Passagiere saßen hintereinander, sehr tief, und der Fahrer steuerte nicht mit einem Lenkrad, sondern mit einer Art Flugzeugsteuer. Ein kurioses Gefährt. Wie auch die BMW Isetta, ein kugelförmiges Auto, in dem die beiden Passagiere nebeneinandersaßen und nach vorne durch eine weit aufschwingende Tür ein- und ausstiegen. Ein verwandtes Auto, etwas länger gestreckt, konnte vier Leute transportieren, zwei saßen mit dem Rücken zur Fahrtrichtung und stiegen nach hinten durch eine solche Schwingtür aus. Gemessen an derartigen Exoten hatten wir es autokulturell schon in die Neuzeit geschafft. Den alten, gebohnerten DKW hatte mein Vater für einen Appel und ein Ei an einen anderen armen Schlucker losgeschlagen.

Wir lebten nun in einer Vierzimmerwohnung mit Balkon, meine Schwester und ich hatten eigene Räume. Relativ groß, doch ungeheizt im Winter. Nur die Küche und das Wohnzimmer wurden durch Öfen geheizt. Ich holte Holz zum Anfeuern, das mein Vater im Herbst vor dem Haus mit der Axt klein gehackt hatte, Eierkohlen und Briketts zum Heizen aus dem Keller. Die Kohlen lagerten in einem alten Bettgestell neben Regalen, in denen wir für den Winter Äpfel verschiedener Sorten auf Holzschütten lagerten. Orangen waren zu teuer, die gab es nur zu Weihnachten auf einem festlichen Pappteller neben Nüssen und einem Schokoladenweihnachtsmann. Die Äpfel holten mein Vater und ich mit dem Auto von Bauernhöfen im Umland. Sie waren spottbillig. Und schmeckten teils grottig. Was dazu führte, dass nach Weihnachten nur noch die Sorten übrig waren, die meine Schwester und ich nicht mochten. Doch wir mussten in den sauren Apfel beißen. Das Badezimmer wurde einmal pro Woche richtig genutzt. Jeden Samstag heizte mein Vater mit Kleinholz und Briketts den großen Heißwasserboiler neben der Badewanne an. Zwei Füllungen der Wanne mussten für die ganze Familie reichen. Das Wiederauffüllen des Boilers und die Erhitzung des kalten Wassers hätten für zwei weitere Wannen zu lange gedauert. Aber so arm wir auch waren, schmutzig waren wir nicht. Es ging irgendwie. Nach dem

Baden schaute die gesamte Familie Fernsehen. *EWG. Einer wird gewinnen* mit Hans-Joachim Kulenkampff. Der charmante Hüne war ein Held meiner frühen Jahre, zumal er der SPD zuneigte, wie mein Vater.

Die Stadt wuchs in diesen Jahren über unsere Siedlung hinaus. Also kroch ich mit meinen Freunden, manchmal auch allein, durch die finsteren Abwasserrohre der Rohbauten. Da konnte man prächtige Erkundungen machen. Noch abenteuerlicher war die Unterquerung der Innenstadt in den Rohren eines Bachs, der auf diese Weise streckenweise kanalisiert war. Man lief also am Austrittsende des Wasserlaufs in das riesige Rohr, störte sich nicht an den piepsenden Ratten, groß wie Karnickel, und wartete, was da so kam. Im zittrigen Licht einer Taschenlampe. Es muss unter dem Dom gewesen sein, im historischen Zentrum der Stadt also, dass kleinere Gänge von dem großen abzweigten. Folgte man ihnen, wurden sie immer enger, teilten sich wieder auf, führten durch nackten Felsen und verleiteten dazu, den Rückweg zu vergessen. Das aber ist mir gottlob nie passiert. Irgendwann war das Gruseln so mächtig, dass ich kehrtmachte und zum Bach zurücklief. Am anderen Ende der Stadt mündete die Röhre in gleißendem Sonnenlicht in die freie Natur.

Beim Zahnarzt machte ich eine bleibende Erfahrung: Betäubung mit Lachgas. Ich bekam eine Atemmaske auf Mund und Nase, der Arzt drehte eine Gasflasche auf und blickte mich dann gespannt an. Als ich das Kneifen mit seinem Finger nicht mehr spürte, begann er zu bohren. Und ich glaubte,

ein Flugzeug flöge niedrig übers Haus. Es musste eine vier-
motorige Maschine sein, denn seine Propeller brummten gewaltig. In meinem Kopf. Dass die Betäubung diesen Eindruck
hinterließ, wollte ich anfangs gar nicht glauben. Danach fürchtete ich mich davor und wechselte zu einem Arzt, der schon
mit Spritze betäubte. Ich rauchte damals schon. Eifrig. Allerdings Glimmstängel, die es kostenlos gab. Ich drehte Lösch-
blätter aus Schulheften zu Zigarren und hielt sie mit einem
Gummiband zusammen. Dürre Halme, die mit weißem Material gefüllt waren, eigneten sich auch. Sie wuchsen auf der
Wiese. Und beim mühsamen Anstecken eines solchen Hal-
mes habe ich einmal aus Versehen die ganz Wiese in Brand
gesetzt. Das Gras war trocken, der Wind fuhr hindurch und
im Nu brannte eine große Fläche. Fatalerweise neben einer
modernen Berufsschule. Die Feuerwehr musste kommen und
den Brand löschen. Das dauerte. Ich stand mit klammen Gefühlen weitab und beobachtete das Schauspiel.

Eine echte Zigarre habe ich in diesen Jahren, ich war elf
oder zwölf, nur ein einziges Mal genossen. Ich stahl das total
vertrocknete Teil meinem Vater aus dem Wohnzimmerschrank
und nahm es mit zu einem Freund, in dessen wildem Garten
wir gerne Ritter spielten. Sein Vater war der bereits erwähnte
Wollhändler, der es auch mit der SPD hielt. Als wir über eine
Leiter aufs Dach des Gartenhäuschens gestiegen waren und
dort unsere Ritterburg simulierten, steckte ich die Zigarre an,
paffte zwei- oder dreimal – und schiss sofort in die Hose. Der
Tabak hatte auf den kindlichen Magen eine durchschlagende

Wirkung. Was meine Kampfhandlungen als Ritter an diesem Nachmittag bedeutend behinderte.

Ritterhefte waren das größte Vergnügen, das ich mir gelegentlich von meinem Taschen- oder Zeugnisgeld leistete. Für eine Zwei bekam ich 50 Pfennig, für eine Eins eine Mark. Da kam schon ein kleines Sümmchen zusammen. Davon leistete ich mir dann die Abenteuer von Sigurd, Akim oder Ivanhoe. Besonders in Erinnerung geblieben sind mir die prall gezeichneten Ärsche der Pferde, auf denen sie durch mittelalterliche Landschaften galoppierten. Micky-Maus-Hefte kaufte ich nicht, ich lieh sie mir stapelweise von einem wohlhabenden Freund. Dann kam, als ich flüssig lesen konnte, die Karl-May-Ära. Meine Eltern schenkten mir Bände zu Weihnachten oder zum Geburtstag, auch das Zeugnisgeld reichte für mindestens ein Taschenbuch. Und als ich den Kegeljungen gab, beim Klub meines Vaters, verdiente ich einmal pro Woche für drei, vier Stunden mühsames Aufheben und Aufstellen der geworfenen Holzkegeln eine köstliche Cola und fünf Mark. Das reichte für einen Karl May und erlaubte noch einen Nebenluxus. Sigurd etwa. Als ich 14 oder 15 war, arbeitete ich in den Ferien bei einem Spengler und half ihm bei der Montage von Dachrinnen auf Neubauten. Ungesichert in luftiger Höhe. Mir wurde ganz anders. Ich musste mich zwingen, nicht in die Tiefe zu schauen. Und mich daran gewöhnen, mich nur mit einer Hand festzuhalten, denn mit der anderen musste ich dem Gesellen ja Werkzeuge und Material reichen. Und das bei meiner Höhenangst! Ich hatte mich

schon mal bei einem Sonntagsausflug zur Edertalsperre geweigert, den Staudamm zu überqueren. Das war völlig harmlos, eine Straße führte hinüber. Doch meine Angst war rationa-
len Überlegungen nicht zugänglich. Die Arbeit beim Spengler
war mithin eine einzige seelische Strapaze. Immerhin verdiente ich um die 150 Mark und konnte mir davon mein erstes Fahrrad kaufen.

Urlaub konnten wir uns nicht leisten. In den Ferien fuhr ich
mit Mutter und Schwester entweder nach Hause, nach Bad Salzungen, wo ich auf der Zehnt bei meiner Großmutter schlief,
während meine Mutter bei ihrer Schwester unten in der Stadt
blieb. Oder ich wurde in ein Jugendzeltlager der evangelischen
Kirche geschickt. Danach folgten, mit fortschreitendem Alter,
Fahrradtouren mit den engsten Freunden. Bad Salzungen war
ein Sommertraum. Ich erwachte bei Sonnenschein im Schlafzimmer meiner Großmutter und unten, vor dem Haus, riefen
schon die Freunde nach mir. Die beneidete ich um ihr Leben. Sie
waren Junge Pioniere, nahmen in Uniform an Wehrübungen teil,
auf denen Holzhandgranaten geworfen wurden, und nahmen
mich mit ins Kino zu antifaschistischen Schmachtfetzen sowjetischer Herkunft. Nach dem Muster: Tapferer kommunistischer
Widerstandskämpfer druckt und verteilt Flugblätter, wird von
der Gestapo gejagt und von klassenbewussten Arbeitern unter
Kohlehalden versteckt. Ich revanchierte mich bei meinen Freunden in der DDR mit Kaugummis, die es dort nicht gab und für
die sie gemordet hätten. Ganz besonders, wenn in dem Kau-
gummipapier noch ein Sammelbildchen eingeschlagen war. Ich

fühlte mich den Ost-Jungen eigenartig unterlegen, weil ich nach meinem Empfinden ja den Wohlstand und die Abenteuer des Ostens mit der Armut und Tristesse des Westens eingetauscht hatte. Das aber wollte ich nicht zugeben und überspielte es durch gönnerhaftes Verschenken von Kaugummipäckchen. Dabei fraßen mich mein Heimweh bei der Ankunft und der Schmerz beim Abschied am Bahnhof förmlich auf.

Die 60er-Jahre waren Jahre des relativen Wohlstands, nach den Entbehrungen der Kriegs- und Nachkriegszeit. Eine Fresswelle packte die Westdeutschen. Man verspeiste Grillhähnchen, wann und wo immer es ging. Wir fuhren mitunter auf eine Hähnchen-Farm in der Nähe von Fulda, wo man Glück haben oder lange warten musste, um einen Tisch zu bekommen. Mein Vater liebte auch Mettgelage, verspeiste alleine ein ganzes Pfund von dem gewürzten Hackfleisch. Mit Zwiebeln, Gürkchen und Brot. Dazu diverse Biere. Es dauerte nicht lange, da war er zuckerkrank. Auf der Straße wurde ihm flau und er musste sich auf den Randstein setzen. Der Arzt vergatterte ihn zu einer Diät. Quark. Gemüse. Wässrige Süppchen. Wir anderen litten mit, denn zwei getrennte Mahlzeiten konnte meine Mutter nicht kochen.

Im Sommer 1966, da war ich noch 14, fuhr ich in den großen Ferien in ein Zeltlager der evangelischen Kirche am Bodensee. Große Gemeinschaftszelte, gemeinsame Abenteuer, aber auch gemeinsame Gebete und gemeinsames Singen. Eben evangelisch. Versaut, sexuell aufgeladen war da noch nichts, obgleich auch Mädchen im Lager waren, die aber getrennt

gehalten wurden. Wir Jungs konzentrierten uns auf die Fuß-
ball-WM in England, bei der Deutschland im Endspiel durch
eine sowjetische Schiedsrichterverschwörung von England
geschlagen wurde. Ganz große Emotionen – und tagelange
Trauer. Verscheucht wurde die aber durch die Beatles-Songs,
die damals die Hitparaden beherrschten und mich emotional
geradezu erschütterten. Sie öffneten mir eine völlig neue Welt,
die herausführte aus dem Spießertum Fuldas.

Dort ging ich sonntags als verkleideter Jungspießer zum
Fußball. Quer durch die Stadt zu Borussia Fulda. Ich trug
einen braunen Anzug mit weißem Hemd und einer Kinder-
krawatte, die am Gummi unter den Kragen gezogen wurde.
Darüber ein Regenmantel, in der Hand ein Knirps und auf
dem Kopf ein Hütchen mit Feder an der Seite. Meine Mutter wollte es so, ich mochte mich selbst nicht mehr leiden.
Selbst die Erinnerung ist noch grauenhaft. Meine Schwester,
die mir zwei Jahre voraus war, versuchte die gängige Kleider-
ordnung zu sprengen. Bei ihr und ihren Freundinnen war angesagt, sich von Kopf bis Fuß schwarz zu kleiden. Wenn sie
morgens allerdings ganz in Schwarz aus ihrem Zimmer in die
Küche trat, wo die Familie frühstückte, geriet meine Mutter
außer sich. »Bei uns ist niemand gestorben. Zieh das sofort
wieder aus!« Ein Wort ergab das andere, bis sich die Szene in
Ohrfeigen und Tränen auflöste. Mein Vater saß schweigend
dabei und sagte kein einziges Wort. Ich verachtete ihn dafür,
denn es war offensichtlich, dass meine Mutter die Verbitterung
über ihr freudloses Leben an derjenigen ausließ, die gerade den

Versuch unternahm, sich ihr Leben zu erobern. Sie musste sich immer umkleiden, eine schreckliche Demütigung. Mit der Zeit entwickelte sie indes mit ihren Freundinnen Taktiken, schwarze Kleidung außerhalb unserer Wohnung parat zu halten und sich auf dem Schulweg umzukleiden.

Ich trug im Sommer kurze Lederhosen und im Herbst Kniebundhosen über grünen Strickstrümpfen und klobigen Haferlschuhen. Alles grauenerregend. Die Sonne verbrannte mich im Sommer, bis ich Fieber bekam. Geld für Creme hatten wir nicht, also setzte ich die blanke Haut ungeschützt den Strahlen aus. Über Stunden beim Spielen. Oder im Schwimmbad. Am Abend wuchsen auf meinem Rücken, auf Armen, Brust und Schultern große, mit Flüssigkeit gefüllte Blasen. Die schmerzten so höllisch, dass ich mich beim Schlafen nicht auf den Rücken legen konnte. Das ließ erst nach, als sich unter den Blasen neue Haut gebildet hatte, die Wunden austrockneten und die Haut in großen Fetzen vom Körper gezogen werden konnte. Meine Haut war extrem empfindlich, ich war ein rotblonder Typ und am ganzen Körper, buchstäblich überall, von Sommersprossen übersät. Dafür schämte ich mich gewaltig und versuchte die Flecken durch lange Hemdsärmel zu verstecken. Die Komplexe, die mir darüber wuchsen, ließen sich indes nicht kaschieren. Ich ruhte noch längst nicht in mir selbst.

Die Fahrradtouren mit Freunden, manchmal mehrtägig, waren meine Brücke in die Pubertät. Wir nannten uns evangelische Pfadfinder, waren in Wahrheit aber gar keine, weil wir ihre Regeln nicht beachteten. Wir genossen es aber, in einer Hütte, ganz ungeschützt im Wald oder in Burgruinen zu nächtigen, im Schlafsack. Vorher hockten wir am Waldrand und rauchten die ersten Zigaretten. Ich fand, dass sie wahnsinnig gut schmeckten. Besonders die blonden Filterlosen von Players mit dem Matrosen im Rettungsring auf der Packung. Wir schlugen nicht immer ein Zelt auf, manchmal legten wir uns einfach unter Bäume, mitten im Wald und ließen uns von Wurzeln malträtieren, die durch den Schlafsack drückten. Ich kann mich nur an einen einzigen Alkoholexzess erinnern, in der Hütte. Einer kotzte sich nachts in der Kapuze seines Schlafsacks ein. Ein Wunder, dass er nicht erstickt war. Einmal schliefen wir auf der Wewelsburg, und erst das Nazihafte der Jugendgruppen, die sich dort aufhielten, ließ uns recherchieren, dass hier einmal die SS ihrem Orden gehuldigt hatte. Wir machten uns schleunigst davon. Mitunter klingelten wir auch an Pfarrhäusern und baten um Unterkunft, da es zu spät sei, um ein Zelt aufzuschlagen. Wir wurden immer aufgenommen. Das Freiheitsgefühl auf den Touren war jedenfalls unbeschreiblich. Man konnte sein Leben ganz allein gestalten! Und aus den Konventionen ausbrechen, die in Fulda über mich gestülpt worden waren.

Meine Eltern wollten mich auch musisch bilden. Für ein Klavier reichte es aber nicht. Also musste ich das Klavier des armen Mannes spielen, das Schifferklavier. Und auch in dieser Ersatzklasse reichte es nicht für Qualität, die zu teuer war. Für Hohner. Ich bekam ein Akkordeon einer billigeren Marke.

So wie ich zur Konfirmation nicht einen blauen Anzug erhielt, wie alle Mitschüler, sondern einen braunen. Ich hätte im Geschäft fast geweint, als sich meine Mutter dazu entschloss. Geweint über mich, weil ich mit dem braunen Teil aus der Konfirmationsgemeinde herausstechen würde. Geweint aber auch über sie, weil sie ihr Leben mit knapper Kasse dazu zwang. Sie hätte ja anders gewollt. Aber sie konnte nicht. Am liebsten hätte sie ja vermutlich auch geweint.

Das Akkordeon lernte ich bei einer vollbusigen Vertriebenen aus Schlesien. Einmal pro Woche schnürte ich unwillig durch Kleingärten und an einer Schlucht vorüber zu ihr, naschte auf dem Weg noch an Schlehenbüschen, obgleich deren bittere Früchte erst nach Frost süß und genießbar werden. Ich konnte der Verlockung der blauen Beeren dennoch nicht widerstehen und empfand es als exotischen Reiz, wie mir die unreifen Schlehen die Schleimhäute im Mund zusammenzogen. Bei der Musiklehrerin – sie saß auf dem Sofa, ich auf einem Stuhl neben ihr, den Notenständer vor der Nase – durfte ich allerdings nicht die Musik meiner Zeit spielen, sondern nur Polkas, Märsche und Walzer. Die faszinierten mich in keiner Weise. Zu Hause, in meinem kalten Kinderzimmer, neben dem früheren Küchentisch mit der blitzblanken Resopalplatte, musste ich üben. Kulturell war das eine Folter. Als mein Akkordeon einmal kaputt war und zur Reparatur musste, keifte mich die Schlesierin auch noch an, weil ihr ein paar Stunden durch die Lappen gingen: »Ja, ja, ka Geld, ka Musi.«

Darüber war ich erst recht empört. Ich empfand es als eine Beleidigung meiner Eltern. Und ich fühlte mich gedemütigt, als ich am Heiligabend, Jahr für Jahr, von meiner Mutter auf einem Stuhl in den Hausgang des Mietblocks gesetzt wurde, um Weihnachtslieder zu spielen. Davor graute mir. Aber ich konnte mich nicht davor drücken. Ich musste da durch. Der eigentümliche Ton des Akkordeons im hallenden Aufgang des Hauses hatte indes ungeheure Wirkung auf die Nachbarn. Auf allen Etagen öffneten sich Türen und gerührte Menschen traten heraus, teils mit Tränen in den Augen. Als ich die sentimentale Tortur hinter mir hatte, wurde ich reich beschenkt mit Süßigkeiten. Aber selbst die konnten mir die Konzerte nicht schmackhaft machen. Ein Freund übrigens war der jüngere Bruder von Günter Zint, der als Fotograf der Beatles weltberühmt wurde. Er stammte aus einer Pfarrersfamilie, die ein offenes Haus pflegte mit einer für Fulda ganz eigentümlich liberalen Atmosphäre. Ich war oft dort zum Spielen.

Der Blick in die Welt öffnete sich durch die ersten Kinobesuche. Mein Vater führte mich aus in Karl-May-Filme. Winnetou mit Pierre Brice. »Mein weißer Bruder …« Da lernte man den Unterschied zwischen Gut und Böse. 1965 ging ich zum ersten Mal allein ins Kino. Es lief *James Bond 007 – Goldfinger*, mit Sean Connery. Ich war 13, der Streifen war aber erst ab 16 erlaubt. Und das machte mich schwer nervös. Als ich endlich in der langen Schlange vor der Kinokasse dran war, fragte mich der Kartenverkäufer: »Und, wie alt bist du?« Sechzehn, antwortete ich. »Das glaubst du doch selbst nicht«, lautete die Antwort. Und er winkte mich zur Seite – keine Karte. Ich stellte mich ein zweites Mal an – und erlebte wieder Schiffbruch. Bis ich begriff, dass mich meine große Bommelmütze kindlich erscheinen ließ. Ich nahm sie also ab, verstrubbelte meine Haare und stellte mich ein drittes Mal an. Diesmal fragte er nicht mal nach dem Alter, sondern gab mir sofort die Karte. Vielleicht hatte er auch nur Mitleid mit dem Unbeugsamen.

Wie ein Blitz fuhr in diese späte Kindheit der überraschende Besuch meines Vaters, als ich die Ferien bei seiner Mutter in der Nähe von Eschwege verbrachte. Sie war unserer Familie in den Westen gefolgt, als sie das Rentenalter erreicht hatte, und lebte nun wieder in ihrem Geburtsort Schwebda. Wie ihr Bruder, der Kleinbauer war und aus dem Krieg im Kaukasus Malaria mitgebracht hatte. Die Krankheit war nicht richtig auskuriert worden und so wurde er im Sommer immer wieder davon heimgesucht, musste zitternd ins Bett. Ich kostete die Ferien bei ihr aus, weil ich die Genüsse der Provinz liebte. Frische Milch vom Bauern, nicht entrahmt und dann sauer gelöffelt. Wellfleisch, am Schlachttag beim Metzger gekauft und kalt aufgeschnitten mit Pfeffer und Salz auf trockenem Brot gegessen. Große Herzkirschen, frisch vom Baum gepflückt und pfundweise verschlungen. Kopfsalat aus dem eigenen Garten, mit Sahne von der sauren Milch und frischen Kräutern angemacht. Die besten Mahlzeiten waren immer Armeleuteessen.

Da plötzlich, unangemeldet, stand mein Vater in der Tür. Er wollte mich abholen. Mit einem neuen Auto. Das heißt, gebraucht war es schon, aber es war ein modernes Auto, ein VW 1500 mit Stufenheck und Motor hinten. Ich bestaunte den Wagen und war fix und fertig, als ich erfuhr, dass wir damit auch noch in Urlaub fahren würden. Zwar nur ein verlängertes Wochenende, doch der allererste Urlaub der Familie. Drei Tage in Passau, besser gesagt in einem Ort bei Passau. Wir holten mit dem neuen VW zunächst Mutter und Schwester in Fulda ab und landeten dann in einem romantischen Gasthof. Mit Biergarten unter hohen Bäumen. Das Essen war umwerfend, die Stimmung heiter. Ungläubig schauten meine Schwester und ich spätabends aus dem Fenster unseres Zimmers hinunter auf den Biergarten, wo unsere Eltern noch beim Wein saßen. Ich war ganz schwindelig vor Glück. Das musste der Anfang von etwas Neuem sein. Hatten wir es geschafft, endlich?

Viertes
Leben

Rebellion und Versuchung

Ein Lehrer veränderte meine Leben. Der Deutschlehrer, der mich nach dem Umzug nach Frankfurt auffing und prägte. Man hat nur wenige Lehrer, an die man sich lebenslang erinnert, weil sie so sind, wie Pädagogen sein müssen. Weil sie Haltung vermitteln, Selbstbewusstsein, Unabhängigkeit und kritisches Denken. Ich hatte nur zwei von dieser Art. Der eine, in Fulda, lehrte Mathematik, war um die 40 und ungemein lässig. Er hatte in Griechenland an einer deutschen Schule unterrichtet, wusste davon mitreißend zu erzählen.

Beispielsweise, wie man mit dem Auto über die Schotterpisten des Balkan fuhr. Nicht etwa langsam, das zerrüttete den Wagen, sondern mit hohem Tempo, dann hatten die Räder keine Zeit, in den Schlaglöchern zu versinken. Außerdem besaß er die seltene Fähigkeit, nicht nur mathematische Formeln zu bimsen, sondern auch den tieferen Sinn dahinter, die Philosophie der Mathematik. Wir liebten ihn. Als er ging, einen weiteren Schritt in seiner Karriere machte, überschüttete ihn die Klasse mit Geschenken und verfiel in tiefe Trauer. Als wäre er gestorben.

Der Deutschlehrer in Frankfurt machte den Literaturunterricht zur Schule des aufrechten Gangs. Bei ihm lernte ich Dialektik, vielfach in Aufsätzen erprobt: These, Antithese, Synthese. Bei ihm lernte ich aber auch Geschichte – und Haltung. Als meine Mutter in den wilden Jahren, die nun begannen – 1967, ich war 15 – an einem Elternsprechtag besorgt nach den dramatischen Veränderungen fragte, die sie an dem Jungen beobachtet hatte, beruhigte er sie, mit bleibender Wirkung, und verschaffte mir Freiheit für meine Rebellion. »Der Junge ist intelligent und er hat Charakter«, sagte er, »er wird seinen Weg gehen, machen Sie sich um Himmels willen keine Sorgen.« Als er ihr das begründet hatte, durch eine Schilderung meines Charakters und meiner Leistungen, war sie glücklich. Strahlte. Und sah mich mit anderen Augen. Ein wenig bewundernd sogar.

Ich stelle diesen Mann allen nachfolgenden Schilderungen der Frankfurter Jahre voran, weil er mir ein Rückgrat einzog, das mich zwar nicht vor Fehlern bewahrte, mir aber die Festigkeit gab, sie zu korrigieren. Er machte mich politisch. Und ermutigte mich dazu, meinen eigenen politischen Weg zu suchen. Er war, mit einem Wort, der Schöpfer des jugendlichen Rebellen, ohne aber die Absicht zu haben, einen Rebellen zu schaffen. Rebellion war in diesen Jahren, Ende der 60er, die natürliche Folge jener Werte, die er vermittelte.

Antifaschismus lebte er selbst vor. In seiner Person, aber auch in dem, was er lehrte. Eindringlicher, bewegender ging es nicht. Wir lasen zum Beispiel *Nathan der Weise* von Lessing und nutzten das Theaterstück, um antisemitische Klischees und den Judenmord der Nazis zu erforschen. Plötzlich ging es nicht nur um Literatur, sondern um Ethik und Geschichte. Er liebte es, uns mit solchen Unterrichtseinheiten zu fesseln. Der zierliche Mann, mutmaßlich Mitte 50, war im Krieg schwer verwundet worden. Ein Tiefflieger verfolgte den Kradfahrer und schoss ihn vom Motorrad. Es traf ihn durch den Stahlhelm, sein Gehirn lag frei und er überlebte nur knapp. Der Schädelknochen allerdings wies ein großes Loch auf, eine Silberplatte verschloss es unter der nachwachsenden Kopfhaut nur unzulänglich. Seinen linken Arm konnte er nicht mehr bewegen. Der hing kraftlos am Körper herab. Er musste ihn mit der Rechten aufs Lehrerpult heben.

Immer wieder, mitten im Unterricht und vorher nicht erkennbar, ging er geistig von uns, verfiel in Trance. Schwieg und starrte ins Nichts. Spürte er den Anfall selbst kommen, nestelte er ein Tablettenröhrchen aus dem Sakko, öffnete es umständlich mit der beweglichen Hand und schluckte eine Pille. Ohne Wasser. Das half, er streifte haarscharf an einem Blackout vorüber. Und wir verfolgten das Manöver gebannt. Meist aber stürzte er ohne Vorwarnung ab. Mitten im Satz. Die Klasse erstarrte und alle blickten ihn an. Niemand sagte ein Wort. Niemand bewegte sich. Wir warteten und dachten über das Schicksal dieses Mannes nach. Nazismus und Krieg hatten sein Leben zerstört. Dann, irgendwann nach zehn oder fünfzehn Minuten, kam er wieder zu sich, mit gerötetem Gesicht. Er sagte kein Wort zur Erklärung, wir wussten nicht mal, ob er sich seines Anfalls selbst bewusst war. Entschuldigt hat er sich dafür nie. Er fuhr einfach im Unterricht fort. Fragte: Wo waren wir stehen geblieben?

Der Antifaschismus hatte in diesen Minuten zwei Gesichter in unserer Klasse, nicht nur seines. Einer meiner Mitschüler war Jude, wir dachten in diesen stillen Minuten auch an seine Familie, von der viele im Holocaust ermordet worden waren. Wie und wo seine Eltern die Naziherrschaft überlebt hatten, weiß ich nicht. Ich war ein wenig mit ihm befreundet, er führte mich sogar in sein Elternhaus ein. Der Vater war Arzt, der Sohn wurde es später auch. Als ich eines Nachmittags zu ihm fuhr, nach der Schule, weil wir verabredet waren, entwickelte sich eine hitzige, aber ungemein aufschlussreiche Debatte mit meiner Mutter, die ein Schlaglicht auf ihr nazistisches Elternhaus warf. Sie war sichtlich schockiert von der Eröffnung, dass ich dabei war, zu diesem Mitschüler zu fahren und fragte unumwunden, was ich denn bei »dem Juden« wolle. Ich konterte hart und warf ihr am Ende an den Kopf, es interessiere mich überhaupt nicht, welchen Glauben oder welche Herkunft jemand habe, ich würde auch eine Jüdin heiraten, wenn ich sie liebte. Drehte mich um und ging. Sie blieb sprachlos zurück. Rassismus ist mir seither die widerwärtigste Erscheinung. Frankfurt hat mich in dieser Hinsicht zutiefst geprägt.

Der Deutschlehrer war so sensibel, mich, den Provinzler aus Fulda, den wieder einmal Entwurzelten, sanft an der Hand zu nehmen und in die Klasse einzuführen. Obersekunda, nur noch zwei Jahre bis zum Abitur. Ich war mit einem makellosen Abgangszeugnis aus Fulda gekommen, nur »gut« und zweimal »sehr gut« – in Geschichte und Handschrift. Im nächsten Halbjahreszeugnis hinterließen Einsamkeit, Schulwechsel und Schock der Großstadt tiefe Spuren: In Latein und Mathematik stürzte ich auf »schwach ausreichend« ab.

Wir waren nach Bergen-Enkheim gezogen, eine Gemeinde am Rande Frankfurts. Die Neubauwohnung war, gemessen an früheren Standards, geräumig. Doch sie lag an einer vielbefahrenen, vierspurigen Durchgangsstraße. Auch mein Zimmer, in dem noch immer der ehemalige Küchentisch mit der hellgrauen Resopalplatte eisige Gemütskälte verbreitete, von meiner Mutter ständig restlos abgeräumt und blank gewischt. Nichts durfte darauf liegen. Kein Buch, keine Schallplatte, kein Stift. Das Fenster konnte ich wegen des Verkehrslärms nur kurz öffnen. In der Wohnung unter uns, im Erdgeschoss, wohnte ein Richter mit seiner Familie. Er hatte irgendwann mit Terrorverfahren zu tun. Fortan waren tagsüber die Rollos vor allen Fenstern zu zwei Dritteln heruntergelassen, aus Furcht vor Ausspähung und Anschlägen. Seine beiden Töchter, ein paar Jahre jünger als ich, taten mir unheimlich leid. Sie lebten vollkommenden isoliert im Halbdunkel, eingesperrt und gelähmt vor Angst. Ihnen war das Leben abgeschnitten.

Auch ich war anfangs einsam. Keiner meiner Schulkameraden wohnte in der Nähe. Doch ich konnte mich wenigstens bewegen. Zur Schule fuhr ich mit der Straßenbahn jeweils eine Dreiviertelstunde, bei dichtem Verkehr mehr als eine Stunde. Auch nachmittags, wenn ich Freunde treffen wollte. Mein Vater hatte die Schule ausgesucht, nachdem er sich erkundigt hatte, welches die besten Gymnasien in Frankfurt seien. Das Goethe-Gymnasium lag mitten in der Stadt, zwischen Hauptbahnhof und Messegelände, gegenüber dem Polizeipräsidium. Wie ich damit im Leben klarkommen sollte, spielte für die Entscheidung meines Vaters keine Rolle. Er folgte eisern der Maxime: Aufstieg durch Bildung.

Er selbst war nun Großbetriebsprüfer am Finanzamt Frankfurt-Börse. Den Wiederaufstieg nach der Flucht aus der DDR hatte er geschafft – und noch ein bisschen mehr. Zwar wurde er nach wie vor nicht Beamter, aber als Angestellter hatte er den Gipfel des Möglichen erreicht. Von seinem Schreibtisch aus, im obersten Stock des mächtigen Gebäudes, konnte er den besten Teil der Frankfurter Innenstadt nach zwei Seiten überblicken. Er prüfte nun spannende Unternehmen, die Ableger amerikanischer Filmkonzerne zum Beispiel, den Frankfurter Schlachthof, dessen Gestank ihm das Fleischessen verleidete, oder einen reichen Schmuckhändler aus der Schweiz. Er rackerte unermüdlich, ließ sich gerne zu opulentem Essen einladen, kam erst spätabends nach Hause – und ruinierte seine Ehe. Als meine Schwester und ich nicht mehr zu Hause wohnten, war meine Mutter ganz auf sich allein zurückgeworfen. Es dauerte Jahre, bis sie begann, sich selbstständig zu machen und auf Reisen zu gehen. Schließlich dachte sie an Scheidung. Doch der Tod setzte ihrer Selbstbefreiung ein jähes Ende.

Der schmale junge Mann mit dem länger werdenden Haar wurde bald aus der Isolation herausgerissen und von den Turbulenzen der Zeit verschlungen. Er war erfüllt von heiligen Werten, moralischem Rigorismus und der Suche nach praktischer Anwendung. Tief religiös, im ständigen Zwiegespräch mit Gott, war er aus Fulda gekommen – der Massenmord in Auschwitz trieb ihm in Frankfurt den Glauben aus. Wie konnte es den lenkenden, den behütenden Gott geben, an den ich glaubte, wenn die Nazis Millionen Menschen umgebracht hatten? Auch der Religionslehrer hatte darauf keine Antwort. 1974 trat ich auf dem Frankfurter Amtsgericht förmlich aus der Kirche aus. Und das nicht etwa, um Kirchensteuer zu sparen. Solche Kirchenflüchtlinge verachtete ich. Es war die pure Konsequenz: Wenn es keinen Gott gab, hatte ich in der Kirche nichts zu suchen. Meine beiden Töchter ließ ich später nicht taufen, schickte sie aber in den Religionsunterricht, damit sie selbst entscheiden konnten. Die eine entschloss sich unmittelbar vor der Konfirmation zur Taufe und ist noch heute in der Kirche, die andere fand keinen Weg zu Gott.

Mich trieb es vom Glauben zum Protest. Am 15. Mai 1968 nahm ich an meiner ersten Demonstration teil, einem Marsch gegen die Notstandsgesetze der Großen Koalition. Der Widerstand dagegen reichte bis weit in die Reihen der Sozialdemokratie und der Gewerkschaften. Für mich bedeutete die Vorbereitung auf Krieg und Notparlament den ersten Schritt in Richtung Faschismus. Der Widerstand dagegen folgte den Lehren aus der Geschichte, wie sie mir mein Deutschlehrer vermittelt hatte. Nun kam es zum ersten Mal darauf an.

Ich schwänzte für die Demonstration die Schule. Woraufhin meine Eltern ein Rundschreiben des Direktors erhielten. »Um eine gemeinsame Erfüllung der Erziehungsaufgabe von Elternhaus und Schule besser zu gewährleisten, bitten wir Sie, ihrem Sohn durch vertrauensvolles Gespräch und offene Diskussion bei der Orientierung im öffentlichen Leben zu helfen, in einer Situation, in der diese Orientierung für junge Menschen schwierig ist.« Nicht sie machten mir dann aber klar, worauf es ankam, sondern ich ihnen. Meine jugendliche Hybris war grenzenlos. Obgleich die Demonstration einen eigenartig schalen Geschmack hinterlassen hatte. Sie war nicht jugendlich rebellisch wie die vielen anderen, die ich später erlebte, sondern wirkte eigenartig etabliert. Vielleicht auch deshalb, weil die Polizei nicht eingriff.

Ich war erst 16 und noch Schüler. Dieses Jahr beschleunigte mein Leben rasant. Im Jahr zuvor, am 2. Juni 1967, war in West-Berlin der Student Benno Ohnesorg in einem finsteren Hinterhof bei Protesten gegen den Besuch des

Schahs von Persien von dem Polizisten Karl-Heinz Kurras erschossen worden. Der blieb unbehelligt – und entpuppte sich Jahrzehnte später als Spitzel der ostdeutschen Staatssicherheit. Im April 1968 wurde der Studentenführer Rudi Dutschke auf dem Kurfürstendamm in Berlin von einem Neonazi vom Fahrrad geschossen. Und in Frankfurt steckten die späteren RAF-Gründer Andreas Baader und Gudrun Ensslin zwei Kaufhäuser in Brand. Im Mai 1968 erlebte Paris die revolutionäre Erhebung von Studenten und Arbeitern, die um ein Haar de Gaulle gestürzt und eine andere, eine sozialistische Republik begründet hätte. Der Präsident hatte sich schon zu den französischen Truppen in Deutschland abgesetzt, bevor er den Kampf annahm und nach Paris zurückkehrte. Proteste gegen die Zeitungen des Springer-Verlags, die unablässig gegen die Studenten hetzten, und Demonstrationen gegen den Vietnamkrieg der Amerikaner gingen ineinander über. Und im August marschierten auch noch Truppen des Warschauer Paktes in die CSSR ein, um dem Experiment eines freiheitlichen Sozialismus ein gewaltsames Ende zu bereiten. Die Welt schien aus den Fugen zu geraten. Das Land vibrierte.

Ich aber verfolgte die Ereignisse nur im Fernsehen. Die Panzer in Prag überrollten mich während der Ferien bei meiner Großmutter in Nordhessen. Was tat ich hier? Ich war doch kein Kind mehr! Geschichte wurde gemacht und ich pflückte Kirschen vom Baum. Die Sehnsucht nach den großen Schauplätzen zerriss mich fast. Berlin an erster Stelle.

Danach Frankfurt. Doch Frankfurt lief damals nur mit. Das sollte sich erst später ändern, als der Terrorismus aufkam.

Bis zum Abitur zwei Jahre später stürzte ich mich in Literatur. Ich las in einem fort Theaterstücke und beschäftigte mich mit Theatertheorie. Brecht, Beckett, Ionesco, Majakowski – was immer ich kriegen konnte. Auch die Gedichte von Hans Magnus Enzensberger faszinierten mich. Das war meine Gedankenwelt, mein Lebensgefühl. Welche Kraft, welche revolutionäre Energie:

> siegreich sein
> wird die sache der sehenden
> die einäugigen
> haben sie in die hand genommen
> die macht ergriffen
> und den blinden zum könig gemacht

Ich klaute Bücher, manche meiner Freunde auch. Besonders die farbigen Suhrkamp-Taschenbücher ließen sich im Laden unauffällig in den Hosenbund stecken und unterm Pullover verbergen. Auch auf der Frankfurter Buchmesse machte ich lange Finger. Ich hatte kein schlechtes Gewissen, nicht die Bohne. Wenn auch Herzklopfen während der Tat. Bücher waren gemacht, um gelesen zu werden. Und wenn man sie sich nicht leisten konnte, dann musste man sie sich eben nehmen. Klau mich! Das lag in der Stimmung der Zeit. Wäre mir nicht der Linksradikalismus in die Quere gekommen, dann hätte ich wohl Theaterwissenschaften studiert. Denn ich verschlang die Stücke nicht nur, ich ging auch begeistert ins Theater. Zu Hause, unter der Adresse meiner Eltern, hatte ich das *Kursbuch* abonniert, dessen Essays die rasanten gesellschaftlichen Veränderungen diskutierten, aber auch die *Peking Rundschau* und die Illustrierte *China im Bild*. Die Propaganda kam im großen Briefumschlag aus Peking, roch ganz eigenartig und ließ meine Mutter vor dem Briefträger erröten. Verboten aber wurde mir die exotische Lektüre nicht. Die Kulturrevolution in China interessierte mich. Ich sah sie, ahnungslos wie die allermeisten, in einer Linie mit der Mai-Revolte in Frankreich, die der herrlichen Parole folgte: Fantasie an die Macht! Sie versprach dem jugendlichen Idealisten unterst zuoberst, Umbruch und Aufbruch in ganz neue Zeiten.

In der Schule gründete ich mit anderen den Liberalen Schülerbund. Dem Sozialistischen Schülerbund, der sich an den Sozialistischen Deutschen Studentenbund (SDS) anlehnte, konnten wir nichts abgewinnen. Er erschien uns doktrinär und arrogant. Seine Wortführer waren Kotzbrocken. Auch der LSB war zwar in Tat und Wahrheit linksradikal, doch er war tolerant und demokratisch. Wir trafen uns einmal pro Woche nachmittags in einem schäbigen Büro, ich kann mich nicht mehr erinnern, wer uns das zur Verfügung stellte. Dort diskutierten wir die Umwälzungen der Zeit. Michel Friedman, vier Jahre jünger als ich, war damals auch am Goethe-Gymnasium, doch er ist mir nicht in Erinnerung. Die Schüler Union der CDU wäre in dem linksradikalen Klima auch kaum zur Entfaltung gekommen. Erst nach meiner Zeit wurde Friedman Schulsprecher, heute ist er ein Freund.

Die revolutionären Stürme packten mich vor dem Abitur. Die Überfüllung der Universitäten und die nachfolgenden Studienbeschränkungen setzten das Elend der Bildung auf die Tagesordnung. Im Januar 1970 gab es dazu eine Vollversammlung in der Aula unserer Schule, denn der Rektor hatte einen Plan entwickelt, der in der hessischen Politik eine Rolle spielte, mit dem er aber nicht reüssierte. Ich überwand meine Angst und ergriff spontan das Wort. Schulstreik! Rasender Applaus. Ein Streikkomitee wurde gewählt, ich gehörte ihm an. Und das schöne blonde Mädchen, das ich morgens in der Straßenbahn immer vergeblich angeschmachtet hatte, sprach mich plötzlich an. Strahlend. Ich hätte mein Glück bloß zu packen brauchen. Doch nun zeigte ich mich arrogant, wandte mich ab und ließ sie stehen.

Die nachfolgenden Tage waren ein einziger Rausch der Freiheit. Wir zogen von Gymnasium zu Gymnasium, platzten in den Unterricht, beriefen Vollversammlungen ein und ließen auch dort über Streik abstimmen. Das vergilbte Flugblatt, das wir damals verteilten, habe ich bis heute aufbewahrt. »STREIK« war es überschrieben und gipfelte in dem Aufruf: »schließt eure schulen, formuliert eure kritik, organisiert eigene aktionen und informiert euch über den verlauf des streiks. schafft verbindungen zwischen den schulen!« Im Nu streikten nicht nur alle Gymnasien in Frankfurt, sondern auch in anderen hessischen Städten. Die Lehrer ließen das erstaunlich passiv geschehen, unterstützten uns zum Teil sogar und langsam begriff ich, dass es Konservative waren, die der SPD-Regierung in Wiesbaden bei dieser Gelegenheit eins beipulen wollten. Das brachte mich auf die Palme und veranlasste mich zu scharfen Interventionen gegen die Reden der Opportunisten.

Mein Leben jenseits der politischen Revolte bewegte sich im Dreieck zwischen Popmusik, Haschisch und Wohngemeinschaft. Auf dem Schulhof kaufte ich Shit und rauchte es andächtig. I did inhale! Bei der Qualitätsprüfung brachte ich es bald zu brauchbaren Kenntnissen. Das Zeug musste steinhart sein und erst über dem Feuerzeug bröselig werden, um dann zwischen Tabak im selbstgedrehten Joint zu landen. Wir rauchten abends, lagen oder hockten bei Kerzenlicht auf dem Boden und hörten stundenlang, tief versunken, Musik. Blues, Rock 'n' Roll, Beat, Balladen. Alles, was den alten Kulturapparat zertrümmerte und das Lebensgefühl revolutionierte. Pink Floyd, The Who, Arlo Guthrie, Rory Gallagher, you name it. Erst Jahre später, als der Shit immer weicher wurde und man nicht mehr abschätzen konnte, was die Hersteller zugesetzt hatten – Opium vielleicht, um den Käufer abhängig zu machen? –, war Schluss damit. Von einem auf den anderen Tag. Politisch-ideologisch war es sowieso nicht in Ordnung, sich zu berauschen und damit der Wirklichkeit zu entfliehen. Einstweilen aber beflügelte das Kiffen die Fantasie und machte unheimlich locker. Nach den Stunden des Rausches hatte man einen Bärenhunger und kam beim Essen wieder ins Gespräch. Aufstieg aus Träumen, aus den Tiefen der Psyche.

Nach Hause, in die Wohnung meiner Eltern, kam ich nur noch selten, und wenn, dann am frühen Morgen, als sie schon längst schliefen. Ich räumte den Inhalt des Kühlschranks auf den Esstisch und machte Brotzeit. Wenn meine Mutter im Nachthemd erschien und entgeistert fragte, was ich da täte, ich könne doch nicht mitten in der Nacht essen, lautete die kulturrevolutionäre Antwort: Ich esse, wenn ich Hunger habe, nicht wenn andere essen. Meist schlief ich aber bei Christian, meinem besten Freund. Seine Eltern, der Vater war Landwirtschaftsrat, waren nach Kassel versetzt worden und schon fort. Sie hielten die Frankfurter Wohnung aber noch, bis der Sohn Abitur gemacht hatte und auf eigenen Füßen stand. Also probten wir dort schon die Wohngemeinschaft, die wir nach dem Schulabschluss zu viert in einer anderen Wohnung gründen wollten.

Das alles zerfloss zu einer Melange der Freiheit, die mich zeitweise geradezu in Trance versetzte. Welche Glückserfahrungen! Ich hatte mich von der Spießigkeit des Elternhauses befreit, ohne allerdings mit meinen Eltern zu brechen. Sie taten mir sogar ein wenig leid, weil ich sie so abrupt abgehängt hatte. Auch meine Schwester wohnte schon nicht mehr zu Hause, sie absolvierte eine Ausbildung bei der Post. Die Schule hatte sie mit der Mittleren Reife abgeschlossen. Die kulturrevolutionäre Welt der Gymnasiasten war ihr also verschlossen. Sie wohnte nicht in einer WG, sondern in einem

Wohnheim und ihr politisches Erwachen, ein wenig jedenfalls, erlebte sie in der Gewerkschaft.

Von Sex & Drugs & Rock 'n' Roll fehlte mir einstweilen nur der Sex. Der folgte erst später, während andere Wohngemeinschaften ihn schon längst in vollen Zügen genossen. Wenn ich dort klingelte, um ein Piece zum Kiffen zu kaufen oder den Fortgang der Schülerrevolte zu besprechen, erwischte ich die Genossen oft im Bett mit umwerfend schönen Mädchen, tagsüber. Neid erfüllte mich: So hässliche Kerle, zum Teil auch noch doof, mit schwäbischem Akzent und fauligen Zähnen, und so bezaubernde Frauen!

Der Streik gipfelte in einer Sternfahrt nach Wiesbaden, um Ludwig von Friedeburg, dem Kultusminister der SPD, auf die Zehen zu steigen. Er war ein Sohn des letzten Oberbefehlshabers der Kriegsmarine und ein bei Konservativen verhasster Bildungsreformer, der das dreigliedrige Schulsystem durch Gesamtschulen ablösen wollte. Unser Streikkomitee hatte schon einen Brief an ihn geschrieben, der selbstverständlich nicht vertraulich blieb, sondern als Flugblatt verteilt wurde. In konsequenter Kleinschreibung. Nassforsch auftrumpfend. Kulturrevolution eben. »wir werden anfangen, unsere interessen mit allen mitteln selbst zu vertreten und uns nicht weiter von ihnen verschaukeln zu lassen. Unsere weiteren maßnahmen werden es zeigen.« Das hieß: Sternfahrt. »Wer hat uns verraten? Sozialdemokraten!«, wurde dabei skandiert. Der Slogan war so altkommunistisch wie dämlich. Denn er wurde Friedeburg, der das Beste wollte, dafür aber nicht das nötige Geld hatte, in keiner Weise gerecht. Nach dem Höhepunkt brach der Streik zusammen. Das Abitur nahte. Und der Englischlehrer wollte Rache nehmen an dem Rebellen. Er verpasste mir in der schriftlichen Arbeit eine Vier, ganz zu Unrecht, um mich in die mündliche Prüfung zu locken und dort zu zerlegen. Ich versagte ihm den Triumph. Und ließ mich lieber in Gemeinschaftskunde auf Eins prüfen. Das Thema durfte ich selbst wählen: »Das Wirtschaftssystem der Volksrepublik China.« Das einzige Buch, das ich dazu kannte, las ich am Tag vor der Prüfung. Und war damit dem Prüfungskollegium weit überlegen, das sich noch nie zuvor mit dem Wirtschaftssystem Chinas beschäftigt hatte. Man behalf sich damit, Fragen zu formulieren, um das Detailwissen des Prüflings zu erproben. Doch dessen Kurzzeitgedächtnis hatte viel gespeichert. Eins.

Am 9. Juni 1970 machte ich Abitur. Durchschnittsnote: 2,4. Das war damals wirklich gut an dieser Schule. Im Jahr vor dem Abitur, im Sommer 1969, war ich noch ausgezeichnet worden. Mit einer Urkunde auf Büttenpapier, unterzeichnet vom Rektor: praemium virtutis et diligentiae. Ich gehörte zu den Besten. Heute, in der Ära der Einserabiture, klingt das bizarr. Damals waren andere Zeiten. Wir nahmen unsere Zeugnisse und liefen einfach auseinander. Den Klassenlehrer, Englisch, verachtete ich. Und der mich. Wollte mich ja reinlegen in der Prüfung. Keine Abiturfeier, kein Händedruck, kein Abschied. Man machte auf dem Absatz kehrt und sah sich nie wieder.

Mit Ausnahme von zwei anderen, mit denen ich mein Leben neu begann. Das eigentliche Leben. Christian, mein bester Freund, der später Sprecher der Deutschen Bundesbank wurde und bei einem Autounfall früh ums Leben kam, und Klaus, der aus ärmlichen Verhältnissen stammte und von sich reden machte, weil er im Jahr vor dem Abitur am Rosenmontag mit einer roten Fahne aufs Dach seines Wohnblocks kletterte und dort weithin sichtbar sein Banner schwenkte. Eine alte Kommunistin, die dort lebte, bewunderte ihn fortan dafür. Mit Christian und Klaus, es kam dann noch Paul dazu, beschloss ich die Gründung einer Wohngemeinschaft. Paul stammte aus Langen in der Nähe von Frankfurt und studierte Volkswirtschaft, was wir ganz und gar nicht verstanden. Er blieb nicht lange in der WG, passte einfach nicht rein. Einmal, als wir anderen von der Arbeit nach Hause kamen, es war Winter, hatte er den Ofen in einem Zimmer mit offener Luke so aufgeheizt, dass das Ofenrohr glühte und er wegen der Hitze das Fenster sperrangelweit öffnen musste. Er hatte ein paar Joints durchgezogen und war mächtig stolz darauf, unsere Bücher nach Farben, nicht mehr nach Autoren, sortiert zu haben. Man fand nichts mehr. Die neue Ordnung begann bei hellgelb und endete bei schwarz. Für solchen Quatsch waren wir zu bodenständig. Ein andermal hatte er unser Gemeinschaftsauto zu Schrott gefahren, einen DKW Junior. Kam locker durch die Tür und trug die Nummernschilder unterm Arm. Wir nahmen es ihm nicht übel. Hätte jedem passieren können.

Das neue Leben, um darauf zurückzukommen, das eigentliche Leben forderte ruckzuck vier Entscheidungen, die alles prägten, was folgte, über Jahrzehnte. Wohngemeinschaft, Kriegsdienstverweigerung, Berufsausbildung und politische Organisation. Eins nach dem anderen. Die Wohnungsfrage musste zuerst gelöst werden.

Jeden Freitag lungerten wir am späten Nachmittag vor dem Verlagshaus der *Frankfurter Rundschau* herum, um die druckfrischen Immobilienanzeigen abzugreifen und gleich aus einer Telefonzelle mit den Sondierungen zu beginnen. »Wohngemeinschaft« reichte meist schon als Stichwort, dass aufgelegt wurde.

Um uns die Zeit sinnvoll zu vertreiben, arbeiteten Christian und ich bei der Bahn, im Hauptbahnhof. Wir entluden nachts, wenn keine Personenzüge mehr reinkamen, Güterzüge, zerrten die schweren Kisten und Pakete, darunter Nuklearmaterial für Krankenhäuser in schwerem Blei, auf Karren, zogen die mit der Hand zu Aufzügen am Ende des Bahnsteigs, expedierten sie in den schier endlos großen Keller und hoben sie dort auf Fließbänder, von wo sie verteilt wurden, zur neuen Bestimmung. Es war Sklavenarbeit, voller Dreck, im Metallstaub des Bahnhofs und wahnsinnig erschöpfend. Als ich einmal morgens mit der Straßenbahn nach Hause fuhr und umgeben war von Menschen, die ihren Job noch vor sich hatten, schlief ich im Stehen ein und fiel um. Die anderen hielten mich für betrunken und gingen auf Abstand.

Bei der Bahn begegneten wir erstmals dem Proletariat. Die altgedienten Arbeiter waren desillusioniert, ausgepowert und von der Welt vergessen, da unten, unter Tage. Sie hatten seit vielen Jahren kein Tageslicht mehr gesehen bei der Arbeit. Sie wussten, daran würde sich auch nichts mehr ändern. In der Pause, als wir gemeinsam unsere Brote mümmelten, fragten sie uns »Studenten«, was wir denn eigentlich wollten mit unseren Protesten. Die Erklärung, dass wir das auch für sie täten, quittierten sie mit hochgezogenen Augenbrauen. Sie waren freundlich zu uns, immerhin teilten wir ihr Schicksal für ein paar Wochen, doch mit unseren linken Fantastereien konnten sie nichts anfangen. Ja, Lenin, der hatte noch was getan für die Arbeiter. Der wollte das Richtige. Aber nach ihm kam keiner mehr. Um sie zu erlösen. Als wir gingen, waren wir alle, sie und wir, sentimental gestimmt. Wir hatten uns befreundet und wir wussten, wir würden uns nie wiedersehen. Sie würden da unten verrotten. Wir aufsteigen ans Licht.

Die Bahn bezahlte uns nicht nur halbwegs anständig, wir bekamen auch einen Freifahrtschein bis zur deutschen Grenze. Maximal. Wir beschlossen, Christians Schwester, die in Frankreich einen Lehrer geheiratet hatte, auf einem Zeltplatz in der Normandie zu besuchen. In Forbach an der saarländischen Grenze zu Frankreich mussten wir raus aus dem Zug und da es schon später Abend war, legten wir uns in den verwilderten Garten eines Abbruchhauses. Am nächsten Morgen begannen wir zu trampen. Das erwies sich als ungeheuer schwierig. Langhaarige wollten nur wenige im Auto mitnehmen, viele deuteten mit den Fingern eine Schere an, als sie an uns vorüber brausten. Es dauerte Tage, bis wir in Paris ankamen. Wir übernachteten auf freiem Feld oder auf Kuhweiden und ließen uns im unruhigen Schlaf von den Viechern beschnüffeln oder anmuhen. Ich holte mir eine fette Angina, mein Zäpfchen war schwer vereitert und hing mir tief in den Hals, sodass ich nur unter Schmerzen schlucken konnte. In einem Pariser Krankenhaus traf ich auf barmherzige Ärzte, die mir Antibiotikum schenkten. In Paris schliefen wir in Parks, stiegen nachts über die Mauer, bis wir am frühen Morgen von Wächtern geweckt wurden.

In diesem Sommer spielte sich Verrücktes ab in der französischen Hauptstadt. Der Staat, von der 68er-Revolte fast hinweggefegt, zeigte sich nun unerbittlich hart in der Verteidigung der Ordnung. Das Verbot, in den Parks den Rasen zu betreten, wurde militärisch durchgesetzt. Nur Alte und Mütter mit Kindern wurden eingelassen. Um die Parks war die Bürgerkriegstruppe CRS aufmarschiert. Trotz der sengenden Hitze mit Stahlhelmen und aufgezogenen Gasmasken, in den Händen Karabiner mit aufgepflanztem Bajonett. Eine irrwitzige Machtdemonstration. Junge Frauen mit Kinderwagen verhöhnten die Bürgerkriegskämpfer. Bevor wir Paris verließen, aßen wir noch traumhaft gut bei einem Vietnamesen. Der Chef bekam sein ganzes Huhn in einem Eimer auf den Tisch, Gemüse und Soßen extra. Er nahm sich endlos Zeit für das Mahl, der Eimer wurde immer wieder zurück getragen in die Küche, um das Huhn zu erhitzen. Dieses Dinner for one wurde mir unvergesslich. Der folgende Urlaub in der Bretagne war schön. Mit Christians Schwager, einem Linken, konnte man gut diskutieren. Ich wurde aufgenommen in die Familie und revanchierte mich, indem ich mit Todesverachtung den Fäkalientank aus dem Plumpsklo hob und die Scheiße in die Landschaft kippte. Nachts wurden wir von den Lustschreien der Schwester aus dem Nachbarzelt geweckt. »Oh, Cherie …«

Zurück in Frankfurt, fanden wir eine Wohnung. Drei Zimmer in einem schäbigen Altbau im Nordend. Armeleutegegend. Die Wohnung ohne Bad, man wusch sich in der Küche, während andere frühstückten. Das Haus hatte Diether Dehm gekauft, der als Musikproduzent, Songautor und Schlagersänger ein Vermögen gemacht hatte. »1000 und 1 Nacht« von der Klaus Lage Band war später sein bekanntester Song. Er selbst trug mit toupiertem Haar unter dem Künstlernamen Lerryn Schlager in der Fernsehshow von Dieter Thomas Heck vor. Das Gruseligste vom Gruseligen. Die Schnulzen täuschten. Dehm war ein beinharter Linker, und zwar nach ostdeutscher Fasson. Damals gehört er noch der SPD an, außerdem der Jugendorganisation Die Falken, und fühlte sich während der Stamokap-Debatte von einem Parteiausschluss bedroht. Die Theorie vom Staatsmonopolistischen Kapitalismus wurde damals von der SPD-Führung als Einfallstor für Kommunisten betrachtet und mit scharfen Abgrenzungsbeschlüssen beantwortet. Dehm wohnte im zweiten Stock seines Hauses, zwei Etagen unter uns, und eines Tages klingelte er an der Tür, ich war allein zu Hause, um mich zum

Widerstand gegen die Ausschlussbewegung in die Falken zu holen. Wir gerieten in eine hitzige Debatte. Ich griff die stalinistischen Entartungen im Ostblock an, bis er sich zu der Aussage hinreißen ließ, »Stalins eiserner Besen« sei unverzichtbar gewesen, um die Partei Lenins auszukehren, auch wenn das blutige Spuren auf ihrem Arsch hinterlassen habe. Damit waren wir geschiedene Genossen. No way, Diether. Nicht mit mir. Er durfte in der SPD bleiben, stieg später zum mächtigsten Strippenzieher Frankfurts auf, dem alle sozialdemokratischen Zelebritäten bei einem Geburtstagsdefilee im Park die Ehre erwiesen. Man sah sie förmlich das Knie beugen vor der linken Macht. Dehm entschied über Karrieren. Später trug der Stalin-Verteidiger auf einem Bundesparteitag der SPD, Hans Jochen Vogel war Vorsitzender, zur Klampfe die Hymne vor: »Das weiche Wasser höhlt den Stein.« Josef Stalin und das weiche Wasser, ich war fassungslos.

Nach der Wiedervereinigung wurde bekannt, dass Dehm als Spitzel für die Staatssicherheit der DDR gearbeitet hatte. Er trat in die PDS über und machte dort Karriere, bis er für die Linke in den Bundestag einzog. Ich war in meiner Frankfurter Zeit entfernt mit ihm »verwandt«, denn mein erster Hund, ein Mischling namens Gamma, stammte von seinem Setter ab. Ich fuhr weit nach Hessen hinein, um ihn aus dem Wurf zu holen. Gamma hatte nichts Stalinistisches. Gamma war, ganz das Herrchen, Sponti.

Dehms Haus an einer Ecke im Frankfurter Nordend war zeittypisch bizarr bewohnt. Im Erdgeschoss lebte Brigitte

Heinrich, die aus dem SDS kam und ein ungeheuer verworrenes Leben führte, mit Kontakten zum Terrorismus, einem Europamandat der Grünen und Spionage für die DDR. Wegen ihr wurde unser Haus 1974 im Zuge der Aktion Winterreise durchsucht. Denn nachdem sich Holger Meins in der Haft für die RAF zu Tode gehungert hatte, erschoss die Bewegung 2. Juni in Berlin den Kammergerichtspräsidenten Günter von Drenkmann. Eine bundesweite Razzia folgte. Brigitte Heinrich wurde festgenommen, das Haus von unten bis oben auf den Kopf gestellt. Mein Kleinkalibergewehr im Kleiderschrank wurde indes übersehen. Unbegreiflich. Brigitte Heinrich starb mit 46 an einem Herzinfarkt. Zur Erinnerung an sie ließ Dehm später eine Bronzetafel an der Fassade des Hauses anbringen.

Brigitte Heinrich im Erdgeschoss, Diether Dehm in der zweiten Etage, unsere WG in der vierten – das alleine war schon eine brisante Mischung. Im ersten Stock kam ein früh gealtertes Paar hinzu, das in der Gardinenabteilung eines Kaufhauses an der Zeil arbeitete. Ihm fehlten vorne einige Zähne, er behauptete, in den USA gelebt und reich gewesen zu sein. Am Bahnhof in Deutschland habe man ihm aber seine Aktienpakete gestohlen. Na ja. Nun zeigte er Nacktfotos seiner fetten Frau herum. Mit aufgerissenen Schamlippen. Unter uns, im Dritten, lebte eine politisch unauffällige Drogen-WG, die nur einmal blutig Furore machte. Eines frühen Morgens wurde ich durch Schreie geweckt. Einer aus der WG war im Rausch mit angehockten Beinen durchs Fenster gesprungen – er dachte, er könne fliegen – und hatte sich unten auf den Spitzen des hohen, rostigen Gartenzauns vor dem Haus aufgespießt. Am Oberschenkel. Als ich aus dem Fenster sah, hing er noch dort. Füße oben, Kopf unten.

Neben uns wohnte eine bizarre Kunstlehrerin, die sexuell auffällig gewesen sein muss und Freundschaft mit uns suchte. Ihr Liebhaber war ein harter Rechter, der wirkte, als wäre er bei der Fremdenlegion gewesen, jedenfalls waren die beiden extrem frankophil. Unsere linken Spinnereien waren ihm Ansporn zu ständigem Spott. Unter dem Dach schließlich, über uns, waren tunesische Gastarbeiter einquartiert, in schäbigen, kleinen Kammern. Ihr Essen bereiteten sie auf Campingkochern. Da wir ein Herz fürs Proletariat hatten und auch sie befreien wollten, kümmerten wir uns ein wenig, erteilten Rat und halfen beim Ausfüllen von Formularen für Behörden.

In unserer WG lebten wir den Kommunismus. Radikal. Alles gehörte allen. Es gab keinerlei Privateigentum. Null. Andere linke Wohngemeinschaften, wir hörten das immer wieder, stritten sich bis aufs Blut um einen Joghurt, der aus dem Kühlschrank verschwunden war. Wir teilten alles. Jedem nach seinen Bedürfnissen. Alles Geld kam in eine Kasse, ganz gleich, wer wie viel verdient hatte. Jeder durfte auch nehmen, was er brauchte. Und keiner nahm mehr, als er wirklich brauchte. Ein Heftchen hielt das fest. Da wir junge Männer mit ähnlicher Figur waren, kamen alle Hosen auf einen Stapel, alle Hemden, Pullover und Unterhosen. Einfach alles. Und jeder nahm morgens, was er wollte oder brauchte. Meine

Mutter wusch die Wäsche für uns. Das war ungeheuer großherzig – und es war ungeheuer rücksichtslos von uns, das Angebot anzunehmen. Sie wollte dadurch Kontakt zu ihrem Sohn halten. Ich liebte sie dafür. Einmal pro Woche fuhr ich die schmutzige Wäsche zu ihr und holte die gewaschene ab. Wir hatten keine Waschmaschine in der WG. Erst sehr viel später gingen wir in einen Waschsalon, wo wir das Schicksal ordinärer Proleten teilten.

Unsere erste eigene Wohnung hatten wir im Geschmack der Zeit poppig angemalt. Jede Wand in einer anderen leuchtenden Farbe. Eine rote Wand bekam oben ins Eck Hammer und Sichel in Gelb. Das allerdings war als Scherz gemeint, denn mit den Moskowitern wollten wir nichts gemein haben. Nicht einmal die Zimmer waren aufgeteilt. Wir schliefen in dem Bett, das gerade frei war. Erst später, als Freundinnen dazu kamen, ging das nicht mehr und es wurden Zimmer privatisiert.

Überhaupt: Mit den Frauen endete der Kommunismus. Das wilde, abenteuerliche Leben litt indes in keiner Weise. Abends gingen wir auf Tour durch die linken Kneipen, in denen auf dem Fernsehschirm die neuesten Nachrichten der überall kämpfenden, mindestens aber demonstrierenden Genossen verfolgt wurden. In Sachsenhausen, dem Äppelwoi-Quartier, liebten wir ein Lokal, in dem man auch nachts warm essen konnte. Und zwar gut und billig. Jägerschnitzel. Rumpsteaks. Hähnchen. Nach drei Uhr in der Frühe mischten wir uns dort mit Luden und Huren, die Schichtende hatten. Mit

Freundinnen war das noch spannender. Zu Hause wurde abends gerne gekifft und in Trance Musik gehört. Einmal kochten die Freunde auch einen Haschischpudding. Doch den wollte ich nicht essen. Wie ich überhaupt nichts schluckte, das ich nicht kannte. Trips wurden die unbekannten Dröhnungen damals genannt. Besonders überschwänglich begrüßten wir das neue Jahr. Öffneten ein Fenster, stellten Lautsprecher hinein und beschallten die Nachbarschaft. »Macht kaputt, was euch kaputt macht« von Ton, Steine, Scherben etwa oder Chinas Hymne »Der Osten ist rot«.

Die ideologische Arbeit allerdings wurde von den Frauen durchkreuzt. Die wöchentliche Klassikerlesung – Marx und Engels – erlahmte, weil sie nicht interessiert waren und nichts beizutragen hatten. Die regelmäßigen Erörterungen unserer persönlichen Probleme sabotierten sie geradezu. Unter uns Jünglingen hatte es noch funktioniert, man brauchte ein wenig Mut, um seine Schwierigkeiten zu bekennen, auch im Umgang mit den anderen in der WG, doch den hatten wir. Wir kamen damit jedenfalls gut zurecht. Wir wollten den »neuen Menschen«. Voll naiver Inbrunst.

Die Frauen aber weigerten sich hartnäckig, bei »Kritik und Selbstkritik« über ihr Innerstes zu sprechen. Sie saßen schweigend in der Runde. Aufforderungen, Bitten, Beschwörungen blieben wirkungslos. Sie sagten kein einziges Wort. Also wurde das Format resigniert eingestellt. Das war der Anfang vom Ende der WG. Keiner der Jungs wollte ihr zuliebe seine Beziehung aufgeben. Ich hatte meine

Freundin, die später meine erste Frau wurde, auf dem Rückweg von einem Kinobesuch kennengelernt. Wir nahmen im Auto zwei Anhalterinnen mit. Bingo! Das Programmkino besuchten wir häufig, um neue Filmkunst zu sehen oder Italowestern. Roman Polanski, Stanley Kubrick, Sergio Leone. *Für eine Handvoll Dollar* etwa, Clint Eastwood ganz allein gegen die »Schweine«, da erfüllten sich linksradikale Träume. So wollten wir auch siegen.

Mit der Bundeswehr allerdings wollte ich das nicht. Im November 1970, einen knappen Monat vor meinem 19. Geburtstag, erhielt ich die Ladung vor einen Prüfungsausschuss für Kriegsdienstverweigerer. Bei der Musterung hatte ich hervorragend abgeschnitten, als mutmaßlichem Abiturienten stand mir alles offen bei der Armee. »Sie können Fallschirmjäger werden«, sagte der Offizier, der mich nach der Inspektion meiner körperlichen Fähigkeiten einvernahm, »oder zu den Panzern. Wenn Sie sich verpflichten für ein paar Jahre, steht Ihnen auch die Offizierslaufbahn offen. Und mit Unterstützung der Bundeswehr könnten Sie dann Medizin studieren.« Ich dachte nicht mal darüber nach. Der Mann hatte meine schulterlangen Haare nicht richtig interpretiert. »Ich möchte verweigern«, lautete meine knappe Antwort. Und das Gespräch war zu Ende. Nun also wurde ich vorgeladen, um das Gewissen zu inspizieren, das ich unter Berufung aufs Grundgesetz bemüht hatte. Denn niemand durfte gegen sein Gewissen zum Kriegsdienst gezwungen werden. Das war ein Relikt aus der Nachkriegszeit und die Konservativen hätten es im Kalten Krieg natürlich liebend gerne einkassiert. Ersatzweise waren sie nun bemüht, diejenigen einzukassieren, die sich darauf beriefen. Das machte mich mächtig nervös.

Denn von den Prüfungsausschüssen war Fürchterliches im Umlauf. Sie lockten einen in Fallen, ließen einem keinen Ausweg, bis man rhetorisch doch den Finger am Abzug krümmte. Oder saublöd dastand, unglaubwürdig. Und nach der Ablehnung doch einrücken musste in die Kaserne, sofern der Rechtsweg nicht in letzter Minute einen Ausweg wies. Womöglich über mehrere Instanzen. Ich richtete mich jedenfalls aufs Schlimmste ein, aufs Scheitern, und besuchte vorher die Sprechstunde einer Beratungstelle der evangelischen Kirche für Kriegsdienstverweigerer. Der in Zynismus ergraute Pastor, der mich dort erwartete, trieb mir mein Höchstpersönliches sogleich aus, schnitt mir den zarten Klang meiner Seele ab und überlagerte ihn mit dem Trompetensignal des militanten Pazifismus. Politisch bräuchte ich gar nicht erst zu argumentieren, Nato und Portugal und Türkei, vergessen Sie's. Damit fallen Sie gleich durch. Sie können das höchstens anklingen lassen, müssen aber im Kern argumentieren, dass Sie nun mal so erzogen sind, dass Sie einfach nicht anders können als zu verweigern. Er diktierte mir dann meine Begründung, die ich vor der mündlichen Prüfung einzuschicken hatte. Sie erscheint mir, wenn ich sie heute lese, miserabel. Ganz und gar nicht mein Stil. Von Herz und Hirn ganz zu schweigen. Das war reine Beratungsroutine. Abgenutzte Formulierungen, verschlissene

Argumentationen. Ich schickte den Brief dennoch ab – und fürchtete dann umso mehr das Scheitern.

Ich musste früh raus an diesem 4. Dezember 1970, einem Freitag, an dem ich um 8.15 Uhr vor dem vierköpfigen Ausschuss zu erscheinen hatte, in Hanau, eine ganze Ecke weg von der Wohnung meiner Eltern. Ein kalkweißes Gesicht schaute mich aus dem Spiegel an, mir war flau. Und ich war auch noch der Erste, der an diesem Morgen hereingebeten wurde vor das Tribunal. Vier Männer, keine Frau. Die waren vom Hanauer Stadtrat berufen, ich wusste indes nicht, wer von welcher Partei. Ganz gemein, wie befürchtet, wurde es indes nicht. Keiner fragte, was ich denn tun würde, wenn meine Mutter vor meinen Augen von einem Rotarmisten vergewaltigt würde und ich zufällig eine Pistole in der Hand hielte. Solcher Horror wurde kolportiert unter den Verweigerern.

Sie beugten mich ein wenig, doch sie wollten mich nicht brechen. Sie waren schon beeindruckt, als ich argumentierte, ich könne im Kriegsfall nicht gegen meine Cousins kämpfen, die jenseits der Grenze, in Thüringen, bewaffnet würden, in der Nationalen Volksarmee der DDR. Am Ende, als ich spürte, dass ich nun noch persönlicher werden müsste, ganz persönlich, quetschte ich hervor, den Tränen nahe, dass ich nicht auf Menschen schießen könne. Ich könne es einfach nicht. Tut mir leid. Ich musste draußen warten. Dann holte man mich herein und eröffnete mir: Sie haben bestanden. Zwei Tage nach meinem Geburtstag hatte ich es auch schriftlich: »Der Wehrpflichtige Hans-Ulrich Jörges, geb. 8.12.1951 in Bad Salzungen, ist berechtigt, den Kriegsdienst mit der Waffe zu verweigern.« Anerkannt in der ersten Instanz, das war selten. Niemals zuvor hatte ich mich so leicht gefühlt in meinem Leben. Doch ich wusste auch: Irgendwann würden sie mich einberufen zum Ersatzdienst.

Vorerst aber nicht. Denn aktuell steckte ich in der Ausbildung. Seit August 1970. Vor dem Studium, das hatte ich früh und apodiktisch entschieden, wollte ich einen Beruf gelernt haben, um mir damit dann die Uni zu finanzieren. Das war einfach eine Frage der Ehre. Ich war mit dem Abitur zu Hause ausgezogen, also wollte ich meinen Eltern auch nicht mehr auf der Tasche liegen. Zumal ich über viele Jahre erlebt hatte, wie schwer sie sich wirtschaftlich getan hatten. Jetzt endlich, da es ihnen besser ging, sollten sie mit ihrem Geld auch etwas anfangen können. Das allerdings, ich ahnte es nicht, war eine schwere Enttäuschung für meinen Vater. In seinen Lebensplan war fest eingeschrieben, dass er seinem Sohn ein Studium finanzieren würde, damit der es weiterbrachte als er selbst. Es sollte die Erfüllung seines Lebenstraums sein, die Erlösung von seinem eigenen Schicksal. Vermutlich hatte er dafür gespart, ich habe ihn nie danach gefragt. »Du kannst studieren, wo du möchtest«, redete er mehrfach auf mich ein, eindringlich ist gar kein Wort, »in Italien oder in Leiden. Wo du möchtest.« Ich weiß nicht, was er von der Universität Leiden gehört hatte, aber es musste beeindruckend gewesen sein, denn der Name fiel immer wieder. Er flehte fast. Ich lebte in bestem Einvernehmen mit meinen Eltern, doch ich lehnte ab. Und ich ließ sie unheimlich enttäuscht zurück.

Lieber Himmel, das waren schon zwei Entscheidungen in kürzester Frist, die ungeahnte Folgen für mein Leben haben würden. Hätte ich die Weichen anders gestellt – sagen wir: Fallschirmjäger plus Studium in Oxford –, wären die Dinge gewiss nicht schlechter verlaufen. Vermutlich sehr, sehr viel angenehmer, auf lange Sicht gesehen. Doch auch sehr viel langweiliger.

Einen Beruf lernen: Wie macht man das? Ganz klar: Man geht zur Berufsberatung des Arbeitsamtes. Dort schaute der Berater dem Abiturienten, der partout noch nicht studieren wollte, sondern an die durchwachsene Existenz seines Vaters anknüpfen, irritiert in die Augen. Na, wenn Sie unbedingt wollen … Er hatte zwei Angebote für mich. Erstens: eine Setzerlehre in der größten Zeitungsdruckerei Frankfurts. Dauerte dreieinhalb Jahre. Oder zweitens: ein Volontariat bei der Wirtschaftsnachrichtenagentur Vereinigte Wirtschaftsdienste (VWD). War schon nach zweieinhalb Jahren vorbei. Ich wollte mir beides anschauen und ging natürlich, was sonst, zuerst in die Druckerei. Ließ mich dort von einem Ausbilder rumführen, zog Schubladen mit bleiernen Lettern aus riesigen Schränken, sah zu, wie die von Hand zu Druckseiten zusammengefügt wurden, und überlegte währenddessen, ob ich das wohl dreieinhalb Jahre aushalten würde, um es später niemals anzuwenden. Die Antwort bildete sich rasch vor einem monumentalen Ausrufezeichen: niemals! Womöglich machte ich gerade einen Fehler – siehe Fallschirmjäger und Leiden –, aber zwei Fehler in einem? Bloß nicht.

Also klopfte ich bei VWD an. Die Agentur saß in der Frankfurter Innenstadt und gehörte zu je einem Drittel der Deutschen Presse-Agentur (dpa), der britischen Nachrichtengagentur Reuters und dem Bundesverband der Deutschen Industrie (BDI). Eine höchst spannende Mischung. Mein Freund Christian ging mit, auch er interessierte sich. Wir waren die ersten Langhaarigen, die in diesen Tempel des teutonischen Kapitalismus eingelassen wurden. VWD publizierte täglich einfach geheftete Informationsbroschüren für eine Vielzahl von Branchen, dazu gab es eine Nachrichtenredaktion, die Zeitungen und Sender bediente, und eine Tickerredaktion, die Banken, Konzerne und Verbände über Fernschreiber laufend mit den heißesten News versorgte – mit Klingeltönen, wenn es ganz heiß wurde. Das war das Heiligtum. Reuters hatte ein Büro angegliedert, um jene Nachrichten, die Märkte bewegten, in den Weltdienst der Agentur zu heben. David Marsh war einer dieser Korrespondenten, der als Bewunderer Helmut Schmidts, als vielfacher Buchautor und Talkshowgast, später sogar als Investmentbanker Berühmtheit erlangte. Ich mochte ihn nicht nur wegen seines herrlichen Humors.

Christian nahm ein Angebot der Landwirtschaftsredaktion an – der Beruf seines Vaters entfaltete Wirkung. Mich griff die Industrieredaktion, zu der auch die Finanzindustrie gehörte. Der Redaktionsleiter, ein liberaler Konservativer mittleren Alters, beäugte den Langhaarigen neugierig und wohlwollend, aber auch ein wenig vorsichtig. Als er sah, dass ich gut war, förderte er mich. Am 15. August 1970 begann ich mein Volontariat, der Vertrag war auf zweieinhalb Jahre angelegt, um die gesamte Agentur zu durchlaufen. Ich lernte die Börse kennen, erfuhr, wo Eisenerz und Kupfer gefördert wurden, was Rohöl diverser Qualitäten kostete und was eine Anleihe von einem Kredit unterschied. Volontariat aber hieß: von Anfang an voll mitzuarbeiten. Dafür war das Gehalt anständig: 719 Mark am Anfang, 917 nach zwei Jahren. Es gab einen Tarifvertrag, der zwischen Geschäftsführung und Betriebsrat ausgehandelt war.

Im Trümmerfeld der vielen Irrtümer, denen ich damals erlag, war die Ausbildung bei VWD eine hoch aufragende Säule der Weisheit. Ich wollte nicht Journalist werden, ich hatte noch gar keine konkrete Vorstellung von meiner Zukunft – vielleicht irgendwas Linkes an der Uni? Doch den Kapitalismus zu lernen, an einer seiner Schlagadern den Puls der Kommunikation zu fühlen, das reizte mich, das konnte einfach nicht schaden. Bald sollte sich herausstellen: Es schützte mich, es bewahrte mich vor noch größeren Irrtümern, vor den schrecklichsten Irrwegen des Linksradikalismus. Denn meine Vorurteile gegen den Kapitalismus, gegen jene, die für ihn arbeiteten, ja vor Kapitalisten selbst, purzelten so rasch wie deren Vorurteile gegen einen Linksradikalen wie mich. Selbst jene, die noch einen Schmiss auf der Wange hatten, der aus Jugendjahren in einer schlagenden Verbindung stammte, konnten anständige Menschen sein. Interessant lebend, differenziert denkend. Ich leistete jedenfalls vielfach stille Abbitte, wenn ich in neue Situationen geriet, die zur kleinen Weltentdeckung wurden.

Es gab sogar einige Linke bei VWD. Sozialdemokraten wie auch Linksradikale, die mit dem sympathisierten, was sich in jenen Jahren auf den Straßen Frankfurts abspielte. Einer tendierte sogar zur DKP, zu den Parteikommunisten ostdeutscher Prägung, war ein Fan des Barden Franz Josef Degenhardt, und hatte zur Vorbereitung auf die Rückkehr des Faschismus, von der er fest überzeugt war, ein Sturmgewehr im Keller. Ein G3 aus Beständen der Bundeswehr. Wie er es sich beschafft hatte, hat er mir nie verraten. Aber er zeigte mir die schauerliche Waffe, in die er geradezu verliebt war. Gottlob war sie mir mehr als suspekt. Wie auch Degenhardts Geklampfe. »Wenn der Senator erzählt ...« brrr, das war so altbacken.

Mein Linksradikalismus wurde in der Agentur respektiert. Als der Vietnamkrieg 1973 mit dem Pariser Waffenstillstandsabkommen beendet wurde, ertrugen es die Kollegen in einem Akt überwältigender Toleranz, dass ich die Einzelheiten dieses Vertrages schier endlos in Tickermeldungen an die deutsche Wirtschaft verbreitete. Eigentlich war für die nur von Interesse, dass der Krieg vorbei war – und die Amerikaner verloren hatten. Mein Herz allerdings hing an jeder Ziffer dieses Papiers.

Später wurde ich sogar in den Betriebsrat gewählt und brachte im Bündnis mit einem Redakteur, der sich als Juso entpuppte und zum Freund wurde, der Geschäftsführung Mores bei. Wir erwirkten etwa gegen Dienstpläne im Fernschreibraum, denen wir als Betriebsrat nicht zugestimmt hatten, eine einstweilige Verfügung bei Gericht und ließen die vom Gerichtsvollzieher ins Haus tragen. So etwas hatte es noch nie gegeben. Wir hatten einen Infobrief für die Belegschaft vorbereitet, schauten aus dem Fenster und verteilten die Dinger, als der Vollstrecker das Haus betrat. Die Chefsekretärin weinte, als wir zum Geschäftsführer gerufen wurden, der uns mit starrer Miene eröffnete, er sei selbstverständlich rechtstreu. Von uns wollte er nichts hören. Guten Morgen, meine Herren! Als die Agentur Jahre später von Frankfurt nach Eschborn verlegt wurde, was für viele Angestellte erhebliche Nachteile mit sich brachte, erforschten wir die akribisch per Fragebogen, werteten das statistisch aus, legten einen Stadtplan an mit den neuen Routen und den verlängerten Fahrzeiten der Kollegen, verhandelten hart – und feierten schließlich vor dem Landesarbeitsgericht Hessen einen finalen Triumph. Dessen Präsident stimmte in der Einigungsstelle mit uns. Die Kollegen erhielten monatliche Zuschläge, von der Endstation der Straßenbahn am Rande Frankfurts musste VWD eine Kleinbusverbindung nach Eschborn einrichten. Dennoch liebten wir unseren Widerpart Günther Käckenhoff geradezu, den Geschäftsführer und Chefredakteur, der von VW zu VWD gewechselt war. Ein feiner Kerl, der Klischees knackte, ganz besonders meine. Ich denke, wie ich umgekehrt auch seine. Wir waren uns wechselseitig zugetan und unterhielten uns häufig. Hinter dem Schützengraben. Entwickelten etwa neue Modelle und Zulagensysteme für den Tarifvertrag. Mein

Freund und ich führten die Tarifverhandlungen, eine großartige Erfahrung. Wir waren aber auch hinterher, wenn sich
Kollegen mittels permanenter Krankmeldungen einen schlan-
ken Fuß machten auf Kosten ihrer Kollegen und der Agentur. Ich besuchte einmal eine solche Kollegin zu Hause, die
im Verdacht stand, als Prostituierte zu arbeiten. Sie öffnete
mir am späten Vormittag im Bademantel. Nach einem kurzen
Gespräch wusste ich: Der Verdacht stimmte. Sie wurde mit
Zustimmung des Betriebsrats entlassen. Denn sie hatte auf
Kosten ihrer Kollegen gelebt. Und die zu schützen, war unsere Aufgabe. Käckenhoff war beeindruckt. Und ich hatte begriffen, was Geben und Nehmen in diesem System bedeutete.
Auch ermöglichte.

Der Spagat meines Lebens bewahrte mich vor vielem. Der
Spagat zwischen Linksradikalismus und Wirtschaftsjournalismus, zwischen WG und Wall Street, zwischen Straßenkampf
und Sozialpartnerschaft. Er wurde mit den Jahren immer
schmerzhafter, immer grotesker. Er zerriss mich fast. Doch er
hielt mich in der Wirklichkeit. Und in der Waage. Ohne ihn
wäre ich haltlos nach links gekippt.

Es ist nicht einfach, die schweren Betonplatten über der
Verdrängung und der Erinnerungsverweigerung zu heben,
unter denen die Irrtümer und die Wirren jener Jahre, auch
die Schuld und die Scham, begraben sind. Das Ich ist mir in
der Rückschau so rätselhaft, so fremd, dass ich den jungen
Mann, um den es hier geht, am liebsten in der dritten Person
schildern möchte. Doch Distanzierung ist keine Bedingung,

um schonungslos zu berichten. Es ist der Bericht über eine politische Bewusstseinsspaltung, wie sie selbst in den damaligen Verhältnissen selten gewesen sein dürfte. In dieser Schärfe jedenfalls. Manches, was sich damals übereinander schob, gleichzeitig geschah, lässt sich hier nur nacheinander schildern, aber wahrhaftig, nach bestem Wissen. Vollständig, ohne Unterschlagung, ohne Schönfärbung mir selbst gegenüber.

Zunächst gilt es, eine Legende abzuräumen. Die Lebenslüge der 68er. Den Mythos, sie hätten den Muff der Adenauer-Ära beiseite geräumt, alten Nazis in neuer Funktion den Kampf angesagt, das Schweigen ihrer Eltern über die NS-Zeit durchbrochen und die Demokratisierung Westdeutschlands in Gang gesetzt. Daran ist nichts richtig. Die 68er haben nicht das Land befreit, sondern sich selbst. Sie sind, wie ich, der Spießigkeit ihrer Elternhäuser entflohen, haben sich sexuell befreit, mit Drogen und neuer Musik berauscht, sie haben neue Lebensformen erprobt und den Kulturapparat revolutioniert. Film, Theater, Literatur, Kunst, Medien und Mode. Das wohl, unbestritten.

Politisch aber war die Bewegung der 68er reaktionär. Sie adaptierte die abgestandenen, mehr oder weniger stalinistischen Herrschaftsmodelle kommunistischer Prägung. Einer kurzen libertären Phase folgte unerbittliche Verhärtung. Abweichende Meinungen wurden innerhalb der Linken nicht toleriert, sondern mit Vernichtungsfuror bekämpft. An der Göttinger Universität wehrte sich ein Professor auf einer Vollversammlung der Studenten gegen falsche Anschuldigungen.

»Sie haben das falsche Schwein geschlachtet!« In die Stille hinein antwortete eine Stimme aus der ersten Reihe: »Aber ein Schwein war's doch.« Dem, der ihn da blamiert hatte, half der großartige Mann später durchs Examen.

Antifaschismus, Demokratisierung? Die 68er kamen historisch zu spät, sie hatten vieles versäumt und bremsten so manches ab, das längst in Gang gekommen war, indem sie harsche Gegenmanöver der Staatsgewalt provozierten. Die Frankfurter Auschwitz-Prozesse hatten schon 1963 begonnen, sie beendeten das Schweigen über den Judenmord. Der Emigrant Willy Brandt war seit 1966 Außenminister und Vizekanzler der ersten Großen Koalition. 1969 wurde er Kanzler einer sozialliberalen Reformkoalition: »Wir wollen mehr Demokratie wagen.« Die 68er huldigten da längst dem vietnamesischen Kommunisten Ho Chi Minh. Auch The Who oder Jimi Hendrix waren nicht inspiriert von 68, sie revolutionierten die Musik schon lange davor. Als Gudrun Ensslin, beginnende Terroristin, 1968 in Frankfurt-Preungesheim zum ersten Mal ins Gefängnis kam, war dort Helga Einsele Leiterin, die große Strafrechtsreformerin. Ahnungslose Abiturienten zogen in Hessen gegen den Kulturminister Ludwig von Friedeburg zu Felde, der eine Debatte über Bildungsreformen in Gang gesetzt hatte, die Auflösung des dreigliedrigen Schulsystems wollte, Chancengleichheit für alle. »Wer hat uns verraten ...?«

Die 68er haben sich selbst befreit, die Befreiung aller aber aufgehalten. Sie nannten sich antiautoritär, doch sie waren totalitär. Denn aus dem Schoß der Bewegung krochen kommunistische Gruppen mit Politbüros und Glückwunschtelegrammen an Schlächter der Menschheit, etwa in Kambodscha. Dem Gewaltkult entschlüpfte schließlich der Terrorismus, mit den blutigen Jahren der Geiselnahmen, der Bomben und der Kopfschüsse von Links. Dazu indes, das ist unbestreitbar, hat der Staat das Seine beigetragen.

Der, um den es hier geht, hat das selbst erlebt. Ich durchlief eine rasante Radikalisierung, wie die Protestbewegung insgesamt. In wenigen Jahren. Und in drei Phasen. Noch als Gymnasiast nahm ich an den ersten Demonstrationen gegen den Vietnamkrieg der Amerikaner teil. Naiv und vertrauensselig. Bis die Polizei losstürmte und die Köpfe in den ersten Reihen blutig schlug. Ich kann mich an keine friedliche Demonstration erinnern, die nicht gewaltsam zerschlagen worden wäre, meist unter dem Vorwand, von der genehmigten Route abgewichen zu sein. Lautsprecherdurchsage – Wasserwerfer – »Knüppel frei!« Das war der ewig gleiche Dreisprung der Staatsmacht. Ich wurde nie geschnappt, mir wurden auch keine Platzwunden geschlagen. Ich entkam immer. Und kehrte zurück zum Schauplatz, sobald die Polizei zum Stehen gekommen war. Den dumpfen Klang der Knüppelhiebe auf ungeschützte Schädel aber hörte ich immer, hundertfach. Und ich lauschte heimlich älteren Polizeioffizieren, die ihre Truppe scharf machten für die Menschenjagd. In der Frankfurter Fressgasse schlenderte ich unauffällig heran an geparkte Mannschaftswagen, vor deren geöffneten Türen Polizeiführer

mobil machten. Ergraute Männer in langen grünen Ledermänteln. Da waren sie wieder! Oder noch. Alte Faschisten,
wieder oben. Was mochten sie im Krieg getan haben? So
hatte ich sie mir vorgestellt. So hatte ich als kleines Kind auch
die Greifer der Staatssicherheit bei der Hausdurchsuchung in
meiner Heimat erlebt. In Bad Salzungen hatte ich die poststalinistischen Geister gesehen. Hier nun wurden die postfaschistischen Geister mobilisiert.

Gegen die Schläger schützte man sich in der zweiten Phase
der Eskalation durch Bauhelme. Auch ich trug nun einen.
Eine rote, enge Plastikschale. Die hatte Vorteile, aber auch
den Nachteil, dass man schon von weitem als »Chaot« auszumachen war, der sich für die Schlacht gerüstet hatte. Als ich
das begriff, zog ich den Helm lieber ab und trug ihn bis zum
letzten Moment – »Knüppel frei!« – in der Hand.

Da viele ihre Bauhelme auf der Flucht vor den grünen
Kommandos immer wieder verloren, setzten die vorne in den
ersten Reihen Motorradhelme auf, bewaffneten sich ihrerseits
mit Knüppeln, schlugen hart zurück – und gingen schließlich selbst zum Angriff über. Das hatte eine verheerende Wirkung auf die grünen Reihen. In Scharen wandten sie sich zur
Flucht. Joschka Fischer, der spätere Außenminister, gründete
seine »Putzgruppe«, die im Taunus den Nahkampf übte. Das
Foto, auf dem er sich, mit Motorradhelm und Knüppel, über
einen zu Boden geworfenen Polizisten beugt, um auf ihn ein-
zudreschen, stammt aus dieser Phase der Gegenangriffe. Indes, Fischers Wut war auch meine. Man hatte zu viel erlebt an

Wehrlosigkeit. Da waren die Vietnamdemonstrationen schon in Hausbesetzerdemos übergegangen. In den Kampf gegen die Zerstörung des großbürgerlichen Frankfurter Westends durch Bodenspekulation und für die Verteidigung besetzter Häuser. Das war die Schlussphase der Eskalation.

Stundenlange Straßenschlachten in der Frankfurter Innenstadt sind mir in Erinnerung aus den vier, fünf Jahren der permanenten Konfrontation. Nächte voller Wut, Angst und Panik. Pflaster wurde aufgestemmt vor der Alten Oper und ein Steinhagel ging auf die Polizei nieder. Es klatschte weithin hörbar, wenn ein Pflasterstein auf ein Schutzschild traf. Wurde der Tank eines Wasserwerfers getroffen, war der Sound metallisch. Und versetzte die Steinewerfer in Euphorie. Ich wagte mich weit nach vorne, weil ich den Überblick über die Kampflage behalten und nicht überrascht werden wollte von Ausfällen der Grünen. Doch ich warf keine Steine auf Polizisten. Gewalt gegen Menschen, das hatte ich mir geschworen, war die rote Linie, die ich nie überschreiten wollte. Gewalt gegen Sachen, damals eine geläufige, allerdings höchst instabile Differenzierung, schreckte mich indes nicht. Auf Wasserwerfer und vergitterte Mannschaftswagen warf ich deshalb schon. Und dann auch auf ganz anderes.

Das martialische Spektakel ist nur zu verstehen, wenn man sich die speziell deutschen Umstände der 68er-Bewegung bewusst macht. Als sie den Höhepunkt erreichte, der ihr den Namen gab – im Mai 1968 auf den Barrikaden von Paris –, war sie in Deutschland schon gebrochen und in Blut getaucht.

Zweimal. Die Ermordung Benno Ohnesorgs im Juni 1967 in West-Berlin war ein einschneidender Tag für die beginnende studentische Rebellion, er zerstörte ihre Unschuld. Nach jenem 2. Juni benannte sich 1975 die Gruppe, die den Berliner CDU-Vorsitzenden Peter Lorenz entführte und inhaftierte Genossen freipresste. »Die schießen wieder«, hieß es nach Ohnesorgs Tod, der von Polizei und Justiz skandalös verschleiert wurde. Mit »die« meinte auch ich, erst 16 und schon aufgebracht gegen den Staat, alte und neue Faschisten. Von der Art, wie ich sie später an den Wannen der Polizei erlebte. Und als »sie« am 11. April 1968 zum zweiten Mal schossen – konkret der Neonazi Josef Bachmann auf Rudi Dutschke –, da waren gewaltsame Proteste und Blockaden gegen den Springer-Verlag die Reaktion. Eine Antwort auf jene Meinungsmacher, die gegen die Revoluzzer gegeifert hatten: die Osterunruhen, Höhepunkt der 68er-Bewegung in Deutschland. Der Historiker Golo Mann, Sohn des Schriftstellers Thomas Mann, wandte sich damals an die Studenten: »Sie glauben an ›revolutionäre Gewalt‹. Ich nicht.«

Blutige Gewalt, das galt für Deutschland, nicht aber für Frankreich. In Paris führte Daniel Cohn-Bendit, der Studentenführer, am Tag nach der Mai-Revolte einen Reporter durchs verwüstete Quartier Latin und erklärte ihm, wenn die Revolutionäre das Fernsehen gehabt hätten und ihre Pressekonferenz nach dem Aufstand live übertragen worden wäre, mit der Schilderung der staatlichen Gewalt, »dann hätte das die Regierung einfach weggewischt. Ganz Paris wäre aufgestanden wie ein Mann.« Cohn-Bendit sprach vom Fernsehen. In Deutschland wurde von Maschinenpistolen und Sprengstoff geraunt. In Frankreich streikten Millionen Arbeiter mit den Studenten. In Deutschland riefen Passanten am Rande der Demonstrationen: »Vergasen!« oder »Geht doch rüber, in den Osten!« Faschismus und Kalter Krieg spukten in den Köpfen.

Deutschland passte sich ein in jenes Jahr 1968, das rückblickend wie eine gewaltige Blutmühle der Geschichte erscheint. In Vietnam tötet der Polizeichef von Saigon vor laufender Kamera einen gefesselten Vietcong durch Kopfschuss; in My Lai metzeln amerikanische Soldaten 503 Zivilisten nieder; in den USA wird erst der schwarze Bürgerrechtler Martin Luther King erschossen, wenig später Robert Kennedy; in der CSSR ersticken Truppen des Warschauer Paktes den Prager Frühling; und in Mexiko werden in großer Zahl Studenten massakriert.

Während in Frankreich noch »Fantasie an die Macht« gebracht werden sollte, war in Deutschland der Zauber der Revolte schon zerstört – sofern es je einen gegeben hatte. Rudi Dutschke fabulierte vom »europäischen Cong« nach dem Vorbild des Vietkong, einem Guerillakrieg also, und transportierte im Februar 1968 in Berlin Dynamitstangen im Kinderwagen. Einen Monat später brachte er eine Bombe aus Berlin nach Saarbrücken. Und im April 1968 wurden Andreas Baader und Gudrun Ensslin in Frankfurt zu Kaufhausbrandstiftern.

Zwei Jahre später, als ich nach dem Abitur politische Anknüpfung suchte, als junger Kämpfer, war die Bewegung also längst pervertiert. Doktrinäre Fraktionen, Parteien und Gruppen waren die Zerfallsprodukte der Bewegung – und der Terrorismus begann sich zu formieren. Ich verachtete die K-Gruppen, wie immer sie auch hießen. Ob sie sich nun DKP, KPD, KPD/AO, KPD/ML, KBW oder KB nannten. Ob sie Moskau oder Peking folgten. Zu Demonstrationen erschienen die Partei-Kommunisten teils in Anzug und Krawatte, um das Proletariat nicht zu irritieren. Im Block der Spontis machte ich mich lustig darüber. Oft waren die Binnenaggressionen so weit aufgeladen, dass nicht viel zu Schlägereien fehlte. Mit Moskau hatte ich gar nichts, mit Peking immerhin ein wenig zu tun, der Kulturrevolution wegen. Der Begriff ließ Raum für Fantasie, für die mitreißende Parole aus Paris. In Peking aber war nicht die Fantasie an der Macht, sondern die pure Willkür eines stark gealterten Despoten. Der Frankfurter Naive hatte ja keine Ahnung, welche Exzesse sich hinter der Kulturrevolution verbargen. Ich war unfassbar gutgläubig. Und ein wenig romantisch. Revolutionsromantisch. Meinen Eltern, die mich ab und zu befragten, wie ich mir das Land denn vorstellte, wenn die Meinen die Macht erobern hätten, setzte ich großmäulig auseinander, dass meine Rätedemokratie die Vollendung der Volksherrschaft wäre, durch ständige Neu- und Nachwahlen, sobald sich die Stimmung im Land verändere und neue Fragen neue Antworten suchten. Vermutlich waren sie schon beruhigt, dass ich in meiner Radikalität nicht von Umerziehungslagern sprach oder von

Massenerschießungen. Rätedemokratie? Das beruhigte sie. Daraus würde sowieso nichts werden.

Kritische Fragen an mich selbst kannte ich damals nicht. Die Selbstgerechtigkeit kannte keine Grenzen. Erst später habe ich darüber gegrübelt, was wohl aus mir geworden wäre, wenn meine Eltern in der DDR geblieben wären oder ich in der Nazizeit gelebt hätte. Täter oder Opfer? Mitläufer oder Verfolgter? Rückblickend betrachtet bin ich mir meiner keineswegs sicher.

Der Gewalt gegen Sachen ging eine Übung voraus. Das war vor allem eine Übung in Selbstüberwindung, im Bezwingen der Angst. Im Jahr vor dem Abitur saß ich mit meinen Freunden Christian und Klaus in der Biertonne, unserem Lieblingslokal in der Nähe der Schule. Man zwängte sich dort um kleine Tische in riesigen, halbierten Fässern, labte sich an Bier und einem exzellenten Hamburger. Irgendwann an diesem langen Abend kam die Idee auf, es der Penne mal richtig zu zeigen und dem Lehrerkollegium die Scheiben einzuschmeißen. Wohlgemerkt: direkt gegenüber vom Polizeipräsidium. Waren wir wirklich nur ein bisschen verrückt? Nach Mitternacht machten wir uns jedenfalls, ein wenig schlotternd, auf den Weg, klaubten unterwegs Schottersteine von der Straßenbahntrasse auf – vor dem Haupteingang des Polizeipräsidiums! –, kletterten im Dunkeln über das verschlossene Tor zum großen Pausenhof und bauten uns nebeneinander unter dem langgestreckten Trakt der Lehrerzimmer auf. Auf drei sprangen wir zu dritt nach vorne und warfen – patsch, patsch, patsch – die Scheiben ein. Restlos alle. Es war Winter und es war uns klar, was das am nächsten Morgen für die Damen und Herren Studienräte bedeuten würde. Frösteln. Ratlosigkeit. Wir machten uns unbehelligt auf die Flucht und entkamen keuchend in der Dunkelheit.

Als ich am Morgen in die Schule kam, vibrierte die schon vor Sensationslust und allen möglichen Mutmaßungen. »Das wart ihr doch«, sprach uns ein Lulatsch aus der Parallelklasse an. Aber das hatte nichts zu bedeuten. Klar, dass man auf uns kommen konnte, die Langhaarigen, die Linksradikalen, die Joint-Raucher, die sich auch an diesem Morgen wieder Pieces zusteckten. Beweisen aber ließ sich nichts. Und wir dementierten gelangweilt. Doch mir war klamm zumute, der Magen verkrampfte sich zum Stein. Überführt, das war klar, würde ich von der Schule fliegen. Und meine Eltern mit all ihren finanziellen Kopfständen für meine Bildung wären aufs Übelste verraten. Doch die Lehrer waren so klug, aus der Sache keine große Affäre zu machen, keine strenge Ermittlung. Sie taten das Beste, was sie tun konnten: Sie schwiegen und ließen den spätpubertären Anschlag auf sich beruhen, umgehend die Fensterscheiben auswechseln – und die Polizei außen vor. War was? Für die drei Täter hatte die Aktion indes einen bleibenden Lerneffekt – einen, von dem die Lehrer nichts ahnten: Man konnte seine Angst überwinden, man konnte überraschend zuschlagen und man konnte entkommen.

Das kam uns in Erinnerung, als wir noch ein ganzes Stück radikaler geworden waren, aber kein Stück erwachsener. Als wir in der WG lebten und jeden Abend die Lage besprachen, die internationale wie die spezielle in der Frankfurter Szene, beschlossen wir, dem Protest gegen den Vietnamkrieg eine handfeste Aktion folgen zu lassen. Wir wussten ja, wo man sich Steine besorgen konnte. Also spazierten wir nach Mitternacht mehrfach am amerikanischen Generalkonsulat vorüber und schauten, ob Wachen postiert oder Alarmanlagen angebracht waren. Nicht erkennbar. Beim dritten Aufmarsch sprangen wir schließlich über die niedrige Hecke, bauten uns nebeneinander auf und warfen auf »drei« – patsch, patsch, patsch – diverse Scheiben ein. Das Splittern weckte Nachbarn, die sahen vom Balkon auf der anderen Straßenseite auf die flitzenden Täter und riefen »Halt, stehen bleiben! Polizei!« Da waren wir aber schon fast um die Ecke und nun unauffällig schlendernd verschwunden. Abgesehen von dem Alarmruf war alles so verlaufen wie bei der Attacke auf die Schule. Die drei Erkenntnisse, die wir damals gewonnen hatten, durften fortan als allgemeingültig gelten. Zwei weitere, ungemein bedeutende, kamen nun hinzu. Erstens: Wichtige Symbole des Feindes waren unbewacht, allen linksradikalen Bedrohungen zum Trotz. Und zweitens: Wir waren, durchatmend und heftig zitternd, zu vielem fähig. Bloß nicht zu Angriffen auf Menschen. Diese Grenzziehung, das bestätigten wir uns ausdrücklich, sollte weiter gelten. Ehern.

Die dritte Attacke war nicht minder spektakulär als die zweite. Und wir wiederholten sie sogar, bevor wir die Fruchtlosigkeit erkannten. Unmittelbar nach einer Vietnamdemo, praktisch aus ihr heraus, versuchten wir in einem Rechenzentrum des amerikanischen Computerriesen IBM im Frankfurter Westend die Scheiben einzuwerfen. Wäre das gelungen, hätte es erhebliche Schäden verursacht, denn die sensiblen Computer brauchten ein spezielles Raumklima. Deshalb waren die lautlos blinkenden Rechenmaschinen auch durch Panzerglas in den Fenstern geschützt. Die Steine des kleinrevolutionären Trios prallten von den Scheiben ab und hinterließen nicht mal einen winzigen Sprung. Wir mochten es kaum glauben, kamen deshalb zurück, bei nächster Gelegenheit. Und wieder prallten die Stein ab. Frustriert lief ich vom Tatort zu VWD, nur ein paar Ecken weiter, um den Schlussbericht von der New Yorker Börse zu verfassen. Ausgerechnet. Die Aktien von IBM spielten darin eine herausragende Rolle. An diesem Abend war die Doppelgesichtigkeit meiner Existenz auf den Punkt gebracht: dafür und dagegen. Ich drehte mich als kleines Rädchen zuverlässig in der mächtigen Informationsmaschine des Kapitalismus. Und ich griff diese Maschine gleichzeitig an, um dem Kapitalismus, dem kriegführenden amerikanischen jedenfalls, ein Rädchen auszuschlagen. Unglaublich, dass ideologische Verblendung keine gründliche Reflexion über diesen Widerspruch auslöste. Der schrie mich förmlich an, als ich mir auf der Toilette der Agentur den Schmutz der Steine von den Händen wusch, bevor ich in die reinen, weißen Tasten der Kugelkopfschreibmaschine von IBM griff.

Sie hielten sich für Spontis, die Bewohner der eigentumslosen WG im Frankfurter Nordend. Sponti hieß: undogmatische Linke, nicht parteigebunden, überfraktionell. Aber natürlich suchten auch wir Anbindung, Orientierung, Austausch. Eine Organisation kam nicht in Frage. Und der LSB war überholt, ein Schülerbund. Wohin also? Christian schlug vor: zu Karl Dietrich Wolff, genannt KD (»KaDe«). Der war 1967 und 1968 Vorsitzender des SDS gewesen, hatte eine Zeit lang in den USA gelebt und dort an Bürgerrechtsmärschen der Schwarzen mitgewirkt. Man hatte ihn deshalb vor das berüchtigte antikommunistische Komitee für unamerikanische Umtriebe geladen, ein Instrument lüsterner Exorzisten aus dem kältesten Kalten Krieg. Nachdem er einen Senator als »rassistischen Banditen« tituliert hatte, wurde ihm die Wiedereinreise in die USA verboten. Das hatte Langzeitwirkung, wie wir noch sehen werden.

Christian war mit KD entfernt verwandt. Der hatte unlängst auf dem Dachboden von Christians Eltern einen Koffer unbekannten Inhalts dem Zugriff der Staatsmacht entzogen. Nun also schauten wir bei KD vorbei, der in derselben Straße, in der auch VWD arbeitete, den Verlag Roter Stern gegründet hatte. Fünf Minuten fußläufig von der Arbeit, im Westend. KD war an der Gründung des März-Verlags beteiligt gewesen, dort aber im Streit ausgeschieden und machte nun sein eigenes Ding. Hinter dem undekorierten Schaufenster eines ehemaligen Ladens mit dahinter liegenden Wohnräumen. Sehr bescheiden. Doch revolutionär aufgeladen. Der Rote Stern, 1970 gerade gegründet, publizierte die Reihe »Erziehung und Klassenkampf«, die Kommunistin Clara Zetkin, letzte Alterspräsidentin des Reichstags vor den Nazis, und schließlich auch Kim il Sung, den Staatsgründer Nordkoreas respektive der »Koreanischen Volksdemokratischen Republik«, wie KD diplomatisch korrekt formulierte. Über dieses Werk, das erstmals auf Deutsch erschien und deshalb auch in einem koreanischen Museum ausgestellt wurde, um zu beweisen, welches Licht der Genosse Kim für die Welt war, wird noch zu reden sein, denn es hatte eine sehr spezielle Bedeutung. Alle Bücher erschienen im armeegrünen Einband mit rotem Stern. Das war das unverkennbare Design des Verlags. Der gab außerdem noch eine Postille namens *Antiimperialistischer Kampf* heraus, deren grobschlächtige Art oft zum Schämen war. Ich schämte mich zum Beispiel, als der »AK« über den Prozess gegen einen schwarzen GI in Zweibrücken berichtete und den Richter als »Ratte« schmähte. Das war allerunterste Schublade, menschenverachtend. Ich sprach das allerdings nicht aus, denn Opportunismus lähmte mir die Zunge. Das Gewissen allerdings nicht, das zeigte noch Empfindungen. Tief innen drin, wo es sich eingekapselt hatte. Einen Menschen als Ratte zu bezeichnen, hieß ja nichts anderes, wenn ich bloß ein wenig darüber nachgedacht hätte, als diesen Menschen der Vernichtung preiszugeben. Eine Ratte darf vergiftet oder erschlagen werden.

Was, diese Frage muss ich mir stellen, unterschied mich damals eigentlich von Nazis? Wie weit hatte sich der schlaksige junge Mann, den ich im Nachhinein gerne auf Abstand halten würde, schon von seinen hehren Grundsätzen entfernt, den ethischen Standards, die ihm sein bewunderter Deutschlehrer eingepflanzt hatte? Andere, die den gleichen Weg gegangen waren, schossen ja dann auch wirklich auf vermeintliche »Ratten«. Oder legten Bomben. Natürlich dürfe geschossen werden, verkündete Ulrike Meinhof aus dem Untergrund, Polizisten seien schließlich keine Menschen. Moralisch trennte mich von denen nur die Tat. Die indes wollte ich nicht, gottlob. Diese allerletzte Trennlinie verteidigte ich.

An dieser Stelle ist ein kleiner Exkurs über die spezielle Frankfurter Kultur jener Jahre fällig. Dort gingen nämlich Linksradikalismus und Terrorismus gleitend ineinander über. Ein paar Erinnerungen mögen das illustrieren. Am 1. Juni 1972 wurden die RAF-Terroristen Andreas Baader, Holger Meins und Jan-Carl Raspe im Garagenhof eines Wohnblocks im Nordend festgenommen. Nach einer langen Schießerei mit der Polizei. Als ich an diesem Tag in den Verlag lief, vermutlich wegen der Nachrichten über den Showdown, saßen dort KD und ein paar andere zusammen und telefonierten viel. Als ich fragte, worum es denn gehe, antwortete mir Wolff, man versuche, eine spontane Demonstration auf die Beine zu stellen, die zum Schauplatz ziehen und sich dort zwischen Polizei und RAF schieben solle. Um den Schusswechsel zu beenden – und die Eingekesselten zu schützen. Das indes gelang nicht, die Idee war einfach zu irrwitzig. Ich war erleichtert darüber, denn es enthob mich der Entscheidung, ob ich mitgehen würde.

Im selben Jahr, ich war allein zu Hause, klingelte KD an der Wohnungstür der WG. Zum ersten Mal. Drinnen sagte er, der Überfall auf die israelische Mannschaft bei den Olympischen Spielen in München sei doch wahrlich »eine mutige Aktion der palästinensischen Genossen«. Die Geiselnahme muss da noch angedauert haben, denn das entsetzliche Finale auf einem Hubschrauberlandeplatz in Fürstenfeldbruck war noch nicht absehbar. Blut war aber schon geflossen. Immerhin bewies ich in diesen Minuten Standhaftigkeit. Was als Beleg dafür gelten mag, dass die Unterscheidung zwischen Gut und Böse noch funktionierte. Das sehe ich ganz anders, entgegnete ich. Ich hielte es für feige, kriminell und schädlich für die Linke, friedliche Sportler zu überfallen. Juden zudem! In München, der einstigen Hauptstadt der Bewegung! Das verbiete sich in jeder Hinsicht und müsse von der deutschen Linken verurteilt statt bewundert werden.

KD blieb nicht lange. Was er bei mir wollte, ob er etwas vorhatte mit mir, beschäftigte mich erst später. Als wir drei aus der WG im Verlag um den Schlüssel zu unserer Wohnung gebeten wurden. Auf die Frage, was man damit vorhabe, bekamen wir keine Antwort. Die Bitte wurde, zunehmend drängend, noch mehrfach wiederholt, bis wir zögernd einen Schlüssel herausgaben. Am Abend untersuchten wir die Räume akribisch auf Spuren fremder Nutzung. Ein zerlegtes Bett, einen verschobenen Sessel, einen geplünderten Kühlschrank. Doch wir entdeckten nichts. War der Schlüssel ein Loyalitätstest? Sollten dort Terroristen auf der Flucht untergebracht oder zu einer Besprechung getroffen werden? Oder sollte gar unsere eigene Anwerbung für den Terrorismus vorbereitet werden?

Ganz besonders augenfällig wurden die Grauzonen zwischen Linksradikalismus und Terrorismus, als sich in der Szene herumsprach – es muss Anfang Mai 1972 gewesen sein –, in einem Hörsaal der Goethe-Universität solle ein Tonband Ulrike Meinhofs aus dem Untergrund abgespielt werden. Ich ging hin. Ich wollte das hören. Ich wollte mir ein eigenes Urteil bilden über die politische Argumentation der RAF. Aus Gesprächen im Verlag gewann ich den Eindruck, das ominöse Tonband sei dort womöglich eingegangen und zur Uni weitergeleitet worden. Der Hörsaal war mit ein paar Hundert Linksradikalen gefüllt. Aus Heidelberg war das Sozialistische Patientenkollektiv (SPK) gekommen, eine Vereinigung von Psychiatriegeschädigten, die den Kapitalismus für ihre Verwirrung verantwortlich machten und ihn deshalb mit Gewalt zerstören wollten. Sie traten schrill auf, auch bei dieser Versammlung, und propagierten den bewaffneten Kampf, zu dem Meinhof vom Tonband unverblümt aufrief.

Am anderen Ende des politischen Spektrums traten die führenden Köpfe des Revolutionären Kampfs auf, der bei Opel in Rüsselsheim Autos baute und dabei die Arbeiter zu agitieren versuchte. Betriebsarbeit nannte sich das. Joschka

Fischer und Daniel Cohn-Bendit standen an der Spitze dieser Fraktion, wohnten auch gemeinsam in einer WG im Frankfurter Westend. Genossen waren zudem Johnny Klinke, ein sympathischer Schlaks, der später das Variete Tigerpalast gründete und dort die Creme der Frankfurter Banker mit Champagner begrüßte. Außerdem Klaus Trebes, der exzellent kochte und im Westend ein Sternerestaurant aufmachte, in dem die alte Crew um Joschka Fischer jeweils zum Jahresende erschien, jeder mit einer Magnumflasche feinsten Bordeaux, um die bis zum folgenden Morgen restlos zu leeren. Thomas Schmid vom Revolutionären Kampf brachte es in die politische Redaktion der *Frankfurter Allgemeinen* und später zum Chefredakteur der erzkonservativen *Welt*, wo er sich einen altväterlich umständlichen Stil angewöhnte, als wolle er die revolutionäre Vergangenheit damit wegschreiben. Die historische Aussöhnung von Springer und 68ern, eine Unmöglichkeit, wurde ihm zum Herzensanliegen. Der Revolutionäre Kampf stand im Ruf einer militanten Praxis. Als wieder einmal ein linker Untergrundkämpfer im Spanien des Faschisten Franco hingerichtet worden war, spulte die Gruppe einen exakt durchgeplanten Angriff aufs spanische Generalkonsulat in Frankfurt ab. Für die Polizei wurde weit entfernt ein Ablenkungsmanöver inszeniert. Dann rannten, in mittelalterlicher Formation, drei Reihen von Kämpfern mit Molotowcocktails gegen das Gebäude an. Polizei und Medien recherchierten akribisch, wer schon am Abfüllen der Mollis in einem Keller beteiligt gewesen war, denn die Aktion – Mordversuch? – war strafrechtlich brisant. Doch die linke Omerta hielt, keiner plauderte, keiner mochte Fischer, inzwischen grüner Außenminister, zu Fall bringen.

Bei Ulrike Meinhofs Tonbandaufruf schwankte Cohn-Bendit indes keine Sekunde. Vehement widersprach er der Rekrutierung für den Terrorismus. Das ist nicht unser Weg, das führt in die Niederlage, eine militärische Konfrontation mit dem Staat ist nicht zu gewinnen. Joschka saß hinter ihm. Und schwieg. Wie auch der Gast aus dem Wirtschaftsjournalismus, der das alles mit offenen Augen und Ohren in sich aufnahm. Ich gab Cohn-Bendit innerlich Recht. Die SPK-Leute waren einfach irre. Und die RAF so mörderisch wie selbstmörderisch.

Der schweigsame Joschka ließ sich ab und zu im Verlag blicken. Hielt aber offenbar nicht viel von KD, wie man seiner Miene anmerkte, und kam nur, um Absprachen zu treffen. Man wechselte ein paar Sätze, dann machte Fischer auf dem Absatz kehrt und verließ den Verlag wieder. Ich, der zwiegespaltene Augenzeuge, wurde zum Bewunderer Fischers, als ich ihn bei einer öffentlichen Diskussion mit Carsten Voigt im Frankfurter Volksbildungsheim erlebte. Voigt war gerade dem Juso-Dasein entwachsen und nahm Georg Leber, dem sozialdemokratischen Verteidigungsminister, den Wahlkreis im Taunus ab. Das war eine Niederlage für die rechten Sozis. Fischer aber machte aus der Debatte eine Vivisektion des linken Reformismus. Voigt, dessen Name von den Linksradikalen »Feucht« ausgesprochen wurde, wegen der

Schleimspur, die er angeblich hinterließ, bekam keinen Stich. Er wehrte sich mannhaft, doch dem revolutionären Pathos Fischers hatte er nichts entgegenzusetzen. Die Menge im Saal war hingerissen und jubelte dem revolutionären Triumphator zu. Ich auch. Ach, herrlich, wie der den rosaroten Karrieristen fertiggemacht hatte!

An dieser Stelle ist ein Wort zur Sozialdemokratie fällig, respektive zum Verhältnis zwischen Linksradikalismus und SPD. Das war eine Hassliebe besonderer Art. Vom Sozialistischen Deutschen Studentenbund (SDS), bis dahin offizieller Hochschulverband der Partei, hatte sich die SPD schon 1961 getrennt. Das war ein schwerer Fehler, denn die studentischen Rebellen wandten sich nun frontal gegen die SPD. In Frankfurt zumal, wo der Oberbürgermeister Rudi Arndt ab 1972 für die desaströse Baupolitik, die fortschreitende Zerstörung des Westends und die Serie von Hausbesetzungen verantwortlich war. Arndt, der eigentlich dem linken Parteiflügel angehörte, wurde unsterblich durch seinen Vorschlag, die Ruine der Alten Oper im Herzen der Stadt zu sprengen. Die Linksradikalen standen also im ständigen Kampf gegen den Opportunismus und die Prinzipienlosigkeit der Sozialdemokratie. Und dennoch hatten sie nicht alle Brücken hinter sich abgebrochen. Als 1972 im Bundestag über den Misstrauensantrag Rainer Barzels gegen Willy Brandt abgestimmt wurde, fieberte und jubelte die Szene unverblümt mit dem ersten sozialdemokratischen Kanzler. Der Generalstreikstimmung in Deutschland konnten auch sie sich nicht entziehen. Man saß vor dem Fernsehschirm, wie das ganze Land. Und lag sich in den Armen, als das Ergebnis verkündet wurde. Ich, der Abtrünnige aus dem sozialdemokratischen Elternhaus, in dem die *Frankfurter Rundschau* gelesen wurde statt der *FAZ*, wie bei den meisten meiner gutbürgerlichen Mitschüler, war von ambivalenten Gefühlen beherrscht. Als Brandt gesiegt hatte und die Straßenkämpfer den Müll ihrer Siegesfeiern abgeräumt hatten, war mir zumute, als hätte ich zu viel Schokolade gegessen. Es war die falsche Feier der falschen Leute für den richtigen Mann. Im Mai 1968, als Deutschland bebte und in Paris Barrikaden brannten, hatte Brandt im *stern* seinem protestbewegten Sohn Peter gesagt: „Wer vor seinem 20. Lebensjahr nicht eine Zeit lang Kommunist war, der wird nie ein anständiger Sozialdemokrat.« Ich, der kleine Rebell in Frankfurt, nahm das als Ermutigung. Na, wenn das so ist …

Zurück zu den Übergängen zum Terrorismus. An einem warmen Sommerabend kam der Volontär, der inzwischen auch ein Wirtschaftsarchiv für die Linke im Verlag aufbaute, mit bangen Erwägungen, ob dort womöglich einmal Terroristen ihre Anschlagsziele herausfiltern würden, von VWD anspaziert und sah schon von Weitem eine kleine Gruppe auf der Straße vor dem Roten Stern. Neben einem Auto. Die Genossen amüsierten sich über ein Gerät, das einer in der Hand hielt. Es sah aus wie ein Korkenzieher und diente dazu, wie mir erläutert wurde, Autoschlösser zu knacken. Das Gewinde wurde in den Schlüsselschlitz an der Fahrertür geschraubt, um dann mit einem Ruck das gesamte Schloss herauszureißen.

Das Ding wurde denn auch Korkenzieher genannt. Es gehörte zur Basisausrüstung des Terrorismus, um Fluchtautos zu beschaffen.

Die Frage, was die Genossen im Roten Stern damit wollten, verdrängte ich. Ich musste mir damit schon Mühe geben, denn der Verlag besaß ein Auto, einen alten, sehr komfortablen Mercedes. KD lieh ihn einmal an mich und meine WG-Kumpane aus, um nach Köln zu einem Popkonzert zu fahren. Als wir nach durchkiffter Nacht anderntags nach Holland weiterfahren wollten, wurden wir allerdings nicht über die Grenze gelassen. Von den Holländern. Angeblich, weil wir zu wenig Bargeld dabeihatten. Den geforderten Mindestbetrag allerdings überschritten wir locker, zu zweit mit Freundinnen. Wollten die Holländer, die selbst schon reichlich Langhaarige im Land hatten, nicht auch noch solche aus Deutschland dazu lassen? Oder war das Autokennzeichen auf einer Liste politisch Verdächtiger notiert?

Nach Italien kamen wir problemlos per Auto. Zu viert bildeten wir die Delegation des Verlags Roter Stern auf einem Kongress der linksradikalen Bewegung Lotta Continua in Bologna. Die Stadt war kommunistisch regiert, allerdings reformkommunistisch und die herrschende Partei betrachtete Lotta argwöhnisch. Sie hatte eine Art Arbeitermiliz aufgeboten, um den Kongress im Auge zu behalten und den Radikalen bei Bedarf auf die Schnauze zu hauen. Es kam nicht dazu.

Für mich wurde Bologna zum Erweckungserlebnis. Lotta Continua war überaus sympathisch, führte in Italien einen Kampf gegen die Wohnungsnot, auch mit Besetzungen leerstehender Häuser, und hatte sogar eine eigene Hymne auf Schallplatte gepresst. Ein Ohrwurm. Mitreißend. Ich hatte meine Freundin mitgenommen, die ein Praktikum in einem grafischen Betrieb absolvierte und der Lehrlingsgruppe Rote Panther angehörte, die der Rote Stern ins Leben gerufen hatte. Als die deutschen Besucher zu Beginn des Kongresses formell als Gäste begrüßt wurden, als Delegierte des Roten Sterns und der *Pantere Rosse*, brandete begeisterter Applaus auf. Solche Namen hatten die italienischen Revolutionäre, die auch in der Arbeiterschaft von Fiat verwurzelt waren, den drögen Teutonen nicht zugetraut. Auf der Rückfahrt, das blieb so unauslöschlich in Erinnerung wie das revolutionäre Bologna, hatte ich auf dem Rücksitz Sex mit meiner Freundin, ohne dass es die beiden auf den Vordersitzen merkten. Ein Kunststück. Ein Traum.

Die Idee zu den Roten Panthern hatte KD den Black Panthers entlehnt, einer militanten Bewegung im schwarzen Amerika, die er aus seiner Zeit in den USA im Blick hatte. Die Schwarzen Panther bewaffneten sich in den Ghettos gegen rassistische Polizeigewalt – Waffenbesitz war ja prinzipiell nicht verboten. Als es aber Aufmärsche dieser Miliz gab, mit Gewehren, schwarzen Baretts und schwarzer Kleidung, drehten FBI und Polizei durch. Anführer der Bewegung wurden in ihren Wohnungen überfallen und kurzerhand erschossen, mit fadenscheinigen Begründungen. Sie waren Staatsfeinde Nummer eins. KD holte Aktivisten der Black Panther auch nach Frankfurt, um dort fahnenflüchtige schwarze GI's zu betreuen, die dem Vietnamkrieg entkommen wollten, und ihnen dann zur Flucht nach Schweden zu verhelfen, dessen linkssozialdemokratische Regierung Asyl gewährte. In der Nähe der Uni lebten die Black Panthers in mehreren Altbauwohnungen, in denen es zuging wie in einem Taubenschlag.

Ich sympathisierte innig mit den Schwarzen, die es im Süden der USA immer noch mit dem Ku Klux Klan zu tun hatten. Rassismus war für mich die widerwärtigste Erscheinung auf Erden. Ich war sofort bereit, mit den Genossen aus der WG nachts Plakate der Black Panthers im Frankfurter Westend zu kleben. Das war zwar ordnungsrechtlich nicht erlaubt, aber gang und gäbe in der Metropole der linken Erhebung. Wir beklebten vor allem Litfaßsäulen. Als wir aber die gläsernen Schaukästen jener Tanzschule mit Kleister einpinselten, die ich unlängst noch als Stenz absolviert hatte – mit einer dicken Matrone beim Abschlussball im Zoo-Gesellschaftshaus, eine gruselige Erfahrung, denn sie blickte mich kuhäugig verliebt an und ich hatte größte Mühe, einen Kuss zu vermeiden –, in diesem symbolträchtigen Moment meiner weit fortgeschrittenen Radikalisierung also rief jemand aus der Nachbarschaft die Polizei an.

Die kam auch sofort, es geschah ja an der belebten Bockenheimer Landstraße. Zwei Grüne sprangen aus dem

Streifenwagen, zogen sofort ihre Pistolen und riefen: »Halt! Stehen bleiben, oder wir schießen!« Schießen? Wegen Plakateklebens? Das war ungeheuerlich. Und Ausdruck der Zuspitzung der Verhältnisse in der Bankenmetropole. Trotz der Schießeisen im Rücken war ich so verrückt, zu fliehen, in einen dunklen Hinterhof und über eine Mauer. Die Polizisten waren mit meinen Freunden beschäftigt, die vorsichtigerweise stehen geblieben waren, festgenommen und auf ein Polizeirevier transportiert wurden. Ich beobachtete das aus dem Dunkel – und stellte mich dann freiwillig, denn ich wollte die anderen nicht allein lassen. Auch ich landete also auf einem Revier, zum ersten Mal. Dort wurden wir rüde beschimpft und herumgestoßen, dann aber, nach Aufnahme unserer Personalien, laufen gelassen. Am frühen Morgen waren wir wieder in unserer WG und hatten Gelegenheit, die angedrohte Schießerei zu erörtern. Wenn wir nun vor Gericht gestellt würden und VWD davon erführe, wäre das nicht das vorzeitige Ende des Volontariats? Wurde es nicht.

Das Strafverfahren vor dem Amtsgericht zog sich zwar Monate hin, mit Vorladungen und Vernehmungen – »Die Plakate hat uns jemand an der Uni gegeben, den wir nicht kennen« –, doch am Ende ging die Sache glimpflich aus. Die Justiz folgte nicht dem Furor der Polizei. Am 27. Mai 1971 erging ein Strafbefehl gegen mich. Wegen »Übertretung nach § 366 Nr. 10 STGB in Verbindung mit §§ 36,50 der Polizeiverordnung über die Aufrechterhaltung der Sicherheit und Ordnung auf und an den Strassen der Stadt Frankfurt (M) vom 20.7.1954« wurde eine Geldstrafe von 40 Mark verhängt, ersatzweise zwei Tage Freiheitsstrafe. Hätten die Polizisten geschossen, wäre ich wegen nichts gestorben. Paragraf 33, Ziffer 10 zielte auf den, der »die zur Erhaltung der Sicherheit, Bequemlichkeit, Reinlichkeit und Ruhe auf den öffentlichen Wegen, Straßen, Plätzen oder Wasserstraßen erlassenen Polizei-Verordnungen übertritt«. Kinderkram. Doch mit einer bitterbösen Pointe.

Das Erlebnis beantworteten wir mit eigener Aufrüstung. Wenn die bereit waren zu schießen, wegen solcher Lappalien, dann musste man sich auf alles gefasst machen. Bei fortschreitender Konfrontation auch auf einen Putsch des Sicherheitsapparats. Einen Siegeszug des Faschismus gegen eine wehrlose Opposition wie 1933 durfte es aber nie wieder geben. »Wenn die schießen, schießen wir zurück.« Also musste man sich vorbereiten, solange es noch ging. Wir beschlossen den Kauf von Gewehren bei einem Waffenhändler im Bahnhofsviertel. Wir hatten das damals noch höchst liberale Waffenrecht studiert und wussten, dass Gewehre unschwer zu beschaffen waren. Als wir den Laden betraten, befürchteten wir jedoch, der Händler werde uns hochkant rauswerfen: »Meinen Sie, ich sehe nicht, wer Sie sind und was Sie wollen? Linken Chaoten verkaufe ich keine Waffen!«

Aber nichts da. Der Verkäufer war höflich und bemüht, als habe er es mit Jägern aus Bayern zu tun. Die Erklärung, wir wollten einem Schützenverein beitreten, interessierte ihn nicht im Geringsten.

Die Kleinkalibergewehre waren ohne Weiteres zu kaufen, Personalausweis genügte. Sie mussten dann lediglich per Waffenbesitzkarte bei den Behörden angemeldet werden. Bloß: Wer kontrollierte das? Der Händler meldete seine Kunden nicht. Er empfahl uns ein halbautomatisches Modell, mit dem mehrfach ohne manuelles Nachladen geschossen werden konnte. Wir kauften drei dieser Gewehre mit Munition, grünen Futteralen und Waffenöl zum Reinigen. Die Dinger kosteten auch nicht die Welt. Niemand wunderte sich, als wir mit den Schießprügeln in der Hand mitten in Frankfurt auf die Straße traten.

Zu Hause in der WG packten wir unsere Errungenschaften aus, übten anlegen und zielen, nahmen die Mechanik auseinander und setzten sie wieder zusammen, bis wir die Funktionsweise begriffen hatten. Dann wurden die Waffen in den hintersten Ecken der Kleiderschränke versteckt. Und wir beantragten tatsächlich Waffenbesitzkarten, alles ganz legal. Auch das verlief ohne Komplikationen, niemand fragte auf der Behörde, was wir mit den Gewehren vorhatten. Die Bewaffnung von Linksradikalen, staatlich registriert, war pure Routine. Irgendwann machten wir im Frankfurter Umland einen Schützenverein ausfindig, auf dessen Schießbahn wir unsere Flinten ausprobieren wollten. Doch der ließ uns nicht einfach so auf die Anlage. Wir hätten Mitglieder werden müssen – und vermutlich vertrauenserweckender auftreten. Also entschieden wir uns für eine Pirsch über freies Feld. Irgendwo würden wir die Waffen schon ausprobieren können.

Der Hase brach unserer Skrupellosigkeit die Spitze. Sein Schrei, der schier endlose Kinderschrei, hoch und hell, rief uns zurück in die Wirklichkeit – und zu moralischen Skrupeln. Der Tod des Hasen wirkte in uns nach wie ein Mord. Er war ruchlos und vollkommen sinnlos. Auf der Heimfahrt im VW herrschte Schweigen. Jeder hing seinen Gedanken nach. Es fiel nur ein einziger Satz, dem niemand widersprach: Nie wieder! Wenn schon der Schrei eines Hasen derart erschütterte, wie erst der Schrei eines Menschen? Und wie konnte man sich derart verirren, zunächst den Kriegsdienst zu verweigern und sich dann zu bewaffnen? Sind Menschen unter dem Einfluss der Verhältnisse so zu Nazis geworden, zu Mördern? Dieses Gewehr, das schwor ich mir, würde ich nicht wieder anfassen. Der späte Pazifismus meines Vaters hätte mir doch eigentlich Warnung genug sein müssen. Ich bin wie er, dachte ich.

Linksradikal indes blieb ich. Die Bewegung mobilisierte zwischen 1970 und 1975 beträchtliche Massen, zeitweise war sie politisch tonangebend in der Stadt. An Demonstrationen nahmen leicht 20.000 bis 30.000 Menschen teil. Sie blockierten die Frankfurter City und dominierten mit Songs aus der Arbeiterbewegung der 20er-Jahre und Anknüpfungen an deren Geschichte und Rituale die Kultur. Der Häuserkampf, die Besetzung leerstehender Spekulationsobjekte und die Konfrontation mit Spekulanten – Ignatz Bubis war der bekannteste von ihnen – machte die Bewegung sogar ein wenig populär. Dazu trug freilich auch bei, dass die Linken den Antisemitismus des Frankfurter Kleinbürgertums entfesselten. Einmal hörte ich vom Stiefvater meiner Freundin, der als Buchhalter bei einem Autohändler arbeitete, den unglaublichen Satz, in Frankfurter Mundart: »Von denne Judde habbe se viel zu wenig vergast.« Ich holte tief Luft und wusste: Dem war mit Humanität und Argumenten nicht beizukommen. Im Sommer 1993 brannte das sogenannte Selmi-Hochhaus lichterloh, neben meinem ehemaligen Gymnasium und gegenüber dem Polizeipräsidium. Die schwarze Qualmwolke des Rohbaus, in dem sich Material entzündet hatte – Brandstiftung schied aus –, schraubte sich in den blauen Himmel und wurde überall in der Stadt gebannt verfolgt. Menschen sammelten sich auf den Straßen und jubelten. Frankfurt feierte ein Fest. Mir wurde schnell klar: Sie hielten Selmi für einen Juden. In Wahrheit handelte es sich aber um einen Iraner. Welch aufschlussreiches Missverständnis. Wir hatten mit unserem Häuserkampf die postfaschistischen Geister geweckt. Und mit solchen Leuten wollten wir die Revolution machen.

Mitunter schien die gar nicht mehr so fern. Die linksradikale Bewegung hatte nicht nur erheblich an Masse gewonnen, sondern auch an Militanz. Bei der Schlacht am Kettenhofweg, die historisches Gewicht erlangte, siegte die Linke 1973 erstmals über die Polizei. Unfassbar! Eine mächtige Demonstration gegen die geplante Räumung besetzter Häuser im Westend war akribisch auf Angriff und Gegenangriff vorbereitet worden. Mit Knüppeln, Steinen und Schutzhelmen wurden die grünen Trupps systematisch attackiert. Die erschraken vor der Gewalt und wandten sich zur Flucht. Am Ende der Schlacht war nicht nur der Kettenhofweg »befreit«, die Polizei geschlagen abgezogen, sondern die ganze Stadt benommen. Auch *genommen?* Tagelang, ich sog das neue Lebensgefühl erstaunt in mich auf, war unklar, wer Frankfurt nun eigentlich regierte. Der Staat, die Polizei – oder die militante Linke? Das öffentliche Geheul war beträchtlich. Der sozialdemokratische Polizeipräsident Knut Müller sprach von der »physischen Vernichtung der Polizei«, Franz Josef Strauß beschrie Bürgerkrieg und Anarchie und Hans-Dietrich Genscher, Innenminister in Bonn, gründete die Spezialtruppe GSG-9.

Der irgendwie beklommene Siegesrausch der Linken – so hatte man es auch wieder nicht gewollt – dauerte nicht lange. Nach ein paar Tagen schlug die Polizei, diesmal wohl präpariert, zurück. Und zwar mit unheimlicher Gewalt. Festgenommene wurden auf dem Polizeipräsidium systematisch misshandelt und beim Spießrutenlauf blutig geschlagen. Das Gerücht lief um, sie hätten in den Zellen sogar ihr eigenes Blut vom Boden lecken müssen. Unten und Oben, es war wieder am alten Platz. Ein Untersuchungsausschuss der Linken dokumentierte die Übergriffe, doch die wurden von der anderen Seite glatt bestritten. Staat und Justiz reichten sich unterm Tisch die Hände.

Ich führte privat ein bizarres Leben in diesen ersten Jahren der 1970er. Mit meinem Freund Christian flog ich im Sommerurlaub auf die griechische Insel Lesbos, wo Christians

Tante ein Bauernhaus besaß und als Malerin lebte. Wir beschlossen, um billig zu fliegen, ausnahmsweise bei den fernen Genossen in Ost-Berlin anzufragen. Also schrieben wir – »Werte Genossen«, »Mit sozialistischem Gruß« – an die DDR-Fluggesellschaft Interflug und baten um Beförderung nach Athen. Und wahrhaftig antworteten die werten Genossen, boten einen Flug von Ost-Berlin nach Sofia an, von dort aus weiter mit der bulgarischen Balkan Air nach Athen. Wir griffen zu.

Hinderlich war allerdings ein wenig, dass in Griechenland zu dieser Zeit eine faschistische Militärjunta regierte. Im Urlaub wollten wir das Kim-Buch vom Roten Stern lesen, und es war bekannt, dass bei der Grenzkontrolle in Athen mitgeführte Literatur misstrauisch beäugt wurde. Also tarnten wir den Kommunisten, damit er den Faschisten durch die Lappen ging. Ich brachte es fertig, die Textseiten in den Umschlag eines Buchs über abstrakte Kunst umzukleben, mit einigen Fotos herausragender Gemälde vorneweg. Es wirkte echt – und passierte den schnüffelnden Zöllner am Athener Flughafen unbeanstandet. Der blätterte sich durch die Kunstfotos und legte die Konterbande mit spöttischer Miene zurück in den Koffer. Schwules Zeug …

Auf Lesbos, wo es nur ein einziges kleines Hotel gab, also keinerlei Massentourismus, freundeten wir uns mit einem jungen Anwalt an, der an Geheimaktionen der Opposition gegen die Militärs beteiligt war. Der Anwalt wiederum war mit einem Polizisten befreundet, dem wir zunächst reserviert

begegneten, dann aber zunehmend freundschaftlich, nachdem wir begriffen hatten, dass nicht jeder Polizist ein Faschist
sein musste. Als wir den Anwalt allerdings unverblümt, wenn
auch mit gesenkter Stimme, fragten, ob er Waffen brauche für
den Widerstand, verschlug es selbst ihm die Sprache. Vermutlich fragte er sich, ob er es mit politischen Abenteurern oder
Provokateuren des griechischen Geheimdienstes zu tun hatte.
Er schwieg. Und wir wiederholten die Frage nicht mehr, wir
hatten begriffen, dass wir Idioten waren.

Das waren wir auch bei großmäuligen Gesprächen mit
einem Kunstprofessor aus Düsseldorf, der bei der Tante
Urlaub machte. Der fragte nach unserem revolutionären
System und nach dem Platz, der darin für ihn vorgesehen sei,
den Kunstmaler. Ein sicherer, antworteten wir auftrumpfend. Er werde Staatsaufträge erhalten und gut davon leben
können. Und wenn er nicht so male, wie der Staat es wolle?
Dann müsse er sich vielleicht einen Ruck geben – oder seine
Bilder im Ausland verkaufen. Der Professor sah uns an und
wir erkannten an seinem Blick, einer Mischung aus Ironie
und Abscheu, was er dachte: Diese Jungs dürfen niemals
etwas zu sagen bekommen. Ihre Revolution führt in den
Stalinismus.

Oder in den Maoismus, mit seiner kulturrevolutionären
Gewalt. Von der Gewalt hatten wir noch nicht gehört oder
gelesen, wir glaubten die Propagandatöne von der permanenten Revolution, der Revolution der Revolution. Theoretisch bestechend, im wahren Leben aber voller Blut und

Entwürdigung. Wir hatten uns die kleine rote Mao-Bibel zugelegt, die bekam man in allen linken Buchhandlungen, und studierten die schlauen Sprüche des großen Steuermannes. Eine Revolution ist kein Deckchensticken … Das fanden wir auch. Doch dass solche Weisheiten Blut und Hirn spritzen ließen, herausgeprügelt aus Opponierenden, Unbequemen, Abweichenden, und seien sie bis dahin auch Genossen gewesen, das wollte uns nicht klar werden.

Jedenfalls fuhren wir eines Sonntags zum Frankfurter Flughafen, um dort die Tischtennisnationalmannschaft aus dem Reich der Mitte zu begrüßen, die in einem Akt der Sportdiplomatie in Westdeutschland Sympathien für ihr Land wecken sollte. Wir warteten lange am Ausgang, und als die müden Chinesen nahten, zückten wir die kleine rote Bibel und wedelten mit ihr, jeder mit der Seinen, als die Gäste vorüberkamen. So hatten wir es in *China im Bild* hundertfach gesehen und als revolutionäres Ritual aufgenommen. Die Chinesen allerdings blickten uns irritiert bis abschätzig an. Was sie wohl dachten? Was sind das für Abseitige, die uns hier, im fernen Europa, wieder mit der roten Bibel kommen? Den Bibel-Schüttlern blieb das natürlich nicht verborgen. Keiner der Chinesen fiel uns um den Hals, wie wir das erträumt hatten, keiner lächelte auch nur. Wir begriffen: Wir hatten uns zu Deppen gemacht. Was unseren naiven Blick auf China sofort und nachhaltig trübte. Nie wieder taten wir Ähnliches. Die Genossen der China-affinen Kleinstparteien waren fortan bloß noch arme Irre.

Umso interessanter wurde Nordkorea. Dessen Juche-Ideologie (gesprochen: Dschudsche) beschrieb einen strikten Kurs der Unabhängigkeit sowohl von der Sowjetunion als auch von China. Auf die eigene Kraft der Koreaner vertrauend. Das führte, wie im Roten Stern ehrfürchtig erzählt wurde, zu schärfster Abgrenzung von beiden Lagern. Sobald eine Moskau- oder Peking-Fraktion im Politbüro der Arbeiterpartei erkennbar wurde, sei sie von Kim Il-Sung kurzerhand aus dem Sitzungssaal gebeten und vor den Türen umstandslos erschossen worden. Dass solche asiatischen Sitten auf junge Europäer, die sich selbst für antiautoritär hielten, eine Faszination ausübten, entlarvt wieder einmal die Legende von den 68ern.

Es ist nun unumgänglich, das Führungspersonal des Verlags Roter Stern ein wenig vorzustellen. Mit KD Wolff arbeiteten dort Wilfried Böse, genannt »Boni«, und Johannes Weinrich, genannt »Hannes«. Um es vorwegzunehmen: Die beiden gründeten die Revolutionären Zellen, die neben der RAF und der Bewegung 2. Juni zum dritten Arm des deutschen Terrorismus wurden. Das ahnte ich natürlich nicht, als ich sie im Verlag kennenlernte. Boni mit seinem hängenden Schnauzbart und den ungepflegten Haaren war ein eher verschlossener Typ. Er war Reisender in Sachen Revolution. Als ich ihn eines Tages naiv fragte, warum er denn einen Anzug trage, weißes Hemd und Krawatte, da antwortete Böse schlapp, er besuche die Buchhandlung Roter Stern in Bochum, die mit dem Verlag in enger Verbindung stand. Im bürgerlichen Outfit zu einer linksradikalen Buchhandlung? Niemand in der

Szene war so unterwegs, es sei denn, er wollte sich als Bürgerlicher tarnen. Für diese einfache Erkenntnis allerdings war ich damals zu unbeleckt. Vermutlich reiste Boni schon nach Paris, wo sich der spätere Top-Terrorist Carlos in Stellung brachte, und an andere Schauplätze klandestiner Aufrüstung, in den Nahen Osten etwa. Boni mit dem rollenden R jedenfalls war mehr fort als in Frankfurt. Und Weinrich, ein weicher Typ mit sinnlichen Lippen, spielte eher die Karte Frauenheld, bis auch er kostümiert verschwand. Er unterschied Frauen nach ihren Hintern. »Apfelarsch« oder »Birnenarsch«. Er liebte den Apfel, verschmähte aber auch die Birne nicht. Was die beiden taten und wie sie endeten, bleibt zu schildern.

Zunächst gilt es, die Kim-Connection näher ins Auge zu fassen, denn die Verbindung mit Nordkorea könnte dabei eine wichtige Rolle gespielt haben. Das Kim-Buch im Verlagsprogramm wurde von Pjöngjang bezahlt, wie mir jemand schilderte, der mit einer Delegation des Roten Stern zur Botschaft Nordkoreas nach Ost-Berlin fuhr. Ich hatte unbedingt dabei sein wollen, konnte aber nicht, weil ich mit Grippe im Bett lag. In der Botschaft wurden die Frankfurter in einen Kinosaal geführt, um einen Propagandafilm anzuschauen, dann wurden sie an einen Konferenztisch gebeten. Und bekamen einen Aktenkoffer mit gebündeltem Bargeld zugeschoben. Das mag die Kosten des Buchs gedeckt haben. Es könnte aber auch zu mehr gedient haben, zur Finanzierung der Revolutionären Zellen nämlich. Darauf deutet manches hin.

Jedenfalls reisten KD, Boni und Hannes nach Nordkorea. Was sie dort mit wem besprochen haben, wurde vor dem niederen Personal des Verlags nicht ausgebreitet. Nur Touristisches und Sexistisches wurde preisgegeben. Sie waren nach Panmunjom gefahren, um vom Norden aus, in Begleitung hoher Militärs, mit dem Fernglas über die Waffenstillstandslinie hinweg amerikanischen Soldaten ins Gesicht zu schauen, wie sie auch in Frankfurt zu Tausenden stationiert waren. Zu den Souvenirs der Reise zählten Flaschen mit Ginseng-Schnaps, in den kleine Schlangen eingelegt waren. Sank der Schnapspegel, wurde die Schlange mit einem Stäbchen heruntergedrückt, um nicht oben an der Luft zu verwesen. Die Delegation war von den Generälen in ihrer Begleitung sehr angetan – prächtige Burschen. Zu beanstanden hatten sie allerdings, dass ihnen zur Auflockerung der Reise keine willigen Koreanerinnen zugeführt worden waren. Kims Reich war ein prüdes Reich. Und das schmerzte nicht nur den Liebhaber des Apfelarschs.

Die Reisetätigkeit der Verlagsleute in Sachen Korea war damit aber keineswegs erschöpft. Damals gab es in Westeuropa offenbar nur zwei Botschaften Kims, eine in Wien und eine in Luxemburg. Im Verlag erzählte man, ein paar Leute seien in Luxemburg gefragt worden, ob es in Deutschland einen Befreiungskampf gebe, man könne Waffen liefern. Diese Schilderung führte später dazu, dass ich, als kleiner Angeber, in Griechenland dem schockierten Anwalt Waffen anbot. Die könnte ich in Luxemburg …

Weinrich war im Auftrag Nordkoreas unterwegs. Im Ruhrgebiet wurden südkoreanische Bergleute agitiert, die bei der
Ruhrkohle arbeiteten. In Frankfurt kam es dann noch dicker,
unverblümter. Hannes setzte Christian und mich unter Druck,
ihn bei einer Aktion gegen eine Aufführung südkoreani-
scher Taekwondo-Kampfsportler in der Jahrhunderthalle in
Hoechst zu begleiten. Erst als wir zögernd Ja gesagt hatten,
wurde uns die ganze Planung enthüllt. Dafür waren auch
unsere beiden Freundinnen vonnöten, die zusätzlich gekeilt
wurden. Weinrich wollte den Kampfsportabend per Telefon
mit einer anonymen Bombendrohung sprengen. Ließen sich
die Veranstalter aber nicht beeindrucken, dann sollten wir –
Christian oder ich – eine Rauchbombe zünden. Die solle in
einer Handtasche der Frauen in die Halle geschmuggelt werden. Erst am Abend, bevor wir losfuhren, zeigte Hannes die
Bombe. Es war eine große, grün lackierte Dose aus Beständen
der Bundeswehr, passte gerade in die Handtasche meiner
Freundin. In mir sträubte sich alles gegen den Anschlag, doch
wir waren zu feige, abzuspringen. Vielleicht bräuchten wir
das Ding ja gar nicht zu zünden, machte ich mir Hoffnung,
weil die Halle schon nach der telefonischen Drohung geräumt würde. Christian und ich flüchteten in Galgenhumor,
die Frauen hatten vor Nervosität gerötete Gesichter. Weinrich blieb cool.

Warum wir tatsächlich mitmachten, ist mir bis heute rätselhaft. Außer Opportunismus und Gruppendruck kann ich
keine Motive ausmachen. Edle schon gar nicht. Ja, gewiss, der

südkoreanische Präsident Park Chung-hee war ein Diktator. Aber das rechtfertigte keinen Angriff auf koreanische Sportler und deutsche Zuschauer.

Wir saßen in einer der mittleren Sitzreihen. Weinrich nahm am Mittelgang Platz. Die Halle war ausverkauft. Als die Vorführung begann, ging er hinaus, um aus einer Telefonzelle anzurufen, die angebliche Bombe zu annoncieren. Er kam zurück. Setzte sich. Und die Vorführung wurde kurz unterbrochen. Ein Sprecher gab die Bombendrohung bekannt, fügte aber gleich hinzu, dass man ihr nicht glaube und fortfahren wolle. Applaus. Nun galt es. Weinrich zischte uns zu, irgendwer müsse die Bombe zünden und im Mittelgang zwischen den Sitzreihen hinunterrollen lassen. Es sei ganz einfach. Die Aufmerksamkeit des Publikums sei auf die Bühne gerichtet. Dort wurden unterdessen Holzbretter mit der Faust zerschlagen und Steine mit dem Fuß zertrümmert. Doch wir weigerten uns, einer nach dem anderen. In mir kroch nicht nur Angst empor, würgende Angst, sondern auch Empörung. Zum ersten Mal. In der Halle saßen ganz normale Leute, wie meine Eltern und deren Nachbarn. Die hatten mit dem Kalten Krieg in Korea nicht das Geringste zu tun. Terror gegen solche Menschen? Niemals. Nicht mit mir. Christian und die beiden Frauen dachten genauso. Weinrich wartete ein paar Minuten, dann ließ er sich die Rauchbombe aus der Handtasche reichen, zog zwischen seinen Beinen den Ring und rollte die fauchende Dose den Mittelgang hinab. Das rumpelnde Geräusch auf dem Holzboden und der weiße Rauch ließen die Menschen erschrocken aufspringen und in Panik aus der Halle drängen. Unter hysterischem Geschrei. Die fünf vom Roten Stern drängten mit, vier von ihnen erleichtert, dass nun auch sie entkommen konnten.

Auf der Rückfahrt im Auto verwandelte sich unsere Angst in Euphorie. Weinrich war kurz angebunden, stockig. Wir anderen aber waren erleichtert und in bester Laune, weil wir uns nicht hatten verführen lassen. Endlich fanden wir den Mut ihm zu eröffnen, dass wir an Derartigem nicht mehr beteiligt sein wollten. Später, sehr viel später, ging mir durch den Kopf, dass diese Attacke womöglich ein Test war, um meine Eignung für den Untergrund zu erproben. Oder mich sogar schon für die Revolutionären Zellen zu rekrutieren. Wir hatten uns verweigert und waren durchgefallen. Ich wurde nie wieder behelligt von Weinrich.

Die Aktion in der Jahrhunderthalle könnte aber auch der Beginn jenes Auftragsterrors gewesen sein, mit dem Hannes später, an der Seite von Carlos, Furore machte. In diesem persönlich erlebten Fall für Nordkorea, mit Geld aus Pjöngjang; in späteren Fällen für nahöstliche Mächte.

Denn Weinrich und Böse, mit denen ich im Roten Stern Umgang gehabt hatte, stiegen zu internationalen Topterroristen auf. 1972 gründeten sie die Revolutionären Zellen, ohne dass ich es bemerkt hatte. 1975 verschwanden sie von der Bildfläche und absolvierten ein Ausbildungslager der palästinensischen PFLP unter Wadi Haddad. Da hatte ich schon meinen Zivildienst abgeleistet, studierte an der Frankfurter

Universität und arbeitete nebenher wieder als Redakteur bei VWD. Boni, so erfuhr ich aus den Medien, entführte im Sommer 1976 eine Air-France-Maschine mit überwiegend jüdischen Passagieren ins ugandische Entebbe. Dort selektierte er als Mitglied des palästinensischen Kommandos israelische Passagiere – die erste Judenselektion durch einen Deutschen seit 1945. Das war so geschichtsblind, dass die Frankfurter Linksradikalen vereint waren in Entrüstung. Es war der moralische Offenbarungseid des bewaffneten Kampfes. Ein israelisches Militärkommando machte der Geiselnahme ein Ende, landete nachts auf dem Flughafen Entebbe, erschoss die Entführer, auch Böse, und befreite die Geiseln. Immerhin, berichteten Augenzeugen, schoss der Deutsche nicht auf sie, sondern riet ihnen, sich in den Toilettenräumen zu verstecken. Eine kranke alte Dame, die in eine ugandische Klinik gebracht worden war und deshalb nicht ausgeflogen werden konnte, wurde indes nach der Befreiungsaktion auf Befehl von Diktator Idi Amin umgebracht.

Weinrich schloss sich als »Adjutant«, wie es hieß, dem internationalen Topterroristen Carlos an, der durch den Überfall auf die Opec-Konferenz 1975 in Wien weltberühmt geworden war. Die Carlos-Gruppe nahm Geld von Geheimdiensten, darunter jene von Libyen, Syrien und Rumänien, und verübte dafür eine Serie von Terroranschlägen. Weinrich wurde etwa verdächtigt, 1975 eine Maschine der israelischen Linie El Al auf dem Flughafen Paris-Orly mit einer Rakete beschossen zu haben. Im Sommer 1983 legte er im Auftrag Syriens eine

Bombe im französischen Kulturzentrum Maison de France am West-Berliner Ku'damm und tötete dabei einen linken Demonstranten, der eine Protestresolution gegen Frankreich übergeben wollte. Bomben jedenfalls waren Weinrichs Spezialität. 1995 wurde er vom Südjemen an Deutschland ausgeliefert und fünf Jahre später in Berlin zu lebenslanger Haft verurteilt.

Es muss 1975 oder 1976 gewesen sein, da begegnete ich, schon als Student und Jungjournalist, dem Mann, der »Hannes« gewesen und nun abgetaucht war, durch Zufall auf der Straße. Weinrich trug einen Anzug, war extrem schlank und kam vom Verlag Roter Stern, der inzwischen in eine alte Villa im Frankfurter Nordend umgezogen war, nur wenige hundert Meter entfernt vom Wohnhaus der WG. Ich hatte in der Zeitung gelesen, dass Weinrich im Zusammenhang mit dem gescheiterten Raketenanschlag in Paris gesucht wurde, entschied mich aber dagegen, die Straßenseite zu wechseln. Auch er nahm die Begegnung an. Wir grüßten einander und tauschten ein paar Floskeln aus, dass es uns gut gehe und wie überrascht wir seien von der Begegnung. Also dann, ciao, mach's gut. Das war's.

KD Wolff, der Verlagsgründer, verwischte derweil die Spuren dessen, was im Roten Stern begonnen hatte. Er kaufte den Verlag Stroemfeld, benannte den Roten Stern etappenweise um und wechselte vom Revolutionären ins Schöngeistige. Als Erster publizierte er Friedrich Hölderlins Handschriften als Faksimiles. In den Feuilletons wurde er dafür gerühmt, der Hölderlin-Fan Helmut Kohl organisierte eine Initiative zur

Finanzierung und griff ihm selbst mit einer Spende unter die Arme. Es folgten ähnlich ambitionierte Projekte zu Kleist, Kafka, Robert Walser und Gottfried Keller. 2009 erhielt der Mann, in dessen Räumen die Revolutionären Zellen entstanden waren, das Bundesverdienstkreuz. Wie er sich strafrechtlich aus der Schusslinie gebracht hat, weiß ich nicht. Er müsste eigentlich befragt worden sein zu Weinrich und Böse – und was er von ihren Feldzügen wusste. Später war KD bei einer Fernsehtalkshow in Frankfurts Alter Oper zu sehen. Da wurde der Schöngeist gefragt, was denn der Name Roter Stern zu bedeuten gehabt habe. Er gab zur Antwort, es handele sich um eine Popikone. Atemberaubend. Niemand brach in Gelächter aus. Wolff kam durch damit.

Ich entschloss mich 1973 zum Bruch mit dem Vergangenen. Radikal. Von einem Tag auf den anderen beendete ich meine schizophrene Existenz. Zunächst lief 1972 mein Volontariat bei VWD aus und ich wurde als Redakteur übernommen. »Herr Jörges nutzte die ihm gebotenen Möglichkeiten mit großem Erfolg«, hieß es in meinem Zeugnis. »Wegen seiner überdurchschnittlichen Leistungen – u. a. konnten ihm schon frühzeitig selbständig Aufgaben im Bereich der Finanz-, Effekten- und Warenmarktberichterstattung übertragen werden – wurde die auf 2 ½ Jahre angelegte Ausbildungszeit um 10 Monate verkürzt.« Der Linksradikale war zum Finanzmarktspezialisten geworden. Nun kündigte ich den frisch unterschriebenen Redakteursvertrag, um ein Studium zu

beginnen und bei VWD nur noch nebenher Geld zu ver-
dienen – wie ich es von Anfang an geplant hatte. Dabei wusste ich, dass das Studium nicht von Dauer sein würde. Am 3.
Oktober 1972 schrieb ich mich zum Studium der Gesell-
schaftswissenschaften und der Germanistik an der Goethe-
Uni ein, bereits am 15. Januar 1973 exmatrikulierte ich mich
wieder, denn ich wurde zum Zivildienst einberufen. Während
des Volontariats war ich vom Zivildienst zurückgestellt worden, nun wurde er fällig. Das war in jeder Hinsicht ein tiefer
Einschnitt in meine Existenz. Auch das bot Gelegenheit zur
Besinnung.

Nun machte ich Schluss mit dem Linksradikalismus. In
Frankfurt wurde eine Rote Hilfe gegründet, nach West-Berliner Vorbild. Sie sollte inhaftierten Genossen beistehen. Im
Roten Stern wurde ich ermuntert, mir das anzuschauen und
zu den Gründungsversamm-lungen zu gehen. Dort führte
Hans-Joachim Klein in hessischer Mundart das große Wort.
Der war kein linker Intellektueller, sondern ein schlichter, ungemein großmäuliger Proletarier, um nicht zu sagen: Pro-
let, der an den maroden Autos der Szene herumschraubte,
auch an dem von Joschka Fischer. Zweimal ging ich, innerlich zweifelnd, zu den Treffen, dann war klar, worauf die Rote
Hilfe hinauslaufen sollte. Sie war eine Vorfeldorganisation,
ein Rekrutierungsbecken des Terrorismus. Inhaftierte RAF-
Kämpfer sollten im Gefängnis besucht werden, um Botschaften und womöglich auch anderes zu schmuggeln. Klein
trompetete unablässig dafür, ein Großteil des Publikums aber

fürchtete das Abgleiten in den bewaffneten Kampf. Ich auch. Die zweite Versammlung verließ ich vorzeitig. Stand einfach auf, ging grußlos aus dem Raum, stieg draußen in meinen VW und fuhr davon. Die Abreise war endgültig. Das war's jetzt, dachte ich. Es reicht. Bloß weg hier. Nie wieder. Wie konntest du nur so blöd sein, so weit zu gehen. Ich brach alle Brücken ab, ging nicht mehr in den Verlag und trennte mich von denen, die bis dahin »Genossen« gewesen waren.

Hans-Joachim Klein schloss sich, wie Weinrich und Böse, den Revolutionären Zellen an. 1975 war er unter dem Kommando von Carlos am Überfall auf die Konferenz der Opec-Ölminister in Wien beteiligt, wurde dabei angeschossen und verschwand zunächst im Nahen Osten, bis er sich in seinen Verstecken in Italien und Frankreich vom Terrorismus lossagte.

Bei der spektakulären Geiselnahme in Wien hatte ich den Zivildienst schon hinter mir und verfolgte staunend in den Nachrichten, was aus dem Großmaul geworden war, das drei Jahre zuvor versucht hatte, mich in den Terrorismus zu locken. Zunächst aber musste ich den Abschied von meiner Doppelexistenz und den Absturz ins Kleinbürgerliche verkraften. Ich wohnte mit meiner Freundin und späteren ersten Frau allein in der WG-Wohnung. Christian und Klaus zogen aus, weil ihnen die Sache zu spießig wurde – und die Frau im Nebenzimmer zu nervig. Sie gründeten eine neue WG, bis sich Christian ebenso abrupt vom Linksradikalismus abwandte wie ich. Auch er lebte nun allein mit einer Frau. Ich sah ihn erst viele Jahre später wieder.

Beim Zivildienst – oder Ersatzdienst, was damals geläufiger war – entschied ich mich für die Offene Altenhilfe. Man wurde in einer Seniorenwohnanlage stationiert, hatte dort Hausmeister- und sonstige Helfertätigkeiten zu verrichten und betreute Alte, die in der eigenen Wohnung lebten, sich aber allein nicht mehr richtig versorgen konnten. Das war eine ungemein lehrreiche Einführung ins wirkliche Leben. Ich sah das Elend, das hinter den Fassaden der Großstadt verborgen war und bei dessen Versorgung sich die Diakonissen der evangelischen Kirche die Absätze schiefliefen. Niemals indes sah ich in der sozialdemokratisch regierten Stadt einen Sozialarbeiter im Außeneinsatz. Jedenfalls nicht im Nordend, wo ich unterwegs war. Die saßen hinter ihren Schreibtischen in den Sozialstationen und stempelten Formulare.

Dass es hier um eine sozialdemokratische Veranstaltung ging, war einmal im Jahr auf spektakuläre Weise zu erleben. Wir Zivis fuhren Essen auf Rädern für die Alten in Aluschalen aus, die in Styroporkästen warmgehalten wurden. Das beste Essen des Jahres gab es indes nicht zu Weihnachten, sondern – Aufmarschtag von SPD und Gewerkschaften – am 1. Mai. Da wurde pro Person ein ganzes Grillhähnchen in eine Alupackung gepresst. In der Stadtküche, die das Essen zubereitete, mussten Helfer damit beschäftigt sein, den Hähnchen die Knochen zu brechen, sie platt zu schlagen, bevor eine Aluhülle über den Torso gezogen wurde. Eine sich immer noch mächtig wölbende Hülle. Ansonsten war das Essen eher dürftig. Ich holte es jeden Tag in einer Kirchengemeinde ab, nicht weit entfernt von meiner Wohnung im Nordend. Wer von den Alten noch gut zu Fuß war, konnte sich das warme Mittagsmahl dort auch selbst besorgen – und dabei ein wenig plaudern. Oder sich auf andere Weise vergnügen. Eines Tages überraschte ich einen Alten, der hinter einer Tür eine Seniorin vögelte, im Stehen, und dabei mit der Linken auch noch die Tür zuhielt.

Anfangs fuhr ich das Essen in meinem schwer mitgenommenen VW Käfer aus – er hatte eine Massenkarambolage auf der Autobahn überstanden –, die Styroporkiste auf dem Rücksitz. Und die Altenhilfe erstattete mir das Benzin. Dann aber musste ich Gamma, unseren jungen Hund, den Bastard von Diether Dehm, mitnehmen, denn alleine zu Hause verwüstete er aus Langeweile die Wohnung, riss die Linoleumplatten in der Küche heraus und kaute die Ecken rund, transportiere Eierkohlen aus dem Schütter aufs Bett und spielte dort den Tag über mit den schwarzen Steinen. Die Schweinerei war ungeheuer. Auf dem Rücksitz des VW aber vergriff er sich an den sorgfältig abgezählten Essensportionen, während ich gerade eine Alupackung in eine Wohnung trug. Es gab etwa Grüne Soße, mit Kartoffeln und gekochten Eiern. Die Eier standen separat auf der Styroporkiste und waren sorgfältig abgezählt. Jedem Senior standen zwei Eier zu. Die Stadtküche hatte sich aber verzählt und zu wenig angeliefert. Also musste ich vor der Ausfahrt überlegen, wer nur ein Ei bekommen sollte. Gamma indes liebte ebenfalls Eier. Als ich zurückkam von einer Lieferung, hatte der Hund schon mehrere auf dem Rücksitz verspeist. Schwanzwedelnd begrüßte er mich inmitten der Schalen. Schimpfen war nutzlos. Ich musste ihn wieder zu Hause lassen

Das Auto konnten wir uns bald nicht mehr leisten, und so fuhr ich das Essen fortan auf einem Mofa aus – mit einer Plastikkiste hinten quer. Nach meiner Erinnerung erhielt ich monatlich 120 Mark Wehrsold, meine Freundin noch weniger für ihre Praktikum. Wir hatten monatlich etwa 200 Mark zur Verfügung, die Miete wurde von der Sozialhilfe getragen. Und das war ein Behördenirrtum, wie sich am Ende meines Zivildienstes herausstellte. Glücklicherweise forderte der Staat das Geld nicht zurück. Wir kamen gerade so über die Runden. Man kann sich auf alles einstellen, auch auf Leberwurst und Margarine. Mittags wurde auch ich von der Stadtküche versorgt. Und einmal pro Woche gingen wir zu zweit in ein Lokal, das prächtige Schnitzel für 6,50 Mark auf der Karte führte. Ein Festessen. An Feiertagen waren wir bei meinen Eltern eingeladen, die sich unheimlich freuten, dass ihr Sohn die Revolution drangegeben hatte.

Ich fuhr also bei Wind und Wetter, bei Schnee und Glatteis, mit dem Mofa durch den Frankfurter Norden. Bei Kälte trug ich eine gefütterte Panzermütze auf dem Kopf. Da ich den Klettverschluss vor dem Mund gelöst hatte, flatterten die beiden Enden des Mundschutzes lustig neben meinem Kopf. Wie die Flügel eines Vogels. Der Anblick machte mich zum Gespött eines ganzen Pausenhofs, als ich so am Gymnasium meiner Freundin vorüberfuhr. Sehr peinlich für einen Ex-Revolutionär.

Unpolitisch war ich nicht geworden, ich bezog weiter das *Kursbuch* im Abonnement, aber ich hatte die chinesischen Gazetten gekündigt. Die Kopie eines Essays aus dem *Kursbuch* schmuggelte ich einmal in die DDR, um meiner Cousine zu zeigen, was ihre Alters- und Intelligenzklasse im Westen bewegte. Eine Schallplatte der Rolling Stones, es war *Beggars Banquet,* meine Lieblings-LP, bekam ich dagegen nicht über die Grenze. Ich saß allein in der zweiten Klasse, Mutter und Schwester in der ersten. Diesen Luxus hatte ich verweigert, als Angeber aus dem Westen mochte ich nicht in der DDR einlaufen. Der Offizier der Grenztruppen konfiszierte die LP sofort, ließ sich natürlich nicht auf die Argumentation ein, fortschrittliches Liedgut sei doch erlaubt. »Was fortschrittlich ist, überlassen Sie mal uns«, lautete die geradezu klassische Antwort des Staatsdieners Ost. Der Uniformierte war ansonsten aber ausgesucht höflich und jovial, erkundigte sich, was ich denn so täte in Frankfurt, und als er hörte: »Ersatzdienst«, erlaubte er mir, auf dem Bahnsteig eine Rücksendung der Stones an meine eigene Adresse zu packen. Sie kam auch an.

Ich reiste während des Zivildienstes einige Male zu meinen Verwandten in die DDR. Meine Freundin und spätere erste Frau war von dem Leben und den engen sozialen Kontakten der Menschen dort, Günter Gaus sprach von einer »Nischengesellschaft«, ungemein beeindruckt. Sie war bis dahin noch nicht in der DDR gewesen und hatte so etwas überhaupt noch nie erlebt: Wie man sich gegenseitig half, wie man miteinander

feiere, wie Betriebskollektive ins Theater gingen und damit
ihrem Kulturplan Leben einhauchten. Meine Tante Lore war
als einzige der drei Schwestern in der DDR geblieben. Sie und
ihr Mann Lothar wurden Aufsteiger-Ost, qualifizierten sich
neben der Arbeit im Fernstudium zu Ingenieuren, was mit drei
Kindern eine ungeheure Energieleistung war, und machten
zunehmend ihren Frieden mit dem real existierenden Sozialismus. Der war zwar höchst unvollkommen, doch ein sozialer
Absturz, wie wir ihn im Westen erlebt hatten, war in der DDR
nicht zu fürchten. Die mehrtägigen Besuche in Bad Salzungen
wurden zu mitreißenden Dauerdebatten über Brandts Entspannungspolitik und die Vorzüge der Systeme. Ich machte
meinen eigenen Systemvergleich, nach meinen Maßstäben,
und verachtete diese Art Sozialismus mehr denn je. Zu viel
erinnerte an den Faschismus, nun rot statt braun. Als meine
Cousins die Jugendweihe erhielten und das im großen Saal
des Kurhauses im Nazistil zelebriert wurde, stolzierten Offiziere der Nationalen Volksarmee in Paradeuniformen herein, mit Ehrendolch am Gürtel. Die Uniformen waren denen
der Wehrmacht ohnehin verwandt, die Dolche aber machten
mich sprachlos. Dieser Sozialismus wollte die Reste des Nazismus mit dessen eigenen Mitteln schlagen.

All das festigte mich nur in meiner Abscheu vor Partei-
kommunisten östlicher Prägung im eigenen Umfeld. Ich gehörte nun der Selbstorganisation Zivildienstleistender (SO)
an, die im Vergleich zu meiner linksradikalen Schule harmlos
wirkte wie ein Kindergarten. Für die DKP aber war alles, was

die Bundeswehr schwächte, von höchstem strategischen Interesse. Den unverfrorenen Lügen dieser mit Parteiauftrag eingeschleusten Kommunisten musste man vehement entgegentreten. Und den Kampf um Funktionen und Ämter beinhart ausfechten. Wer sie geschickt hatte, erkannte man, sobald sie in Diskussionen und Resolutionen jedes kritische Wort zur Aufrüstung des Ostens zu neutralisieren versuchten. Wenn man sich ein wenig Mühe gab, trieb man sie zu dem Offenbarungseid, Atomraketen des Westens seien Vorbereitung auf den Krieg, während Atomraketen des Ostens dem Frieden dienten. Es war ein hartes und wegen kompromisslerischer Tendenzen in der SO leider oft vergebliches Ringen, Aufrüstung in West *und* Ost gleichermaßen anzuprangern. Die DKP-Funktionäre waren geschult, menschlich schwer erträglich und unerschütterlich linientreu.

Meine Freundin bekam es bei ihrer Ausbildung mit einem DKP-Betriebsrat zu tun, der regelmäßig schriftliche Berichte über die Entwicklung der Firma verfasste, mit Charakterisierungen handelnder Personen – zur Weiterleitung nach Ost-Berlin. Für die Anwerbung von Agenten konnten das wichtige Fingerzeige sein. Der Kollege gestand ihr, solche Berichte seien überall Auftrag für DKP-Betriebsräte. Im Betriebsrat von VWD bekam ich es selbst mit einem solchen Exemplar zu tun. Er berichtete von der Hamburger Börse, tarnte sich sorgfältig und täuschte mich mehrfach bei Abstimmungen im Betriebsrat. Wenn andersartige Linke das Sagen hatten, musste man die reinlegen, wo immer es ging, und bei günstiger

Gelegenheit ganz loswerden – dieser Maxime folgte er. Nach der Ausbürgerung Wolf Biermanns aus der DDR diskutierte ich eine ganze Nacht mit diesem Pseudogenossen über den poststalinistischen Skandal. Trotz fortschreitender Trunkenheit gab er nicht einen Millimeter nach. Nein, die DDR hatte keinen Fehler gemacht. Gespräche mit solchen Leuten waren fruchtlos. Man musste sie bekämpfen. Mitleidlos. Was ich im Betriebsrat dann auch tat. Er wusste, dass ich wusste. Und wehrte sich nicht mal.

Die Auflösung der eigentumslosen Wohngemeinschaft, der Rückzug aus dem Linksradikalismus und der Antritt zum Zivildienst, alles zur selben Zeit, sind mir als tiefe emotionale Erschütterung in Erinnerung. Einsamkeit, Wehmut und Sehnsucht nach den Gefährten, die das alte Leben woanders fortsetzten, quälten mich über Monate. So ähnlich muss Alkoholentzug bei einem Abhängigen sein. Nur allmählich, unter Schmerzen, erhebt sich der neue Mensch. Ich schob nun keine Wolken mehr, ich stürzte mich ins Konkrete. Hingabe an Notleidende, das ist kein zu bombastischer Begriff, Bindung an andere, die nichts dringender brauchten als solche Bindung, veränderten von Grund auf meinen Blick aufs Leben, machten aus mir diesen neuen Menschen.

Als Zivi war ich allein unterwegs. In der Offenen Altenhilfe bekam jeder einen Stadtbezirk zugeteilt, für den er verantwortlich war. Nur selten, bei einer Besprechung in der Zentrale, sah ich Kollegen. Meine Zeit aber verbrachte ich damit, mir den Kopf zu zerbrechen über jene, die ich jeden

Tag besuchte, die das Gespräch mit mir herbeisehnten und die Halt an mir fanden. Das Überbringen des Mittagessens war dafür nur die organisatorische Krücke. Zwanzig bis dreißig ältere Menschen hatte ich zu versorgen. Leichte Fälle waren nicht dabei. Jeder war auf seine Weise vom Leben, vom System zermalmt und ausgespuckt worden. Ich versuchte für jeden ein Ohr zu haben und ein Wort zu finden. Oft musste ich tief durchatmen, wenn ich die Visite hinter mir hatte und mich unten, vor dem Haus, erst einmal auf die Schwelle setzen. Manchmal weinte ich, weil ich spürte, dass ich an der Endmoräne der Gesellschaft arbeitete, wo Menschen ihr Leben nur noch ablebten. Alle Zwendung schien vergeblich. Komm, großer schwarzer Vogel …

Im seidenen Morgenmantel mit Einstecktuch, sorgfältig gekämmt und auf zwei Krücken gestützt, öffnete mir jeden Mittag ein etwa 60-jähriger Mann die Wohnungstür. Er trat mir entgegen, als hätte er mich zu betreuen. Wir gingen in die Küche, ich stellte die Mahlzeit auf den Tisch, zog die Alufolie herunter und erläuterte die Mahlzeit. Er hatte Stil, beklagte sich nie und suchte den Austausch über die Tagespolitik. Der Mann war klug, interessiert, las die Tageszeitung, ein charmanter Gesprächspartner. Bis er unvermittelt, mitten in irgendeiner Erörterung, auf das Dunkle zu sprechen kam, das ihm in der vergangenen Nacht wieder den Schlaf geraubt hatte. Wie jede Nacht.

Sie hatten ihn angemorst. Aus der Steckdose. Diesmal aus jener Steckdose, die er mir dann zeigte. Sie hatten ihn angemorst und beschimpft. Sie wussten alles über sein Leben. Sie kannten seine tote Mutter und das kleine Textilgeschäft, das er gemeinsam mit ihr betrieben hatte, auch während des Krieges. Verheiratet war er nie. Er erzählte auch nicht von Frauen. Vermutlich war er schwul. Wenn sie ihn anmorsten, schrie er irgendwann zurück, sie sollten ihn endlich in Ruhe lassen. Aber das taten sie nicht. Wenn er mir davon berichtete, war er objektiv irre, aber er redete nicht wie ein Irrer. Er war so höflich und drückte sich sogewählt aus wie zuvor, als er sich noch die inneren Krämpfe der Frankfurter SPD vorgenommen hatte. Wer die waren, die ihn anmorsten, vermochte er nicht zu sagen, er hatte nicht mal eine Vermutung. Sie mussten ihn seit Jahren rund um die Uhr beobachten, denn sie wussten alles über ihn. Und nun, damit endete sein Bericht jedes Mal, nun war es einfach Zeit, dem ein Ende zu bereiten. Ich solle doch bitte zur *Frankfurter Rundschau* gehen, ich kannte ja den Journalismus, und die Kollegen veranlassen, über seine Qual zu schreiben, damit Polizei und Staatsanwaltschaft endlich einschritten. Manchmal schon hatte er selbst nachts bei der Polizei angerufen und am Tag bei der Zeitung. Doch die würgten das Gespräch irgendwann ab. Hatten keine Zeit. Glaubten ihm einfach nicht. Ihm war ja auch klar, dass seine Geschichte unglaubwürdig klang. Was antwortet man einem solchen Menschen? Ich hatte Erkundigungen eingezogen über ihn. Er galt als schizophren, offenbar ein klassischer Fall. Aber weil er andere und sich selbst nicht gefährdete, wurde er nicht eingewiesen, sondern durfte weiter

zu Hause leben. Ich entschloss mich zur Wahrheit. Antwortete ihm, dass es zwecklos wäre, wenn ich zur Zeitung oder zur
Polizei ginge. Die würden mir nicht glauben. Denn seine Geschichte sei nun mal schier unglaublich. Also solle er es weiter
aushalten mit denen, die ihn anmorsten, und ihnen die Meinung sagen. Dass sie ihn nicht brechen würden, dass er die
Kraft habe, ihnen zu widerstehen. »Anmorsen« war, das müsste schon klar geworden sein, seine Vokabel für »zu ihm sprechen«. Hatten wir das mittägliche Morseritual durchlaufen,
war wieder alles wie zuvor und wir verabschiedeten uns, heiter zumeist, mit Smalltalk. Ich dachte oft über diesen Mann
nach, dem im Gefängnis seines Unglücks nicht zu helfen war.

Einer zierlichen alten Dame, klein und vornehm, um die 80
Jahre alt, brachte ich das Essen in das Haus, das sie ganz allein
bewohnte. Eine Putzfrau hielt es in Ordnung. Ich brachte ihr
nicht nur das Essen, sondern besorgte auch dieses und jenes.
Sie suchte das tägliche Gespräch mit mir, sehnte es förmlich
herbei, wie sie mir gestand. Welche Krankheit sie ans Haus
fesselte, eröffnete sie mir aber nie. Äußerlich war nichts zu erkennen und sie war auch geistig auf der Höhe. Eines Tages
kam sie mir im Flur entgegen, langsam und mit blitzenden
Augen, da sah ich, wie etwas aus ihrem Rock fiel. Zwei oder
drei Teile. Ich wollte mich schon bücken, um sie aufzuheben,
da begriff ich, dass es Kot war, den sie beim Gehen unter sich
ließ. Ob sie das selbst bemerkt hatte, war indes nicht zu erkennen. Sie hielt nicht inne und sie sagte nichts dazu. Hoch
erhobenen Hauptes ging sie weiter auf mich zu. Ich wollte

ihr die Scham ersparen und schwieg ebenfalls, nahm sie vorsichtig am Arm und führte sie in die Küche. Dieses Problem überließ ich der Putzfrau. Denn der alten Dame mochte ich nicht zeigen, dass ich die Peinlichkeit bemerkt hatte.

Jeden Morgen, damit begann mein Tag, holte ich Punkt acht einen Kriegsveteranen aus dem Bett, um die 80, der noch mit seiner kleinen, ungemein freundlichen Frau zusammenlebte, in einem Wohnblock. Er hatte ein Bein verloren und mit der Prothese nie richtig Freundschaft geschlossen. Ich hob ihn in den Rollstuhl, schob ihn zu seinem Waschbecken, beobachtete, wie er sich frisch machte, wusch ihm den Rücken und half ihm dann beim Ankleiden. Jeden Freitag hob ich ihn in die Badewanne, duschte den auf einem Bein Stehenden vorsichtig, trocknete ihn ab, legte ihm die Prothese an und führte ihn dann zu einem Spaziergang um den Block, der mit dem Kauf einer Flasche Wein fürs Wochenende abgeschlossen wurde. Niersteiner Gutes Domtal. Immer der gleiche Wein. Woche für Woche, Jahr für Jahr. Der Händler stellte sie schon ungefragt auf den Tresen. Die Tristesse dieses Lebens machte mich melancholisch. Der Alte war modellhaft für einen Typus Mensch, mit dem ich es nun oft zu tun bekam. Konservative hielten Kriegsdienstverweigerer für Drückeberger, Feiglinge. Wenn sie einen von denen aber bei der Arbeit erlebten, bei der Arbeit an ihnen selbst, wurden sie nachdenklich. Nach einem halben oder einem Jahr verabschiedeten sie sich dann von ihrem Vorurteil, mit dem Eingeständnis ihres Irrtums, einer bewegenden Geste. Manchmal mit Tränen in den Augen. Der Amputierte brachte auch mich zum Weinen.

Der erschütterndste meiner Klienten war ein schlohweißer, abgemagerter, fast blinder Mann, der im Frankfurter Nordend ein marodes Haus im Erdgeschoss bewohnte. Die Wohnung darüber war frei, vermutlich unbewohnbar in diesem Zustand. Und an dem Zustand änderte niemand etwas. Ich war der Einzige, der in die Einsamkeit des Blinden vordrang, ihm das Radio anstellte und ihm berichtete, was draußen vor sich ging. Er erzählte aus dem Krieg, von den vielen Frauen, die er in Frankreich angeblich gehabt hatte, und dass jede ganz anders aussah als die nächste. Unten, nackt. Sie waren da so verschieden wie ihre Fingerabdrücke. Er hatte sich vor Jahren, als er nur noch Schemen erkennen konnte, Farbe besorgt und die Wände der schäbigen Wohnung mit einer Rolle geweißt.

Irgendwann wollte er nicht mehr leben. Aß das Essen nicht mehr, das ich ihm brachte, sprach kaum noch, und wenn doch, dann voller Resignation. Ich versuchte ihn aufzumuntern, besuchte ihn nun mehrmals am Tag, auch noch am Abend, und kaufte ihm von meinem spärlichen Sold ein paar Kleinigkeiten zu essen. Käse, eine Tomate, eine Banane. Weil er das Mittagessen hartnäckig verweigerte, kochte ich ihm Suppen und fütterte ihn am Bett. Ich fürchtete, dass er sich das Leben nehmen oder zu Tode hungern würde. Nach einiger Zeit kehrte die Lebensfreude zurück, ich spornte sie mit meinen Erzählungen an, und er ließ das Licht wieder herein in sein Wohn- und Schlafzimmer. Als ich die hölzernen Innenläden an den

Fenstern erstmals ganz zurückklappte und an den verharzten Teilen herumhantierte, fiel plötzlich aus einem Spalt etwas auf den Boden. Ich bückte mich und sah – ein Sparbuch! Mit einem Guthaben von etwa 10.000 Mark. Ach ja, antwortete er mir, das habe er ganz vergessen.

Das war die Erlösung. Nun konnte ich ihn gut versorgen, ohne auf meine schmale Börse Rücksicht nehmen zu müssen. Ich ging zur Sparkasse, erläuterte den Fall, präsentierte meinen Ziviausweis – und tatsächlich erlaubte man mir, jede Woche zehn oder zwanzig Mark abzuheben. Für den Einkauf. Das Leben des Alten wendete sich. Er begrüßte mich schon strahlend in der Küche, gespannt darauf, was ich diesmal besorgt hatte. Bis ich ein paar Tage Urlaub machte und ihm ankündigte, ein anderer Zivi werde mich nun vertreten. Als ich zurückkam, hatte er mir die Freundschaft gekündigt, schrie mich an und warf mich raus. »Verschwinde, ich will dich nicht mehr sehen!«

Im März 1974 endete der Zivildienst, der letzte Monat wurde mir geschenkt, damit ich mich für das Sommersemester an der Uni einschreiben konnte. Ich wurde ohne Bezüge beurlaubt. Es war auch Zeit, die Altenbetreuung zu beenden. Der Leidensdruck, die Aussichtslosigkeit der Fälle, begannen, mich hart zu machen. Man koppelt sich emotional ab, verschließt sich, wird zynisch und funktioniert nur noch in Routine. Als ich später als Journalist vom Prozess gegen einen Krankenpfleger berichtete, der behauptete, er habe Patienten aus Mitleid zu Tode gespritzt, hatte ich zumindest eine

Ahnung davon, was über Jahre in dem Menschen ins Rutschen gekommen war. Experten forderten, das Pflegepersonal nur befristet in Intensivstationen einzusetzen, weil es dort abzustumpfen beginne. Die Psyche schützt sich selbst, irgendwann. Dann wurde es gefährlich. Ich wusste, was gemeint war.

Diesmal schrieb ich mich für Soziologie und Philosophie ein. Obgleich ich nicht die geringste Vorstellung davon hatte, was ich damit später beruflich anfangen sollte. Die Studiensituation in Frankfurt war verheerend. Im Sommer besuchte ich ein Seminar von Jürgen Habermas. Der Raum im Erdgeschoss war gestopft voll von Studenten, die Fenster wurden geöffnet, weil man die Luft hätte schneiden können. Habermas erschien eine gute halbe Stunde zu spät, wandelte durch eine Gasse der Wartenden, die sich für ihn öffnete, nahm vorne gelassen Platz und verkündete mit leiser Stimme, die nur hören konnte, wer vorne stand: »Wenn Sie glauben, dass ich lauter spreche, damit mich alle verstehen, dann täuschen Sie sich.« Und das wollte ein Linker sein? Aufklärung und Emanzipation der Schwachen verpflichtet? Ich war so empört, dass ich mich zum Fenster im Erdgeschoss durchkämpfte und hinaussprang. Mit diesem Mann wollte ich nie wieder zu tun haben. Hatte ich auch nicht. Habermas war und ist für mich erledigt. Nie habe ich eines seiner Bücher angefasst.

Ob Proseminare, Seminare oder Vorlesungen – überall die gleichen Erfahrungen. Die Veranstaltungen waren katastrophal überlaufen. Zwei-, dreimal ging es um das Thema, dann erhob sich jemand und unterbrach mit der Bemerkung, es sei nun an der Zeit, über die Verhältnisse an der Uni zu sprechen, die Ursachen des Bildungsnotstands zu diskutieren. Abstimmung. Große Mehrheit dafür. Thema der Veranstaltung erledigt. So konnte es nicht weitergehen. Ich fing an darüber nachzudenken, ob ich das Studium an den Nagel hängen und das werden sollte, was ich eigentlich nie hatte werden wollen: Journalist.

Das allerdings war eine Entscheidung von größter Tragweite. Das ganze bisherige Leben war darauf ausgerichtet gewesen, zu studieren und dann mit Diplom oder Doktorarbeit abzuschließen. Und nun abbrechen? War das nicht eine schändliche Niederlage, kaum zu erklären, vor allem den Eltern nicht, deren Herz daran hing, den Sohn als Akademiker zu sehen? Ich quälte mich über Wochen. Dann entschied ich: raus hier. Das war's. Es tat weh, doch ich habe es nie bereut. Die Entscheidung war richtig. Es blieben nur ein paar Scheine: Statistik für Gesellschaftswissenschaftler I und II, Wirtschaftspolitik der SPD / Entwicklung der SPD als Regierungspartei, Indochina-Politik der USA von der Genfer Konferenz bis zum Sturz Diems, Rekonstruktion des Kapitalismus in der BRD. Ende September wurde ich exmatrikuliert, denn ich hatte mich zum Wintersemester nicht zurückgemeldet. Vorbei. Mit Wehmut.

Einen Arbeitsplatz hatte ich ja schon, denn nach dem Zivildienst hatte ich wieder bei VWD angedockt, um mir das Studium zu finanzieren. Am 12. August 1974 wurde aus

dem Aushilfsjob ein festes Arbeitsverhältnis. In der Tickerredaktion, dem Herz der Agentur. Ich begann mit monatlich 2250 Mark. Und war froh, alles hinter mir gelassen zu
haben, was ich unter größter Mühe und Gefährdung, doch
ohne persönliche Katastrophen absolviert hatte. Den Linksradikalismus bis zum Blick in den Abgrund des Terrorismus,
die bitteren Erfahrungen der Arbeit in Armut und Einsamkeit, das leer drehende Studium in einem durchhängenden
Bildungssystem. Ich war 22 Jahre alt und fühlte mich schon
lebensschwer an Erfahrungen.

Am 26. November 1976 heiratete ich. Es ging im Wesentlichen um die soziale Absicherung meiner Lebensgefährtin
Birgit, denn sie war arbeitslos nach ihrem Praktikum, wollte nun Erzieherin werden. Von Hochzeit konnte keine Rede
sein. Die Eheschließung war zwar ein zutiefst bürgerlicher
Akt, aber bürgerlich mochten wir ihn nicht vollziehen. Wir
gingen zum Standesamt, allein. Unsere Eltern hatten wir nicht
informiert, die erfuhren es erst Wochen später und haben uns
das vermutlich nie verziehen. Anschließend fuhren wir in die
Frankfurter Innenstadt, suchten einen Juwelier, traten ein und
setzten die Verkäuferin in Erstaunen mit der Bemerkung: Wie
haben eben gerade geheiratet, wir suchen Eheringe. Wir nahmen irgendwelche, nur protzig duften sie nicht sein. Weißgold.
Dann raus ins Leben und am Abend in ein bescheidenes Lokal,
wieder allein. Die Ehe hielt fast drei Jahrzehnte. Wir bekamen
zwei Töchter und feierten in Hamburg Silberne Hochzeit. Das
heißt: Wir feierten nicht, ich hatte den Tag der Silberhochzeit

vergessen und wurde beim Abendessen mit der höchst peinlichen Frage überrascht, ob ich denn wisse, was heute für ein Tag sei. War mir schon merkwürdig vorgekommen, dass mich meine Frau und die beiden halbwüchsigen Töchter so merkwürdig anschauten. Ja was, antwortete ich: Montag. Das war die Blamage schlechthin. Die beiden Mädchen hatten mit ihrer Mutter gewettet, dass ich das Jubiläum nicht vergessen würde. Und nun hatte sie der Vater enttäuscht. Es blieb, leider, nicht die einzige Enttäuschung.

Anfangs war ich Wirtschaftsjournalist, mochte das aber nicht bleiben. Ich wollte in die politische Berichterstattung. Bis zum Juni 1977 machte ich bei VWD Karriere, wurde einer der führenden Köpfe in der Tickerredaktion. Dann schied Reuters als Gesellschafter bei VWD aus, um seinem deutschsprachigen Nachrichtenprogramm einen Wirtschaftsdienst anzufügen. Ich bewarb mich in Bonn. Und wurde genommen. Niemand hätte ja auch mehr Erfahrung in der Strukturierung eines solchen Dienstes aufbieten können als ich. Und kaum ein anderer konnte besser geeignete Journalisten auswählen. Gemeinsam mit Alexander Szandar, der später zum *Spiegel* ging und Militärexperte wurde, betrieb ich den Aufbau. Selbst arbeiten mochte ich im Reuters-Wirtschaftsdienst aber nicht, obgleich ich dessen Leiter hätte werden können. Ich arbeitete bei den Weltnachrichten und den deutschen News. Jetzt erst, so empfand ich, war ich wirklich Journalist.

Fünftes
Leben

Macht und Ohnmacht

Reuters war für mich ein Glück. Denn die Agentur hatte zum Prinzip erhoben, was ich mir beim Abschied vom Linksradikalismus vorgenommen hatte: Unbestechlichkeit, Unparteilichkeit, Unabhängigkeit. Und das alles eisern. Reuters hatte seine Grundsätze und die Technik, mit der auf dieser Grundlage berichtet wurde, in einem Stylebook niedergelegt. Die Quelle eines Artikels hatte spätestens im zweiten Satz genannt zu werden. Anonyme Quellen, die das Einfallstor eigener Meinung des Autors sein konnten, waren verboten. Erschienen anonyme Quellen unumgänglich, dann durften es höchstens »diplomatic sources« sein. Ich habe wiederholt erlebt, wie Korrespondenten des Weltdienstes zum Beispiel in Botschaften anriefen, um mit Diplomaten, deren Urteil sie vertrauten, fragwürdige Sachverhalt auszuleuchten. Was die Technik anging, so lehrte mich der erste Inlandschef von Reuters in Bonn, dessen Stellvertreter ich bald wurde, noch eine andere Maxime: Der erste Satz ist der einzige in der Meldung ohne Komma. Es gelte, den Inhalt einer Meldung auf den Punkt zu bringen, ihren Kern herauszuschälen. Das heißt: Bereits vor dem Schreiben war eine Abstraktionsleistung gefordert, der Verzicht auf ein Komma führte zusätzlich dazu, dass die Meldung ohne Stocken in den Rundfunknachrichten verlesen werden konnte. Und eine Phrase wie: irgendeine Krise habe sich »weiter zugespitzt«, war bei Reuters schlicht verboten – man war gehalten, die Dinge konkret zu benennen, vom ersten Satz an, ein blutiges Gefecht etwa mit so und so vielen Toten.

Ich atmete tief durch. Das, genau das, war die richtige Konsequenz aus meinen linksradikalen Irrtümern. So wollte ich leben und arbeiten. Radikal unabhängig. Niemandem verpflichtet. Den Linken nicht und den Rechten nicht. Niemandem. Der jeweilige Sachverhalt sollte konkret bestimmen, wie ich mich dazu verhielt. Wie ich kommentierte, wessen Partei ich ergriff im Kommentar. Aber eben nur dieses eine Mal, transparent und mit Argumenten unterlegt.

Angela Merkel sagte einmal im kleinen Kreis zu mir, aber für die Ohren von Kollegen bestimmt: Ja, ja, der Herr Jörges, der schreibt mal so und mal so. Ihrem Ton war nicht genau zu entnehmen, wie sie das meinte. Ob sie sich darüber freute, dass ich nicht ausrechenbar war, oder ob sie das ärgerte, weil sie sich nicht auf mich verlassen konnte. Ich war perplex. Ja, wie denn sonst? Selbstverständlich kritisierte ich sie das eine Mal, um sie beim nächsten Mal zu loben. Allein bestimmt davon, worum es konkret ging. Das machte meine Souveränität aus. Und meine Glaubwürdigkeit beim Leser. Ich war immer für ihre Flüchtlingspolitik, auch nach der Silvesternacht von Köln, als viele ihre Meinung änderten. Aber ich habe auch immer Merkels Coronapolitik kritisiert. Ich war als Journalist weder links noch rechts noch mittig. Und ich schrieb unbeeinflusst davon, wie ich wählte. Bei Reuters war dies Prinzip. Der Reuters-Korrespondent war ein kleiner König an dem Ort, an den er geschickt wurde. Er war stolz und frei. Unerschütterlich, weil er eine Weltagentur hinter sich wusste. Während die meisten seiner Kollegen unausgesprochen der politischen Gesäßgeografie folgten. Links oder rechts.

Solche Kollegen haben mir wegen meiner Haltung oft übel nachgeredet. Ich wechsele meine Positionen ständig, man wisse nicht, woran man bei mir sei. Das entsprach nicht dem unter deutschen Journalisten üblichen Gebot der politischen Kategorisierung. Man reihte sich ein, war ein Anhänger Merkels oder der Grünen oder der Sozialdemokraten. Rudeljournalismus nenne ich das. Ich aber lief und heulte nicht mit den Wölfen. Niemals. Auch davon wird noch zu lesen sein. Der Vorwurf: Heute so und morgen so, mischte sich mit dem brennenden Neid einiger Kollegen wegen meines journalistischen Erfolgs, meiner wachsenden Bekanntheit. Neid ist eine Leitwährung des Journalismus. Norbert Blüm rief mich einmal an, wie er es oft tat, um über Aktuelles zu plaudern, und eröffnete das Telefonat mit dem Satz: Gell, Sie haben viele Neider. Er hatte bei einem Gespräch mit Kollegen, deren Namen er nicht nannte, eine Kelle dieses Neids abbekommen. Und verstand die journalistische Welt nicht mehr.

Bei VWD hatte ich das Prinzip Unabhängigkeit schon mal spektakulär erprobt. Der Ölkonzern BP lud deutsche Journalisten nach London ein, in sein Hauptquartier, und obgleich ich nur Volontär war, wurde ich dafür ausgeguckt. Der Junge sollte sich mal bewähren. In London wurde viel Zeit auf den vermeintlichen Nachweis verwendet, dass die Ölkonzerne mächtig unter Druck stünden, weil die Rohölpreise enorm gestiegen seien und deshalb beim Einkauf erheblich mehr Kapital gebunden werde, was etwa bei der Exploration fehle. Ich ging BP nicht auf den Leim. Zurück in Frankfurt schrieb ich einen Namensartikel, meinen ersten, unter der Headline: Ölkonzerne an der Klagemauer. Stellte dar, wie BP argumentierte, hielt dem aber entgegen, dass die höheren Einstandspreise beim Öl ja umgehend durch höhere Verkaufspreise für Benzin und andere Produkte wieder hereingeholt würden. Und da es allen Ölkonzernen so ging, verhielten sich auch alle so. BP also kam nicht in Not. Der Artikel wurde veröffentlicht, führte jedoch umgehend zu einer Intervention von BP bei meinem Chef. Ich kann mir schon vorstellen, wie da argumentiert wurde: Man lädt euch ein und dann wird man in die Hand gebissen von dem, den man eben noch gefüttert hat. Mein Ressortleiter ließ mich zu sich kommen und sich die Sache erklären. Viele Kollegen klopften mir anschließend auf die Schulter. Gut gemacht. Es hatte sich herumgesprochen bei der Agentur. Und einen neuen Standard gesetzt. Andere folgten.

Bei Reuters brauchte es dazu keinen Mut. In Bonn saß die Agentur in einer alten, heruntergekommenen Villa schräg gegenüber dem Kanzleramt – und das Gebäude war schon Ausweis ihrer Besonderheit. Im Keller machte man sich auf zwei schäbigen Elektroplatten ein Essen heiß. Ich aß meist Bihunsuppe. Ebenfalls im Keller entwickelte ich mit Alexander Szandar den deutschsprachigen Wirtschaftsdienst. Oben saß die Redaktion in einem Großraumbüro, beengt, der Chefredakteur mittendrin, die englischen Kollegen, die für den Weltdienst schrieben, am Rande. »Inselzwerge« oder »Limeys«, nach den Spitznamen der Matrosen in der britischen Kriegsmarine, wurden sie von den deutschen Kollegen genannt. Sie waren Vorbilder an Gelassenheit und Unerschrockenheit. Reuters hatte sich damals in London eigene Computer zum Schreiben, Redigieren und Senden bauen lassen. Schwere, dunkelgraue Kästen mit grün flimmernden Bildschirmen und einer einfach zu öffnenden Klappe daneben, hinter der verstaubte Platinen zu sehen und bei Schäden einfach auszuwechseln waren. An diesen Bildschirmen wurde Reuters World ausgewertet, übersetzt und für den deutschen Nachrichtenmarkt neu getextet. Oder es wurden Meldungen aus Deutschland verfasst, aus Bonn und den wichtigsten Landeshauptstädten.

Den Wirtschaftsdienst leiten wollte ich nicht. Also lernte ich in der Politik von der Pieke auf. Das hieß: Schichtdienst rund um die Uhr, jeweils ganz allein zwischen Mitternacht und sechs Uhr in der Frühe. Eine Strapaze, an die sich der Biorhythmus einfach nicht gewöhnen konnte. Zwischen vier und fünf Uhr war man fix und fertig, kämpfte gegen den Schlaf und war fast froh darüber, wenn irgendwo am anderen Ende der Welt geputscht wurde oder eine Katastrophe geschah. Das gab einen Adrenalinschub und hielt wach.

Ich war noch in der Lernphase, fremdelte mit Bonn, als am 5. September 1977 in Köln der Arbeitgeberpräsident Hanns Martin Schleyer entführt wurde. Seine Begleiter wurden von dem RAF-Kommando brutal ermordet, sie endeten in einem Kugelhagel. Ich hatte Dienst bei den Weltnachrichten und beobachtete die Aufregung der Inlandskollegen mit einem eigentümlichen Gefühl. Die Mörder von Köln, ging mir durch den Kopf, waren den Weg weitergegangen, den ich in Frankfurt abrupt beendet hatte. Wie sie zu Mördern geworden waren, woher sie kamen, konnte ich gut nachempfinden. Ihre Wurzeln waren nicht wesentlich andere als meine. Und nun vergossen sie unbarmherzig Blut. Ich war dieser Perversion rechtzeitig – und was noch wichtiger war: aus eigenem Willen – entronnen.

Die folgenden Wochen veränderten die Republik – und Bonn. Das Regierungsviertel, in dem unablässig der Große

Krisenstab tagte, war plötzlich im Belagerungszustand. Auf den Straßen standen Panzerwagen des Bundesgrenzschutzes. Und als auch noch die Lufthansamaschine *Landshut* zur Unterstützung des Schleyer-Kommandos entführt wurde, war der Rechtsstaat Beute der Macht. Hans-Jochen Vogel, der Justizminister, flog nach Karlsruhe, um das Verfassungsgericht darauf einzuschwören, die Klage der Familie Schleyer auf Erfüllung der RAF-Forderungen zu verwerfen. Das war eine unverfrorene Verletzung der Unabhängigkeit der Justiz. Im Großen Krisenstab, wo es ausdrücklich keine Denkverbote geben sollte, brachte Franz Josef Strauß Geiselerschießungen von RAF-Häftlingen ins Gespräch. Gottlob drang er damit nicht durch.

Der Morgen nach der Befreiung der Lufthansa-Passagiere durch ein Kommando der GSG 9 – Klaus Bölling, Helmut Schmidts Sprecher, hatte den Erfolg der Aktion in der Nacht mit einem tiefen Seufzer der Erleichterung bekannt gegeben, ich war noch im Büro – ist mir in besonderer Erinnerung geblieben. Als ich erwachte, wurden in den Rundfunknachrichten die Selbstmorde der RAF-Anführer in Stuttgart-Stammheim verkündet. Wenig später gab es in Bonn eine Pressekonferenz, auf der Otto Schily, Bundestagsabgeordneter der Grünen und Gudrun Ensslins Verteidiger, Zweifel an der Suizidthese äußerte und staatliche Morde insinuierte. Derselbe Otto Schily, inzwischen in der SPD und Innenminister im Kabinett von Gerhard Schröder, verkündete 2004 in einem *Spiegel*-Interview: »Wer den Tod liebt, kann ihn haben.«

Ich habe mehrfach versucht, mit Schily über seinen schroffen Wandel ins Gespräch zu kommen – vergebens. Er hütet sein persönliches Geheimnis unnachgiebig.

Nun stand ich jedenfalls auf der anderen Seite, auf der Seite des Staates, der Macht. An die Selbstmordthese glaubte ich nicht. Es war die letzte infame Inszenierung der RAF-Gründer. Sofern ich überhaupt noch linke Vorurteile hatte, kollabierten die im persönlichen Kontakt. Das Bundeskriminalamt hat mich höchstwahrscheinlich überprüft, aber niemals hatte ich den Eindruck, dass es Sicherheitsbedenken gab. Mein BP-Erlebnis wiederholte sich mit Hans-Dietrich Genscher in London. Der Chefredakteur schickte mich, um den Außenminister bei einer der damals geläufigen Namibia-Konferenzen zu beobachten. Namibia war von Südafrika annektiert und sollte befreit, in die Unabhängigkeit entlassen werden. Ich stellte mich also mit heiliger Ehrfurcht im Reuters-Hauptquartier in der berühmten Fleet Street vor, wurde freundlich begrüßt und einem indischen Kollegen zur Seite gestellt, der für die Namibia-Konferenz zuständig war. Das Gefühl, das mich damals übermannte, wiederholte sich später immer wieder und war eine meiner prägenden Erfahrungen: Journalisten verstehen sich überall auf der Welt, sofort, unkompliziert. Sie teilen die gleiche Haltung, wollen das Gleiche, leben das gleiche Leben. Die Reuters-Zentrale, die ihre Funktion am Abend an New York und später an Hongkong abtrat, brummte – bis zum Nachmittag, wenn der »Tea break«, die Teepause, alles unterbrach. Die Agentur stand dann still, buchstäblich, weil sich alle an einem Rollwagen aufreihten, der schwarzen Tee ausschenkte. Holy old England!

In der Mittagspause nahm mich ein älterer Kollege mit zum Lunch und erinnerte sich auf dem Weg dorthin an die deutschen V2-Raketenangriffe während des Krieges, die buchstäblich aus heiterem Himmel gekommen waren und einen Teil des Stadtzentrums verwüstet hatten. Er hatte das als Junge erlebt. Ich spürte einen Kloß im Hals und fühlte mich irgendwie schuldig. Die Nazivergangenheit war damals noch sehr präsent in Britannien. Ein deutscher Kollege, der später in Fleet Street Editor für Nordafrika wurde – ausgerechnet! – wurde entweder »Rommel« genannt oder gar »Obergruppenführer«, wegen seines rechthaberischen Charakters. Er scheiterte, verließ London wieder.

Während mein indischer Kollege etwas aß, fuhr ich mit dem Taxi zum Gästehaus der Regierung, in dem die Namibia-Konferenz tagte, nahm mir ein Herz und bat den Wachmann am Eingang, mit dem Reuters-Ausweis in der Hand, er möge bitte Herrn Genscher holen, den wolle ich sprechen. Es dauerte eine Weile, dann kam nicht der Minister, aber sein Sprecher, der mich erstaunt musterte, aber ein paar Sätze für meinen Block von sich gab. Ich wartete das Ende der Konferenz ab, besah mir die Szene, rief auch Genscher selbst noch eine Frage zu und fuhr dann zu Reuters zurück, wo der dankbare indische Kollege eine Story unter unser beider Namen verfasste. Mein erster Byliner für den Weltdienst! Höchst zufrieden suchte ich mir ein Restaurant und bestellte ein Steak mit einem Glas Rotwein. Das gab es, nur Salat war damals in London schwer zu bekommen. An diesem Abend jedenfalls.

Zurück in Bonn wurde ich gleich zweimal gelobt: vom Chefredakteur des deutschen Dienstes, dem Genschers Sprecher umgehend von dem verwegenen jungen Mann berichtet hatte. Und vom Chefkorrespondenten des Weltdienstes in Bonn, der aus Fleet Street Gutes gehört hatte. Die ersten Sporen glänzten golden! So musst du's machen, lernte ich. Mutig sein, die eigene Angst überwinden! Ran an die Politiker, wann immer es geht. Pressesprecher nur im Notfall.

Das übte ich dann ein mit den Größen der deutschen Politik. Helmut Schmidt erlebte ich bei einer Wahlkampfreise nach Hessen. Die Kanzlerkolonne preschte in diversen S-Klasse-Limousinen – welcher Luxus! – über Autobahnen und Landstraßen. Immer zu schnell. Aber Ehrfurcht gebietend. Wir übernachteten nach einem wodkaseligen Abend, der ihn erstaunlich locker und zugänglich für alle möglichen Fragen erlebte, im Schlosshotel Wilhelmshöhe. Über den Rand meines Rundbettes hinweg kotzte ich dann Erdnüsse und Wodka. Das war Einübung in den üblichen Ablauf der Gruppenreisen von Politikern und Journalisten. Ein guter Freund hat einmal in der Nacht vor dem politischen Aschermittwoch der CSU mit Franz Josef Strauß sturzbetrunken in den Kleiderschrank einer Pension gepinkelt, weil er den für die Toilette hielt.

Der nächste, dem ich mich näherte, war Willy Brandt. Er trieb den Menschen mit seinem Charisma die Tränen in die Augen. Mir auch. Beim Wahlkampf in Hessen erlebte ich, wie sich das Publikum von den Stühlen erhob, als er die Halle betrat, und viele still weinten vor Rührung im Angesicht des Friedens- und Entspannungspropheten. Als Ostdeutscher konnte ich das gut verstehen. Aber Brandt hatte seine großen Zeiten hinter sich. Im Bonner Bundeshaus sah ich ihn einsam über die Gänge schnüren, mit abwesendem Blick.

Und schließlich: Helmut Kohl. Ihm und seiner Frau Hannelore, er war damals noch Oppositionsführer, begegnete ich erstmals auf einer Wahlkampfreise durch Niedersachsen. Sie war erstaunlich freundlich, fast freundschaftlich, er passabel zugänglich, aber mit einem Hang zu patzigen Antworten. Am Abend aber, in einem Restaurant, überraschte er mich aufs Gewinnendste. Zum Nachtisch nämlich bestellte er Vanilleeis mit heißen Erdbeeren und grünem Pfeffer. Das hatte ich noch nie gegessen, nicht mal von Ähnlichem gehört. Erdbeeren mit Pfeffer? Es schmeckte göttlich. Punktgewinn für Kohl.

Als ich von der Niedersachsen-Reise nach Bonn zurückkehrte, empfing mich meine Frau mit der Nachricht, meine Eltern hätten einen schweren Autounfall gehabt. Sie waren an einem Sonntagmittag auf der Rückfahrt von meiner Schwester, die in der Nähe von Frankfurt wohnte, auf eigentlich freier Strecke, die nur eine einzige, weithin sichtbare Kurve hatte, frontal mit einem anderen Auto kollidiert. Die fünf Insassen dieses Opel, Deutschstämmige aus Polen, waren tot, der letzte starb im Rettungshubschrauber. Sie waren betrunken und nicht angeschnallt. Ich inspizierte dieses Wrack, in dem noch Bierflaschen lagen und Haare der Toten von der Aufprallanergie ins Armaturenbrett gebrannt worden waren, in einer Werkstatt der Polizei. Vom Motorraum war nichts mehr übrig. Wie abrasiert. Der Motor war unter das Armaturenbrett geschoben, vollständig. Der Opel hatte die Kurve geschnitten und keines der beiden Autos konnte noch bremsen. Einen Opel, das schwor ich mir, würde ich niemals kaufen. Das Wrack roch nach Blut und Öl. Die Vorstellung, dass hier fünf Menschen in den Tod gerissen worden waren, drehte mir den Magen um.

Meine Eltern, die an diesem Mittag unbeschwert von meiner Schwester kamen und das andere Auto schon von Weitem sahen, fuhren einen Audi 100, waren angeschnallt und eigentlich nicht schwer verletzt. Lediglich Knochenbrüche und Blutergüsse. Ihr kleiner Pudel wurde beim Zusammenstoß vom Rücksitz wie eine Kanonenkugel durch die Frontscheibe weit auf einen Acker geschleudert. Er fühlte sich dennoch pudelwohl. Ich besuchte die Eltern in einem Frankfurter Krankenhaus und erlebte sie beide noch fröhlich, fast euphorisch, weil sie mit dem Leben davongekommen waren. Zunächst. Ich fand sie gemeinsam in einem Zimmer und berichtete von dem Wrack des Opel. Wenige Tage später aber, ich war längst wieder in Bonn, erlitt meine Mutter eine Embolie, als sie von einer Schwester im Bett aufgerichtet wurde. Das Blutgerinnsel, stellte sich später heraus, hatte sich wegen eines angeborenen Lochs in der Herzscheidewand in beide Lungenflügel verteilt. Das erste Beatmungsgerät, das die Schwestern heranschafften, war defekt, die Schläuche platzten ab. Erst das zweite funktionierte. Da aber waren schon wichtige Minuten verstrichen und ihr Hirn unwiederbringlich geschädigt. Sie fiel ins Koma und wurde ein paar Tage künstlich beatmet. Ich raste mit dem Auto nach Frankfurt, stand lange an ihrem Bett und beobachtete, wie sich ihre Brust hob und senkte. Unter dem schaurig mechanischen Geräusch der Maschine. Pft, pfffft, pft, pfffft … Ich war nicht mehr religiös, und doch betete ich still. Lieber Gott, hilf …

Er konnte nicht mehr helfen. Der Arzt zeigte mir die erstarrten Hirnströme. Als die Beatmung mit Zustimmung meines Vaters abgestellt wurde, um zu sehen, ob sie wieder selbstständig Luft holen konnte, starb sie in der folgenden Nacht. Wenig später stand ich an ihrem Totenbett und strich über die Wangen in dem bleichen Gesicht mit dem hochgebundenen Kiefer. Im Jahr darauf folgte ihr, ich war schon auf dem Sprung nach Berlin, mein Vater. Er hatte eine Magenkrebsoperation hinter sich, aber der Krebs, das hatte mir meine Mutter danach zugeflüstert, war nicht besiegt. Die Uhr tickte. Als meine Mutter beerdigt wurde und ich am Grab hemmungslos weinte, lag er im Krankenhaus und betete. Dann sah ich ihn in einer Krebsklinik wieder, der Arzt sagte mir, er sei unrettbar. Doch trotz der enormen Schmerzen erhob er sich aus dem Bett, kleidete sich an und ging ein paar Schritte mit mir und seiner Mutter, die ich mitgebracht hatte, spazieren. In warmer Sonne. Als wir davonfuhren und er uns nachwinkte, ich sah ihn im Rückspiegel, da wusste ich, dass ich ihn zum letzten Mal getroffen hatte. Im April 1979 starb er im Badezimmer eines Hotels auf Norderney. Früh am Morgen. Er hatte sich, wie ich später erfuhr, zum Sterben an die See fahren lassen. Als sein Sarg aufs Festland übergesetzt wurde, heulten und tuteten die Sirenen der Schiffe zum letzten Gruß.

Mit 27 hatte ich also keine Eltern mehr. Ich war ganz auf mich allein gestellt. Die Erkenntnis veränderte mein Leben ein weiteres Mal. Später erlebte ich Kurt Biedenkopf als älteren Herrn, eingeladen in sein Haus am Chiemsee, gemeinsam mit seinem Vater, einem rüstigen Senior. Auch über 60-Jährige konnten also noch Eltern haben. Mir wurde schwer ums Herz. Damals jedenfalls wusste ich: Wenn du mal Probleme hast, wirst du bei niemandem mehr Aufnahme finden. Das war eine bitterere Erkenntnis, ein zusätzlicher Schub für meine Unabhängigkeit.

Freiheit suchte ich zunächst in Berlin. Ich wollte schreiben, nicht Artikel anderer redigieren, Reportereinsätze und das Agenturprogramm planen, wie ich es nun als stellvertretender Inlandschef tat. Dafür fühlte ich mich viel zu jung. Also bewarb ich mich für den Korrespondentenposten in Berlin – und bekam ihn umstandslos. Die folgenden zweieinhalb Jahre zwischen Mai 1979 und September 1981 sollten zu den intensivsten, spannungsreichsten und glücklichsten meines Lebens werden. Auf der Autofahrt nach Berlin quälten mich indes noch bange Gefühle. Ich kannte die Stadt nicht, ich würde es nicht nur mit West-Berlin, sondern auch noch mit der DDR zu tun bekommen. Und beide Schauplätze waren in diesen

Jahren turbulent. Quartier nahm ich in einem kleinen Apartment in Spandau, am Rande Berlins. Der Senat vermittelte hier zuwandernden Arbeitnehmern günstigen Wohnraum. Meine Frau, die in Bonn an einem sozialen Brennpunkt als Erzieherin arbeitete, folgte mir erst später. So konnte ich alle Zeit der Welt für die Arbeit verprassen.

Reuters hatte zwei Büros in Berlin. Im Osten, in einem Altbau in der Schönhauser Allee, arbeitete mein Kollege Mark Wood, so jung wie ich, der später Chefredakteur der Agentur in London wurde und noch heute einer meiner besten Freunde ist. Mark berichtete für den internationalen Dienst. Am Savignyplatz war das West-Berliner Agenturbüro, in dem ich für den deutschsprachigen Dienst schrieb. Besonders interessante Artikel übernahm Mark von mir für das Weltprogramm. Das Pressehaus am Savignyplatz war eine bizarre Kampfstation des Kalten Krieges. Reuters war im ersten Stock in einer Bürogemeinschaft mit einem britischen und einem amerikanischen Zeitungsmann vereint, gleich neben meinem Büro saß zudem Ellen Lentz, eine feine, alte Dame des Journalismus, die für die *New York Times* schrieb und sich das SED-Zentralorgan *Neues Deutschland* zu großen Jahrbüchern binden ließ.

Ich schmökerte gerne in ihnen und machte die überraschende Feststellung, dass die Parteizeitung der DDR unter Walter Ulbricht noch lebendig und kämpferisch war – mit spitzen Kommentaren und Karikaturen gen Westen. Es war unterhaltend, sie zu lesen. Die große Tristesse kam erst mit Erich Honecker, den man im Westen fälschlicherweise für einen Modernisierer hielt. Das Parteiorgan wurde ein unlesbarer Bleifriedhof. Selbst für den SED-Chef.

Auf der anderen Seite des Treppenaufgangs, ebenfalls in der ersten Etage, war das Berliner BBC-Studio untergebracht. Mark Brayne, früher für Reuters in Ost-Berlin, war mit der Berufung zur BBC zum Reserveoffizier der britischen Armee ernannt worden. Das war so üblich bei dem Sender. Als Offizier konnte Brayne zum einen jederzeit unkontrolliert über den alliierten Grenzübergang Checkpoint Charly nach Ost-Berlin fahren, zum anderen war er in der britischen Militärregierung Berlins an Geheimdienstler angebunden, mit ganz speziellen Zugängen zu Informationen, und zum Dritten bewohnte er eine Villa der Militärregierung im Berliner Westend. In kniffligen Fällen bat ich ihn manchmal, bei seinen Leuten nachzufragen, etwa bei Flugzeugentführungen von Polen zum Flughafen Tempelhof, die eine Zeit lang sehr beliebt waren bei Menschen, die den polnischen Sozialismus satthatten. Sie schlugen während des Flugs einer Flasche den Hals ab, spazierten ins Cockpit, hielten dem Piloten das scharfkantige Ding an den Hals und erzwangen die Kursänderung nach West-Berlin. Für mich war immer besonders interessant: Ging es um einen politischen Hintergrund oder war es die Sehnsucht nach westlichem Wohlstand? Und: Wer von den Passagieren blieb bei der Gelegenheit noch im Westen? Mark Brayne wusste dann meist früher Bescheid als selbst der Berliner Senat.

Mit Mark durchquerte ich einmal auf einem Tandem die DDR – wir befuhren die F5, eine alte Landstraße, die vor dem Bau der Autobahn als Transitstrecke zwischen Hamburg und Berlin diente. Das war ein Erlebnis von bleibender Erinnerung. Man durfte weder umkehren noch das Verkehrsmittel wechseln, also zwischendurch in die Bahn umsteigen, und musste am Abend angekommen sein. In unserem Fall: in Berlin, denn wir starteten am frühen Morgen vom Norden aus, wo wir in den stillen Wäldern die Grenzposten sprechen hörten. Ein Streifenwagen der Volkspolizei hielt uns ständig im Auge, ließ es aber zu, dass wir einen platten Reifen auf einem Bauernhof reparierten – wir brauchten ja eine Schüssel mit Wasser, um das Loch im Schlauch zu finden. Als wir am DDR-Grenzübergang bei Lauenburg starteten, waren wir für die Posten eine Sensation. Ein Tandem war da noch nie durchgekommen. Unterwegs durchquerten wir mehrere Truppenübungsplätze der Roten Armee, vor denen auf Schildern an der Straße gewarnt wurde. Mit dem Wort »geschossen« hatten die Sowjets indes Probleme. Das las sich einmal wie »Achtung, hier wir geschoßen«, dann wieder als »Achtung, hier wird geschoben«. Von Regen durchnässt kamen wir am frühen Abend in West-Berlin an. Der Hintern war wund geritten.

Über dem internationalen Presselager am Savignyplatz, das sich prächtig verstand und aufs Engste kooperierte, residierte das Berliner Landesbüro der Deutschen Presse-Agentur (DPA), zigfach so stark besetzt wie Reuters, aber gerade deshalb in Bürokratie erstarrt und bei wichtigen Ereignissen langsamer als die britische Konkurrenz.

Nach Berlin kam ich als zweiter Mann im Reuters-Büro. Hartmut Jennerjahn war die Nummer eins, doch nicht lange, dann ging er für dpa nach Ost-Berlin. Er kochte morgens einen furchterregenden Kaffee, der auf der Heizplatte der Maschine im Laufe des Tages zu Teer einkochte. Er erweckte dann keine Toten mehr, sondern hatte das Zeug zum Töten. Ich nannte den Stoff Nasenblutenkaffee. Das Reuters-Büro bestand aus einem großen Raum mit drei Schreibtischen und einem Fernschreibraum, der durch eine Schwingtür zu erreichen war. Ich schrieb meine Artikel auf Schreibmaschine vor, übertrug das Manuskript dann nebenan am Fernschreiber auf Lochstreifen – wir nannten das mühsame Hacken der Tasten »punshen« – und legte den dann in ein Lesegerät zum Senden an die deutsche Reuters-Zentrale in Bonn. Vier mächtige Fernschreiber standen in diesem Raum und im Sommer, wenn es heiß war, saß ich mit blankem Oberkörper in der Hitze der Maschinen, der Schweiß rann beim »Punshen« in Rinnsalen an mir herab. Auf einem der Fernschreiber empfingen wir die DDR-Nachrichtenagentur ADN, deren Programm aufmerksam verfolgt und ausgewertet werden musste. Tagte in Ost-Berlin das Zentralkomitee der Staatspartei SED, bedeutete das Nachtarbeit. Allein die Rede von Parteichef Erich Honecker konnte leicht 60 oder 80 Teile umfassen, sie tickerte abends gemächlich auf dem Fernschreiber ein. Die einzig interessante Passage tauchte üblicherweise erst gegen

Ende auf. Vom Umfang der übrigen Reden und von den Beschlüssen will ich hier gar nicht erst reden.

Jeden Mittag, Punkt 12 Uhr, hatte ich einen kurzen Wetterbericht aus Berlin nach London zu senden. Da mochte sein, was wollte. Ich hatte meine Arbeit zu unterbrechen und ins Büro zu eilen, um den Wetterbericht abzusetzen. »Berlin weather today: cloudy …« In London wurden die wenigen Zeilen in eine internationale Übersicht eingepasst.

In den Türrahmen des Fernschreibraums war oben rechts ein Nagel geschlagen. Daran hing, zur Acht zusammengerollt, ein Lochstreifen von gewaltiger Länge. Die dicke Acht war das Allerheiligste des Büros, der Nachruf auf Rudolf Hess, der als letzter Häftling im alliierten Kriegsverbrechergefängnis in Spandau einsaß. Lebenslang. Der Stellvertreter Hitlers war auf eigene Faust nach Britannien geflogen und dort mit dem Fallschirm abgesprungen, um einen Separatfrieden mit Nazideutschland zu vermitteln. Es war eine Frage der journalistischen wie der nationalen Ehre, dass Reuters als britische Agentur zuerst über den Tod des Häftlings berichtete. Für den jeweiligen Korrespondenten war das ein Albtraum. Auch mich plagte die Vorstellung, ich feierte mit Freunden und überhörte den Alarmanruf eines Konfidenten aus der britischen Militärregierung. Welche Schande! Gottlob starb Hess erst nach meiner Berliner Zeit.

Das Reuters-Büro war nicht nur Informationszentrum für Nachrichten aus der DDR und West-Berlin, das die anglo-amerikanischen Kollegen nebenan gerne nutzten, sondern auch

Anlaufstation für interessante Menschen, die etwas zu erzählen hatten. Timothy Garton Ash, später berühmter Historiker und Schriftsteller, studierte in Ost-Berlin und bereiste Polen, um den beginnenden Aufstand von Solidarnosc zu beobachten. Er war ein Brite wie aus dem Bilderbuch, trug im Winter Handschuhe mit abgeschnittenen Fingern zum Tweedjackett. Über seine Jahre in Berlin hat er ein herrliches Buch geschrieben. Er wurde zum Freund. Als er 2017 in Aachen den Internationalen Karlspreis erhielt, stellte ich ihn in einer Rede vor.

Der Ost-Berliner Schriftsteller Stefan Heym hatte im Reuters-Büro seine West-Berliner Postadresse, weil bestimmte Sendungen, vor allem seiner westlichen Verlage, nicht in die Hände der Staatssicherheit fallen sollten. Heym war als Jude vor den Nazis in die USA geflohen und mit der amerikanischen Armee zurückgekehrt. Nach einer kurzen Zeit beim Rundfunk in Frankfurt am Main ging er in die DDR, denn er verstand sich als Kommunist. Das freilich hinderte die Staatskommunisten nicht daran, ihn als Dissidenten zu schikanieren. Wenn der Mann, dessen imposanter Schädel an Goethe erinnerte, in mein Büro kam, nutzten wir das zu einem intensiven Austausch von Informationen. Mark Wood besuchte ihn auch in Ost-Berlin in seiner Wohnung.

Als Informant, der mir von den täglichen Pressekonferenzen aus dem Rathaus Schöneberg berichtete und dafür ein Honorar erhielt, diente ein Mann mit speziellen Verbindungen in der evangelischen Kirche. Einmal im Monat trug er im Aktenkoffer Bargeld nach Ost-Berlin, von der Kirche West für die Kirche Ost. Die Pfarrer in der DDR erhielten daraus ein Zubrot in D-Mark, um sie im Land zu halten und die Gemeinden nicht verwaisen zu lassen. Die DDR-Grenzposten ließen den Geldboten passieren, sie kannten ihn – und er konnte sich speziell legitimieren. Auch er wusste natürlich eine Menge, was für mich von Interesse war.

Wie die Diplomaten der chinesischen Botschaft in Ost-Berlin, die mich in regelmäßigen Abständen im West-Berliner Büro besuchten, und zwar immer zu dritt. Sie wollten hören, was ich an Neuem wusste und wie ich bestimmte Ereignisse interpretierte. In der DDR wie in West-Berlin. Auch Gerüchte fanden natürlich ihr Interesse. Sie revanchierten sich durch Einladungen zu Empfängen in der Ost-Berliner Botschaft. China, das sich mit dem Ostblock politisch überworfen hatte, auch mit der DDR, machte es sich zum Vergnügen, alle Ost-Berliner Dissidenten einzuladen. Schriftsteller, Schauspieler, Musiker. Durfte man dazukommen, hatte man alle Abweichler zum Gespräch beisammen. Die Chinesen standen dabei, spitzten die Ohren und freuten sich, dass sich ihre Gäste freuten. Und die DDR sich ärgerte. Fuhr ich an solchen Abenden über den Grenzübergang Heinrich-Heine-Straße nach Ost-Berlin, waren die Kontrolleure schon im Bild. »Wir wissen, wohin Sie fahren, Herr Jörges«, empfing mich einer. »Ja, da ist es sehr interessant«, antwortete ich, »und es gibt wunderbares Essen.«

Gelegentlich, man glaubt es kaum, liefen auch Korrespondenten der sowjetischen Nachrichtenagentur TASS und der

Desinformationsagentur Nowosti im West-Berliner Reuters-Büro ein. Nowosti lieferte mir interessante Texte sowjetischer Militärs, die Köder für den Westen auslegten. Denn in jenen Jahren war die Nachrüstungsdebatte entbrannt. Der Tass-Kollege, ein freundlicher Hüne mit einem Schneidezahn aus Stahl, war ganz sicher ein Agent des sowjetischen Geheimdienstes KGB. Er bewegte sich in ganz Berlin, wohnte privilegiert am Ost-Berliner Gendarmenmarkt und seine Frau war in der sowjetischen Botschaft Unter den Linden beschäftigt. Er saugte alles in sich auf, was ich ihm berichtete. Nach einem SED-Parteitag lud er mich zu einem privaten Essen in seine Wohnung ein. Als ich mich als Anhänger der deutschen Einheit zu erkennen gab, stimmte er mir überraschend zu, von ganzem Herzen. »Wir Russen würden niemals zulassen, dass unser Land geteilt wird.« Welche Eröffnung! Wir begossen sie mit reichlich Wodka, vergaßen darüber aber die Zeit.

Als Westdeutscher mit Pass musste ich die DDR bis Mitternacht verlassen haben. Nun war es aber schon nach eins. Der Gastgeber beruhigte mich. Er würde mich zum Grenzübergang Heine-Straße begleiten, mit seinem Auto voranfahren, dann in den Kontrollpunkt laufen und mir den Weg bereiten. So geschah es. Ich sah ihn verschwinden und nach wenigen Minuten zurückkehren. Er trat an mein Auto und sagte nur: »Du kannst jetzt fahren. Sie lassen dich durch.« Ich fuhr also zögernd in den Kontrollpunkt und siehe da: Die Schlagbäume hoben sich, niemand wollte auch nur meinen Pass sehen. Und schon war ich im Westen. Der lange Arm des KGB …

Die Staatssicherheit der DDR nahm es nicht so leicht. Ich schrieb häufig über sie und kam immer wieder mit ihr in Konflikt. Aber man fasste mich nicht an, schließlich arbeitete ich für eine britische Agentur und die Briten waren alliierte Besatzungsmacht in Berlin. Am 30. August 1980 gab die Popband Barclay James Harvest in West-Berlin auf den Stufen des Reichstags ein legendäres Konzert vor einer Viertelmillion Menschen. Es war Samstag und mir war klar, dass sich auch auf der östlichen Seite der Mauer viele Fans versammeln würden, um die Musik zu hören. Ich fuhr also nicht, wie fast alle anderen westlichen Kollegen, nach Leipzig, wo am nächsten Morgen die Messe eröffnet werden sollte, sondern blieb in Berlin. Eine Arbeitserlaubnis für Ost-Berlin hatte ich beim DDR-Außenministerium freilich nicht beantragt, sondern pendelte mit meinem westdeutschen Pass hin und her zwischen den beiden Hälften der Stadt.

Im Osten erlebte ich das, was ich erwartet hatte. Ordner der Jugendorganisation FDJ hatten das Umfeld des Reichstags auf östlicher Seite weiträumig abgesperrt, ankommende Jugendliche wurden von Greiftrupps der Staatssicherheit auf Lastwagen verladen und weggefahren. Die Stimmung war aufgeheizt, Sprechchöre kamen auf. »Das ist ein Irrenhaus hier«, schrie einer. Ich war mit meinem Ost-Berliner Kollegen Mark Wood unterwegs. Wir befragten einen Jugendlichen aus Rostock, warum und wie er nach Berlin gekommen sei, als wir uns plötzlich von einem Kommando umringt sahen und angeschnauzt wurden: »Drei Herren, drei Pässe.« Erst als sie Marks britischen Pass sahen, wurden sie vorsichtig und ließen uns laufen. Der Jugendliche wurde später am Ostbahnhof hopsgenommen, wohin Mark ihn noch begleitet hatte. Ich fuhr in mein Büro nach West-Berlin, schrieb Meldungen und ein Feature über die Zusammenstöße im Osten, dann wieder zurück und wieder in den Westen. Da Reuters mit dieser Berichterstattung allein war, hat mir die DDR das ewig nachgetragen. Es sollte später eine Rolle spielen, als mir die Akkreditierung als DDR-Korrespondent der *Süddeutschen Zeitung* verweigert wurde. Bei der Stasi war ich fortan unter PID und PUT registriert: Politisch-ideologische Diversion und Politische Untergrund-Tätigkeit.

Ja, stimmt. Manchmal musste man sich als Journalist mit Tricks behelfen. Und das ging sogar von West-Berlin aus, denn man konnte, sofern man die Nummern kannte, ohne technische Hürden in die DDR telefonieren. Als der Osten wegen der horrend gestiegenen Kosten für Kerosin die Inlandsflüge einstellte, rief ich etwa bei der Staatslinie Interflug am Flughafen Schönefeld an und tat so, als wollte ich einen Flug nach Dresden buchen. »Ja, wissen'se denn nicht? Es gibt doch keine Flüge mehr in der DDR«, bekam ich zur Antwort. Ein zweiter Anlauf mit dem Ziel Rostock führte zum gleichen Ergebnis. Also konnte ich die Einstellung des Flugverkehrs in der DDR melden.

DDR-Bürger wollte ich indes nicht in Gefahr bringen. Als sich im Westen Spekulationen hielten, im DDR-Atomkraftwerk Rheinsberg, gar nicht weit von Berlin, habe es einen

Störfall gegeben, besorgte ich mir über die Sekretärin des Ost-Berliner Büros die Telefonnummer des Meilers, rief dort an, stellte mich vor als Korrespondent der britischen Agentur Reuters in West-Berlin und verlangte den Sicherheitsingenieur zu sprechen. »Einen Moment bitte« – es knackte und ich hatte ihn. Jedenfalls einen Gesprächspartner, der sich als jener Ingenieur ausgab. Noch einmal stellte ich mich korrekt vor, betonte WEST-Berlin, und fragte ihn zu den dort umlaufenden Berichten. Der Gesprächspartner blieb entspannt und antwortete mir, es habe zwar immer mal kleine Probleme gegeben, aber keinen größeren Störfall. Hallo! Was war das denn? Hatte man mich in eine geschickt aufgestellte Falle gelotst oder war ich wirklich beim Rheinsberger Sicherheitsingenieur gelandet? Der ganze Ablauf war so, dass ich nicht an eine Täuschung glaubte. Also schrieb ich eine Meldung, die wiederum der DDR dienlich war und dann im Westen zur Beantwortung parlamentarischer Anfragen zitiert wurde.

Berlin war ganz nach dem Herzen eines Journalisten. Die Geschichten lagen auf der Straße, zum Beispiel über Linksradikalismus und Terrorismus, über die ich jetzt berichtete, statt selbst an der Grenzlinie entlangzubalancieren. 1980 fand der Prozess gegen die mutmaßlichen Entführer des Berliner CDU-Vorsitzenden Peter Lorenz statt. Er endete mit einem Coup des Angeklagten Fritz Teufel. Der saß schon fünf Jahre in Untersuchungshaft, Bundesanwalt und Verteidiger hatten eben ihre Plädoyers gehalten, da erhob sich Teufel und kündigte ein »B-libi« an, seine spezielle Spaßformel für Alibi. An der Entführung könne er nämlich gar nicht teilgenommen haben, weil er im Ruhrgebiet im Schichtdienst mit Stechkarte in einer Metallfabrik gearbeitet habe. Das sei nachweisbar. Das Gericht musste wieder in die Beweisaufnahme eintreten, Nachermittlungen anordnen und Zeugen vorladen. Und siehe da: Das B-libi stimmte. Fünf Jahre Gefängnis hatte Teufel auf sich genommen, eisern geschwiegen, um am Ende nachzuweisen, wie schludrig die Bundesanwaltschaft Anklagen zusammenschusterte. Welcher Triumph! Schon einmal, im November 1967, hatte Teufel die Justiz spektakulär vorgeführt. Nur widerwillig und nach ausdrücklicher Ermahnung erhob er sich, als der Richter den Saal betrat, von der Anklagebank, mit der lakonischen Bemerkung: »Wenn's der Wahrheitsfindung dient ...« Der Prozess um die Lorenz-Entführung sollte für mich noch persönliche Bedeutung erlangen. Eines Morgens spazierte nämlich zwischen den schlappigen Linksanwälten eine bildschöne, sehr junge Anwältin herein. Ein Ruck ging durch den Gerichtssaal, auch ich war hingerissen. Die göttliche Brigitte Kolb wurde später meine Scheidungsanwältin.

Im Mai 1980 erlebte ich den teilweisen Einsturz der Berliner Kongresshalle. Ich saß auf einer Pressekonferenz im Reichstagsgebäude, als plötzlich ein schwerer Donnerschlag zu hören und durch die Fenster eine Staubwolke zu erkennen war. Ich rannte nach unten und zur Kongresshalle, deren »Hutkrempe«, das weit vorstehende, elegant geschwungene Dach, eben zusammengebrochen war. Ein Journalist wurde darunter erschlagen. Als ich aber zum Reichstag zurücklief und am Eingang darum bat, mich eben nach Bonn telefonieren zu lassen, um die Katastrophe zu melden, weigerte sich der heilige Bürokratius, Berlins Schutzpatron. Telefonieren war nur Amtspersonen erlaubt. Ich musste wieder weit laufen bis zum nächsten Telefonhäuschen. Immerhin hatten andere Agenturen, die nicht am Unglücksort gewesen waren, inzwischen den Einsturz der gesamten Halle gemeldet. Ich wusste es besser – und sie mussten sich korrigieren.

Einen Monat später, im Juni 1980, durfte ich Mutter Theresa in die Haftanstalt Tegel begleiten, wo sie an einer Messe für schwere Jungs teilnahm. Meine guten Beziehungen zur Justiz hatten mir dieses Privileg verschafft. 140 Knackis, ein Querschnitt durchs Strafgesetzbuch bis hin zu Mördern und Sicherungsverwahrten, waren gerührt, als sie das zierliche Persönchen neben dem Altar erblickten. Mitten im Gottesdienst öffnete sich die Tür und herein kam der neue Berliner Bischof Joachim Meisner, der mit Applaus begrüßt wurde und die Gefangenen später per Umarmung verabschiedete.

Nach Ost-Berlin und in die DDR fuhr ich in jenen Jahren häufig. Auf der anderen Seite der Mauer war man in einer völlig anderen Welt. Es roch anders, nach Braunkohlenchemie, es wurde stiller, man hörte kein Autoradio mehr, und das Leben entschleunigte sich dramatisch. Ich inspizierte das Brandenburger Tor von der anderen Seite, im Rücken der Grenzposten, suchte den Erdhügel über Hitlers Führerbunker und stand am 1. Mai 1980 nicht weit von den SED-Greisen auf der Tribüne für die »Kampfdemonstration« auf der Karl-Marx-Allee. Im Frühjahr und Herbst fuhr ich zur Eröffnung der Leipziger Messe, die von schlecht getarnten Stasileute überflutet war, und trank dort sauren Wein von der Unstrut. Wenn sich am Vortag die Wagenkolonnen der SED-Politbürokraten über die Autobahn von Berlin nach Leipzig schoben, wurde die Autobahn vollständig geräumt und gesperrt. Ein einmaliges Schauspiel. Man quälte sich dann in einer Autoschlange über die Landstraße und sah in der Ferne die Kolonnen der DDR-Prominenz auf der Autobahn dahinrasen. Fiel den Beteiligten diese Perversion des Arbeiter- und Bauernstaats gar nicht mehr auf? Oder dachten sie: Scheiß drauf, Hauptsache bequem?

Erstaunlich unbequem hatte es dagegen Leonid Breschnew, der sowjetische Parteichef, wenn er seinen Kollegen Honecker in Berlin besuchte und mit ihm feuchte Küsse tauschte. Der hohe Gast fuhr die lange Strecke vom Flughafen Schönefeld quer durch Ost-Berlin zum Schloss Niederschönhausen in einer offenen sowjetischen Limousine, dem eisigen Fahrtwind ausgesetzt, den Hut tief in die Stirn gezogen, die Rechte gelegentlich widerwillig zum Gruße hebend. Die Arbeiterklasse der Hauptstadt war mit »Winkelementen« am Straßenrand aufgeboten. Ich mischte mich unter sie und hörte dort den unvergesslichen Sinnspruch: »Da kommt er – da isser – das war er.« Die schmutzige Fassade des Hauses in der Schönhauser Allee, in dem das Ost-Berliner Reuters-Büro saß, war zu Ehren Breschnews bis zum ersten Stock frisch gestrichen worden. Darüber ließ man sie, wie sie war, versperrten doch Baumwipfel den Blick.

Berlin war in diesen Jahren ein einziges kurioses Geschichtsmuseum und ein wahrer Vergnügungspark der Geheimdienste. Ich schrieb über die leerstehende japanische Botschaft am Tiergarten, in deren Keller ein Freak lebte, der im verwilderten Garten Hühner, Schweine und Schafe hielt – mitten in Berlin. Aus der Kriegszeit stand noch ein hölzernes Rudergerät unterm Dach. Ein weiteres Kuriosum befand sich im Hamburger Bahnhof, heute ein Kunstmuseum. Dort war die weltgrößte Sammlung von Eisenbahnsignalanlagen untergebracht. Das Museum befand sich im britischen Sektor, direkt am Grenzübergang Invalidenstraße, und war von den Alliierten nach dem Krieg beschlagnahmt worden. Nur britische Offiziere, mit Reitgerte unterm Arm, betraten es gelegentlich. Kein deutscher Fuß durfte die Schwelle überqueren – mit Ausnahme jener Abgesandten der DDR-Reichsbahn, die regelmäßig eingelassen wurden, um die Signale zu ölen. Ich kletterte bei der West-Berliner Pathologie, die nebenan in einem Keller ihrem düsteren Handwerk nachging, an einer Mauer hoch, um durch die Fenster in den Bahnhof zu spähen.

Im September 1980 geriet ich in einen politischen Streik, der die Absurditäten der Stadt aus dem Halbdunkel ins grelle Scheinwerferlicht zerrte. Eine Invasion der DDR in West-Berlin war der Albtraum des Westens im Kalten Krieg. Ein Nachbar von mir gehörte der Freiwilligen Polizeireserve an, einer Art Untergrundmiliz des Westens, deren Angehörige einen Karabiner im Keller hatten, um im Notfall gegen Kommunisten zu kämpfen. Einmal aber fand der befürchtete Einmarsch wirklich statt, jedoch mit Zustimmung der Bundesregierung, der Westalliierten und des Berliner Senats. Staatssicherheit und andere Spezialkräfte der DDR sollten nämlich im Westen der geteilten Stadt ein gemeinsames Problem lösen: den Streik der bei der DDR beschäftigten Eisenbahner und die Blockade des gesamten Zugverkehrs mit der Bundesrepublik.

Die Betriebsrechte für die Bahn im Westen der Stadt lagen seit Ende des Krieges bei der DDR-Reichsbahn. Mit absurden Folgen: Die Bahner, viele von ihnen Kommunisten mit Berufsverbot im Staatsdienst der Bundesrepublik, waren West-Berliner, wurden in D-Mark bezahlt, waren aber im Osten sozialversichert. Die westliche Rentenversicherung tat so, als hätten die Bahner Beiträge gezahlt und gewährte eine kleine Rente, um sie nicht in die DDR zu drängen. Im Osten wurden ihnen dennoch Beiträge vom Lohn abgezogen. Wenn die Bahner krank wurden, durften sie nicht einen Arzt ihrer Wahl aufsuchen, sondern mussten in eine Poliklinik der DDR in West-Berlin. Jeden Morgen fuhren Ärzte aus dem Osten mit einem Kleinbus durch den Grenzübergang dorthin. Heute sitzt die Bundespolizei in dem Gebäude. Die Bahner verdienten zudem etwa ein Viertel weniger als ihre Kollegen bei der Bundesbahn, hatten weniger Urlaub und schlechtere Arbeitsbedingungen. Als es auch noch fristlose Kündigungen

gab, sogar von schwangeren Frauen, gärte es bei der Reichsbahn. Denn von einem sozialistischen Betrieb konnte keine
Rede mehr sein.

Am 8. September 1980 stand ein junger Mann in meinem Büro, etwa so alt wie ich, und kündigte an, die Reichsbahner würden demnächst streiken, ich solle mich darauf vorbereiten, es werde ein großes Ding. Das war klar. Denn die
Reichsbahner betrieben nicht nur die S-Bahn, sondern auch
den Fernverkehr für Güter und Personen – und sie schleppten
die alliierten Militärzüge von und nach dem Westen. Exakt
an dem Tag, an dem sich in Polen die siegreiche Solidarnosc-
Bewegung als Gewerkschaft gründete, traten die Reichsbahner in West-Berlin in Streik. Unterbrachen den Zugver-
kehr, besetzten Stellwerke und richteten ihre Streikzentrale
im Containerbahnhof nahe dem Grenzübergang Invalidenstraße ein, nicht weit vom heutigen Hauptbahnhof.

Ich erhielt einen Ausweis für die Streikzentrale und war in
der folgenden Woche privilegierter Zeuge aller Diskussionen
und Entscheidungen. Als der Personenzugverkehr mit Westdeutschland unterbrochen wurde, am Bahnhof Zoo, berichtete Reuters als einzige Agentur vor Ort. Während ich in meinem Büro schrieb – Eilmeldungen, Zusammenfassungen, ein
Feature – feierte das gesamte dpa-Landesbüro gegenüber in
einem Restaurant den Geburtstag eines Kollegen. Die Hamburger dpa-Zentrale war verzweifelt, sie konnte niemanden
von ihren Leuten erreichen. Erst weit nach Mitternacht
kamen zwei der Kollegen in mein Büro und fragten, was ich

hier täte, sie hätten schon die ganze Zeit das Licht bei Reuters brennen gesehen. Als ich ihnen berichtete und riet, mal in Hamburg anzurufen, erbleichten sie.

Die DDR verweigerte den Streikenden jegliche Verhandlungen. Anfangs wich sie aus, dann sprach sie von Terroristen. Die Interessen waren klar: Die Ost-Berliner Führung wollte unbedingt verhindern, dass der polnische Bazillus der Freiheit auf ihre Werktätigen übersprang. Der Westen wiederum, der den Sieg von Solidarnosc bejubelte, konnte seine Polizei nicht gegen die Streikenden losschicken. Die Unterbrechung des Zugverkehrs zwischen Berlin und dem Westen war indes ein tiefer Eingriff ins Viermächteabkommen und verlangte eine Lösung. Die Folge war ein west-östliches Komplott, das ich am Ende des Streiks persönlich miterlebte. Stasileute in Uniformen von Bahnpolizisten marschierten auf den Schienen aus Ost-Berlin über die Mauer hinweg nach West-Berlin und vertrieben die Streikenden aus ihrer Zentrale. Die Bahnhöfe und Stellwerke waren schon vorher zurückerobert worden. Britische Militärpolizei fuhr im Schritttempo rechts und links neben den Invasoren her und achtete darauf, dass sie die Schienen nicht verließen. Dieses Komplott wurde in den West-Berliner Medien runtergespielt oder ignoriert. Ich berichtete darüber und habe jetzt, nach eingehenden Recherchen, auch ein Buch darüber geschrieben, einen Politthriller vor zeitgeschichtlichem Hintergrund *(Stille Invasion)*.

Als der Streik gebrochen war, gestand mir dessen Anführer die wahren Motive. »Wir sind Trotzkisten«, sagte er, »wir sind vor Jahren in den Betrieb gegangen, um ihn irgendwann in die Luft zu jagen.« Das war der Versuch, eine offene historische Rechnung glattzuziehen. Im spanischen Bürgerkrieg hatten Stalinisten östlicher Prägung abweichlerische Trotzkisten im Schützengraben von hinten liquidiert. Trotzki selbst wurde im mexikanischen Exil von einem Agenten Stalins mit einem Eispickel erschlagen.

Die Tage des Streiks waren für mich wie ein Rausch. Ich arbeitete rund um die Uhr. Setzte Eilmeldungen ab, von einer Telefonzelle nahe der Streikzentrale, berichtete und analysierte. Reuters war immer vorn. Für die Streikenden war ich ein wichtiger Partner, weil ich ADN empfing und sie anrief, um ihnen von der Ost-Berliner Marschrichtung zu erzählen. Als klar war, dass die DDR nicht verhandeln würde, war der Streik eigentlich gescheitert, es gab nur noch einen einzigen politischen Ausweg: Der West-Berliner Senat musste die S-Bahn übernehmen. Ich riet den Streikenden, das zu fordern, und sie taten es. Doch der Senat lehnte ab. Nun konnte die DDR, toleriert vom Westen, das schmutzige Geschäft erledigen, den Streik auf fremdem Territorium zu zerschlagen.

Mein Telefon wurde unterdessen von den Westalliierten abgehört. Eines Tages beschwerte sich ein Berater des britischen Stadtkommandanten, er war in Wahrheit Geheimdienstmann, bei meinem Kollegen Mark Wood, die Franzosen hätten sich im Rat der Alliierten darüber beklagt, dass sich eine »britische Institution« in den Streik einmische. »Oh, you bugged our telephone!«, entfuhr es Mark. Alle hörten doch in Berlin ab, spielte der Brite die Sache herunter. Und las Passagen eines abgehörten Telefonats vor. Mark war empört, das Gespräch wurde laut.

Wenige Monate später allerdings waren die Alliierten heilfroh, dass ich mich wirklich einmischte. Und zwar in den undurchsichtigen Versuch, den Streik noch einmal zum Leben zu erwecken. Die dubiosen Figuren, die sich bei mir meldeten und mit denen ich mich nachts vor dem Olympiastadion traf, behaupteten, die Amerikaner hätten sie ermuntert und stünden diesmal hinter ihnen. Entweder waren das Abenteurer oder Provokateure der DDR. Ich entschloss mich, den Berliner Senat ins Bild zu setzen und traf mich mit Peter Sötje, dem Chef der Senatskanzlei des Regierenden Bürgermeisters Dietrich Stobbe. Der tütete die Information ein, leitete sie in die maßgeblichen Kanäle und ich erhielt dringliche Anrufe der Alliierten, ich möge bitte den Drahtziehern ausrichten, dass sie keine Unterstützung fänden. Das tat ich. Die Sache verlief im Sand.

Das bittere Ergebnis des Arbeitskampfes war, dass alle Streikenden von der Reichsbahn entlassen wurden. Doch so würdelos durfte das nicht enden. Ich rief Ernst Haar in Frankfurt an, den Vorsitzenden der westlichen Eisenbahnergewerkschaft, und bat ihn, den Gescheiterten die Aufnahme in seine Organisation anzubieten. Das tat er. Er kam nach Berlin und gab eine Pressekonferenz. Der Nebeneffekt für ihn: Nun war seine Gewerkschaft auch in West-Berlin verankert, wo bislang nur die DDR-Gewerkschaft das Sagen hatte. Die S-Bahn war schwer angeschlagen. Die DDR schickte sogar Soldaten nach West-Berlin, um den Betrieb zu stabilisieren. Eigentlich ging nichts mehr. Doch der Westen verlangte nicht die Rückgabe der Betriebsrechte, sondern leistete dem Osten politisch Beistand. Und hielt damit Honecker. Das war die dunkelste Stunde der Entspannungspolitik, denn es war auch ein verborgenes Statement gegen den Umbruch in Polen. Freie Gewerkschaften wie dort, eine Gefährdung des Status Quo im gesamten Ostblock, wollte man nicht.

Nun erfüllte sich, was ich bereits vor dem Streik, im Juli 1980, in einem Namensartikel mit Aplomb postuliert hatte: Berlin macht nur noch negative Schlagzeilen. Die *Berliner Morgenpost* brachte meine Story als Titelgeschichte und setzte eine mehrtägige Leserdebatte in Gang. Stobbe erwiderte, wiederum auf der Titelseite der Zeitung: Ein Zerrbild! Ein halbes Jahr später stürzte er. Der Baulöwe Dietrich Garski hatte in Saudi-Arabien eine Landesbürgschaft über 100 Millionen Mark in den Sand gesetzt. Stobbe hatte seine Partei nicht mehr hinter sich und trat im Januar 1981 zurück. Ich stand in diesem Moment neben ihm und schaute in sein versteinertes Gesicht. Jahre später, Stobbe saß im Bundestag, hatte mächtig abgenommen und war kaum wiederzuerkennen, sah ich ihn abends in einer Kneipe gegenüber dem Kanzleramt. Er hatte eine angeschickerte Sekretärin aufgegabelt und mühte sich, sie zu beeindrucken: »Ich war der Bürgermeister von Berlin!« Sie glaubte ihm nicht. Lachte ihn aus. Sic transit gloria mundi.

Nach Stobbes Scheitern ging es in Berlin noch weiter abwärts auf der politischen Rutschbahn. Die Bonner SPD-Führung inszenierte die Instandbesetzung der Berliner Filiale und schickte Hans-Jochen Vogel als Nachfolger. Dessen Senatskandidaten fielen jedoch bei der Wahl im Abgeordnetenhaus durch, einer nach dem anderen – torpediert von U-Booten in der SPD. Jeder dieser misslungenen Wahlgänge war mir eine Eilmeldung wert. Ganz Deutschland bebte an diesem Tag. Es war die Vivisektion der einst großartigen Partei Willy Brandts. Vogel ackerte wie ein Verrückter, schlief auf einem Feldbett im Rathaus Schöneberg und ließ seine Helferlein morgens um sechs zur Frühbesprechung antreten. Wer eine Minute zu spät kam, wurde zur Schnecke gemacht. Beliebt war er nicht, der strenge Jochen. Sein Pressesprecher, ein Freund von mir, ekelte sich davor, dem Chef morgens die Schuppen von den Schultern zu klopfen. Doch Vogel bestand darauf. Im Mai 1981 gab es Neuwahlen – und die CDU Richard von Weizsäckers eroberte das ursozialdemokratische Berlin. Weizsäcker hatte eine politische Piratenmannschaft mitgebracht, denn in der Stadt sah es schlecht aus mit begabtem Personal. Norbert Blüm übernahm das Soziale, Elmar Pieroth die Wirtschaft. Der Winzer streifte im Wahlkampf gerne durch Tante-Emma-Läden und schaute, ob sie seine Weine im Regal hatten.

Niemals sind meiner Beobachtung nach Wirkung und Wirklichkeit eines Politikers stärker auseinandergefallen als bei Weizsäcker. Der Freiherr wirkte auf Abstand als

Sympathikus, in der Nahbetrachtung zeigte er sich indes eiskalt und schneidend scharf. Ich stieß einmal frontal mit ihm zusammen, weil ich eine seiner Meinung nach falsche Frage gestellt hatte. Er explodierte und schnauzte mich zusammen, mit hochrotem Kopf. Oberkommando der Wehrmacht. Das ließ ich mir nicht gefallen und gab es ihm zurück. Ebenfalls mit erhobener Stimme. Was er sich einbilde … Ein Reuters-Mann ließ sich nicht herunterputzen von einem Politiker. Nach einer längeren Phase des Schweigens kamen wir zögernd wieder ins Gespräch. In der Philharmonie saß ich bei einem Konzert in der Reihe hinter ihm und er war tres charmant.

Die besten Leute hatte in der Phase des Niedergangs die Berliner FDP, die mit der SPD regierte. Doch die Liberalen wurden von dem rechten Flügelmann Hermann Oxfort zerlegt, den es in ein Bündnis mit der CDU trieb. Sinnbild des innerparteilichen Chaos war auf einem Landesparteitag eine Fledermaus, die im größten Tumult über die Köpfe der erhitzten Delegierten flatterte. In Erinnerung geblieben ist mir der liberale Justizsenator Gerhard Meyer, ein außergewöhnlich kluger und mutiger Mann. Es sei nur ein biografischer Zufall, sagte er eines Abends im kleinen Kreis, ob jemand im Gefängnis hinter der Zellentür lande oder mit dem Schlüsselbund in der Hand davor. Was für ein Statement!

Meine Schlussphase in Berlin wurde von Hausbesetzungen, Demonstrationen und Straßenschlachten beherrscht. Heinrich Lummer, Weizsäckers Innensenator und ein scharfer

Hund, wollte mit den besetzten Häusern Schluss machen. Sein liberaler Chef ließ ihn gewähren, denn die CDU-Wähler erwarteten das. Auf dem Höhepunkt der Konfrontation gab es fast täglich Demonstrationen, die in unfassbar militante Straßenschlachten ausarteten. Polizisten knüppelten wie besessen, Militante plünderten Geschäfte, steckten Mülltonen in Brand und deckten die Staatsmacht mit Steinen ein. Die Straßen von Kreuzberg waren vom Prasseln der Pflastersteine erfüllt, die auf Helme, Schilder und Wasserwerfer niedergingen. Mehr als einmal flüchtete ich mich in eine Telefonzelle. Doch ich lief immer mit den Demonstrationen, denn die Polizeiberichte am anderen Morgen, das hatte ich hinreichend erfahren, stimmten selten. Ich wollte selbst sehen, wer angefangen und wer wie zugelangt hatte.

Das allerdings führte zu einer kuriosen Verwicklung. Im Juli 1981 rief mich ein Kollege der *taz* an und fragte, ob ich schon die vier Plakate der Hausbesetzer mit den Konterfeis heimlich fotografierter Polizeispitzel gesehen hätte. Die Dinger waren an einigen Hundert Stellen in der Stadt geklebt worden. Angebliche Polizeispitzel muss es heißen, denn ich war darauf ebenfalls zu sehen, auf dem Plakat Nummer vier. Streifenwagen der Polizei waren schon herumgefahren und hatten die Fotos der Staatsmacht übersprüht, meines aber nicht, denn sie wussten: Der gehört nicht zu uns. Und die *taz*-Kollegen wussten: Der Irrtum konnte fatale Folgen haben. Dass ich nämlich demnächst aus einer Demonstration angegriffen und verletzt würde. Sie halfen mir, schickten ein

Team ins Reuters-Büro, fotografierten mich mit meinen langen Haaren, die sie indes für szeneuntypisch kurz hielten, am Schreibtisch und veröffentlichten anderntags eine Geschichte: »Falscher Spitzel enttarnt«.

Nun geschah etwas, das mich ungemein verblüffte. Ein Sprecher der Hausbesetzer rief bei mir an und entschuldigte sich. Dann erhielt ich einen anonymen Brief: »Wir haben uns nun Gedanken gemacht, wie wir dich wieder rehabilitieren können und machen dir folgenden Vorschlag: Wir lassen in der kommenden Woche eine Anzeige mit deinem Foto und einem rehabilitierenden Text erscheinen. Die Anzeige soll 1 Woche lang täglich erscheinen.« Und zwar nicht nur in der *taz*, sondern auch in der anderen linken Tageszeitung, der *Neuen*, und im Stadtmagazin *Zitty*. Die Anzeige solle aber nur veröffentlicht werden, wenn ich zuvor bei der *taz* mein Okay gegeben hätte. Das tat ich. Am 29. Juli erschien die erste Annonce. »Hans-Ulrich Jörges ist kein Bulle! Er darf nicht angegriffen werden!«, lauteten die Headlines über meinem Foto. Das hatte Grandezza!

Mir ist nichts passiert. Doch Berlin ging mir inzwischen, nach den turbulenten Ereignissen, die für zehn Jahre Journalismus gereicht hätten, auf den Nerv. Ich bewarb mich um den Korrespondentenposten in München – erfolgreich. Drei bis vier Jahre an einem Schauplatz, das nahm ich mir vor, waren vermutlich der richtige Rhythmus für diesen Beruf. Wenige Tage, bevor ich die Stadt verließ, wurde der junge Hausbesetzer Klaus-Jürgen Rattay bei Protesten nach der Räumung von acht besetzten Häusern getötet. Er geriet auf der Flucht vor der Polizei unter einen Bus und wurde zu Tode geschleift. Heinrich Lummer trug dafür die politische Verantwortung. Er konnte es sich nicht verkneifen, eine triumphierende Pressekonferenz in einem der geräumten Häuser zu geben. Die Stadt vibrierte vor Erregung.

Ich berichtete darüber schon nicht mehr. Der zweite Mann im Reuters-Büro, den ich vom *Tagesspiegel* geholt hatte, übernahm das. Ich kann mich nicht mehr erinnern, ob ich ihn angesprochen habe, weil er in der Berliner Landespolitik, im Schöneberger Rathaus also, erfahren war, oder er mich, weil er gehört hatte, dass ich einen Kollegen suchte. Nach dem Tod von Rattay, noch am selben Tag, setzte er eine Falschmeldung ab: Ein Polizist sei erstochen worden. Das kippte zusätzlich Öl ins Feuer. Nach den Umständen, die ich kenne, muss ich sagen: Mir wäre das nicht passiert. Ich packte und verabschiedete mich von den besten Freunden mit einem Essen. Als wir uns vor dem Restaurant verabschiedeten, zog mich einer zur Seite, ein Senatssprecher, und flüsterte mir ins Ohr: »Das sollst du noch wissen. Dein zweiter Mann ist ein DDR-Agent.« Das traf mich wie ein Blitz. Doch ich konnte nichts mehr damit anfangen, ich hatte zu fahren, nach München. Ich rief bei der Chefredaktion in Bonn an und setzte sie ins Bild. Auch wenn der Hinweis vage war: Ein Stasimann als Reuters-Korrespondent in Berlin, das war gespenstisch. Entweder die Behörden nahmen ihn hoch oder Reuters musste ihn an die Luft setzen. So schnell wie möglich.

Die Sicherheitsbehörden nahmen ihn erstaunlicherweise nicht hoch. Vielleicht haben sie ihn beobachtet, um Spuren und Verbindungen aufzudecken. Oder sie haben ihn umgedreht. Doch er verließ Reuters und tauchte unter. Seine persönlichen Verhältnisse waren mir schon immer undurchsichtig bis bizarr erschienen. Auf der Fahrt nach München ging mir ein Ereignis durch den Kopf, das den Verdacht bestätigen könnte. Als mein eigenes Auto in der Werkstatt war und nicht rechtzeitig fertig wurde, lieh ich mir seinen BMW aus, sehr kurzfristig, weil ich zu den Chinesen nach Ost-Berlin wollte. Bei der Grenzkontrolle forderte mich der Posten auf, das Handschuhfach zu öffnen. Er griff hinein, zog einen Packen gefaltetes Papier heraus, las darin und fragte mich dann: »Was ist das?« Ich antwortete, dass ich es nicht wisse, da ich das Auto von einem Kollegen geliehen hätte. Erst dann las ich die Papiere. Es handelte sich um Fotokopien meines persönlichen Telefonbuchs, vollständig, Seite für Seite. Mit den Namen und Nummern aller Kontaktleute, in der Politik, bei den Alliierten, in Ost-Berlin. Der Posten lief in eine Baracke, kam nach ein paar Minuten wieder heraus und gab mir die Kopien zurück. Ich legte sie wieder ins Handschuhfach. Und schwieg dem Kollegen gegenüber, um unser Verhältnis nicht gleich zu zerstören. Ich vermutete, dass er mein Büchlein heimlich kopiert hatte, weil er mein Netzwerk eben noch nicht hatte, vor allem bei den Alliierten. Und als ich von jetzt auf gleich sein Auto haben wollte, fand er wohl keine Gelegenheit mehr, die Papiere aus dem Handschuhfach zu nehmen. Nun aber, nach der späten Agentenwarnung, hielt ich für möglich, dass er meine Kontakte für die Stasi gescannt hatte. Schon während des S-Bahn-Streiks war er ja an meine Seite gekommen und hatte Gelegenheit, mich zu beobachten – in der für den Konflikt zentralen Rolle. Farewell, Berlin! Du kannst so hässlich sein ...

Und München so schön! Als ich bei strahlendem Sonnenschein hinter dem Hotel Bayerischer Hof parkte und durchs Stadtzentrum spazierte, kam ich mir in meinen Berliner Klamotten abgerissen und armselig vor. Ein Journalist? Ein erfolgreicher auch noch? Ich wirkte wie ein Fensterputzer. Passte auch nicht ins Reuters-Büro, das an der feinen Maximilianstraße lag. München war, jedenfalls im Zentrum, reich, satt und fancy. Meine Frau blieb noch in Berlin, ich besorgte mir also neue Hemden und ordentliche Jeans – und ging auf Wohnungssuche. In der, die ich schließlich fand, an einer viel befahrenen Straße parallel zur Isar, brach sie nach ihrer Ankunft spontan in Tränen aus und mochte unser Umzugsgut am liebsten gar nicht erst auspacken. Hier kam 1983 meine erste Tochter Anne Cathrin zur Welt. Dann erst fanden wir Ersatz für die Notunterkunft, im Olympiadorf, wo wir samstags bei den Heimspielen von Bayern München die Torschreie gleich nebenan hören konnten. Schräg gegenüber in der Connollystraße lag das kleine Haus, in dem 1972 die israelische Olympiamannschaft überfallen worden war. Mein Gewehr im Keller wurde mir unerträglich. Ich zerschlug es nachts auf dem Betonboden des Kellers, brach den Kolben ab, verbog den Lauf und warf die Einzelteile in den Müllschlucker der Wohnanlage. Endlich. Waffen in die Müllverbrennung!

Auch in München war ich im Handumdrehen im Zentrum des Journalismus. Ein Arbeitsklima wie dort habe ich kein zweites Mal erlebt. Die tragenden Figuren des politischen Journalismus waren nicht Konkurrenten, sondern privat miteinander befreundet. Ich möchte nur wenige Namen nennen: Roman Arens, abgeklärter Korrespondent der *Frankfurter Rundschau*; Michael Stiller, der für die *Süddeutsche Zeitung* den Skandalen der CSU auf der Spur war, geführt von einem sehr prominenten Informanten, den ich hier nicht nennen darf; Peter Fahrenholz, damals junger Wilder des *Donaukurier* aus Ingolstadt; und Egon Scotland, von *dpa* zur *Süddeutschen* gewechselt und seit der Aufdeckung der Fuldaer Bischofsschändung ein Solitär. Scotland wohnte am Viktualienmarkt und hatte sich in der Wohnung eine kleine Werkstatt eingerichtet, in der er nachts alles Mögliche zusammennähte, klebte oder lötete. Er schenkte mir wunderschöne kleine Ikonen, auf denen er mich als Ritter gegen einen Drachen anrennen oder auf einen Schreibcomputer einhacken ließ. Für sich selbst nähte er weiß-blau gestreifte Hosen, die er unablässig trug, auch im Bayerischen Landtag. Franz Josef Strauß fragte ihn einmal im Vorübergehen: »Herr Scotland, ham's wieder Ihre KZ-Hosen an?« Er meinte es nicht böse, Scotland nahm es nicht übel. Im Juli 1991 wurde er im Kroatien-Krieg von einem Sniper erschossen. Der Heckenschütze nahm das als Pressefahrzeug kenntlich gemachte Auto unter Feuer, in dem er mit einem Kollegen unterwegs war, und schoss durch Motorraum und Handschuhfach in Scotlands Bauch. Der verblutete. Ich unterbrach meinen Urlaub in Dänemark, flog nach München und hielt mit anderen Kollegen Totenwache am Sarg des Freundes. Edmund Stoiber, der damals schon Ministerpräsident war, habe ich nie vergessen, dass er nicht nur an der Totenmesse teilnahm, sondern auch noch zu Fuß mit dem Trauerzug zum Friedhof ging. Während ich dies schreibe, blicken mich Scotlands unvergängliche Ikonen aus dem Bücherregal an.

Franz Josef Strauß und die CSU waren die Pole, um die sich journalistisch alles drehte in diesen Jahren. Denn sie standen im Dauerstreit mit Helmut Kohl und dessen CDU in Bonn. Auf den Pressekonferenzen von Strauß nach den Vorstandssitzungen der CSU war ich es im Regelfall, der die erste Frage stellte und dann mehrfach nachsetzte, meist zu bundespolitischen Konflikten. Es machte Spaß, mit Bonn Pingpong zu spielen. Strauß war davon so angetan wie wir Presseleute. Im Handumdrehen hatte ich erstklassige Verbindungen in die CSU. Edmund Stoiber, Chef der Staatskanzlei, empfing mich in seinem Büro, telefonierte ausgiebig mit mir und gab mir Interviews, die News machten. Einmal ließ er seinen Dienstwagen stoppen, als er mich mit Kinderwagen auf der Straße entdeckte, und inspizierte das Mädchen, das er noch viele Jahre später in seiner Erinnerung für meinen »Sohn« hielt.

Gerold Tandler, CSU-Generalsekretär und Fraktionschef im Landtag, lud mich zum Abendessen unter vier Augen ein.

Einmal besuchte ich ihn in seinem Hotel zur Post in Altötting. Und Monika Strauß, die Tochter des Bayern-Herrschers, rief mich eines Tages im Büro an, um mich ganz unkompliziert und umwerfend mädchenhaft zu einer Veranstaltung einzuladen. Traf man sich zu Feiern oder Empfängen der CSU, was häufig der Fall war, riefen mich Stoiber und Tandler häufig an ihren Tisch, weil sie sich nicht neben ihren eigenen Kreaturen aus dem Bayerischen Rundfunk langweilen wollten. »Herr Jörges, kommen's her, schnell, bevor derunder sich hersetzt!« Beim politischen Aschermittwoch in Passau und bei den Klausuren der Bonner CSU-Landesgruppe im romantisch verschneiten Wildbad Kreuth lernte ich auch die Bonner CSU-Granden kennen: Theo Waigel und Michael Glos vor allem, die mir ewig freundschaftlich zugeneigte Begleiter blieben. Bei Glos war ich sogar im fränkischen Privathaus zum Essen und am Ehrentisch zur Feier seines 60. Geburtstags eingeladen. Waigel war damals noch mit einer alkoholkranken Frau verheiratet, was die Presseleute wussten und nicht zum Thema machten. Dann lernte er die Skirennläuferin Irene Epple kennen, die er später heiratete. Als das noch nicht bekannt war, sah ich ein Foto der beiden im Schaukasten meines Skihotels in Südtirol. Damals war ich schon beim *stern* und für den wäre die Enthüllung des Geheimnisses natürlich eine Geschichte gewesen. Ich entschloss mich, die beiden zu schützen, und schwieg.

Einen Stein im Brett hatte bei den Münchner Presseleuten Otto Wiesheu, der nahbar, ehrlich und sympathisch war.

Ein Bauernbub, der Karriere gemacht hatte. Nach nur einem halben Jahr musste er indes im November 1983 als Generalsekretär der Partei zurücktreten, weil er nachts mit 1,99 Promille am Steuer seines mächtigen Dienstwagens auf der Autobahn Richtung Nürnberg von hinten einen Fiat 500 gerammt hatte, der auf der mittleren Fahrspur vor sich hin zuckelte. Ein Pole, der mit dem vollgestopften Kleinwagen nach Hause fahren wollte und auf der Leopoldstraße noch einen Fußgänger gefragt hatte: »Wo bitte geht's nach Polen?«, durchs Schiebedach nach draußen gehebelt wurde und auf der Stelle starb. Nun entfaltete sich die ganze Macht der CSU. Die Autobahn wurde am folgenden Tag, einem Samstag, trotz Wochenendverkehrs gesperrt, um die Spuren am Unfallort akribisch sichern zu können. Für einen Verkehrsunfall war der Aufwand ungeheuer. Doch er zahlte sich nicht aus für Wiesheu. Im Prozess gegen ihn sagte Max Danner aus, der prominenteste aller Unfallforscher. Und es konnte technisch einwandfrei nachgewiesen werden, dass die Rücklichter des Fiat zum Zeitpunkt der Kollision gebrannt hatten. Die Glühdrähte (!) waren nämlich im Unfallchaos sichergestellt worden und ihre Untersuchung zerstörte das Gerücht, der Fiat sei vielleicht unbeleuchtet unterwegs gewesen. Wiesheu erhielt in zweiter Instanz nur eine Bewährungsstrafe von zwölf Monaten. Hätte er nicht so viele Sympathien bei den Presseleuten gehabt, wäre es für ihn womöglich bitter ausgegangen. Ich schrieb jedenfalls einen persönlichen Brief an ihn und versicherte ihn meines Mitgefühls. Der einstmals Linksradikale hatte eine mächtige Strecke zurückgelegt. In München wurden ihm die letzten Vorurteile ausgetrieben.

Das Münchner Lebensgefühl jedenfalls hatte auch mich gepackt. Aus süddeutscher Sicht war Bonn verdammt weit weg – und Italien wirkte näher als das Rheinland. Niemand konnte sich dieser speziellen Perspektive entziehen. Samstags frühstückte ich mitunter acht Weißwürste – und trank dazu Tee mit Zitrone (!). Als ich eines Tages mit gemäßigtem Trachtenjanker zu Jeans und langen Haaren auf einer Pressekonferenz erschien, gab es ein großes Hallo unter den Kollegen. Die bayerischen Sozialdemokraten waren mir sympathisch. Schon allein, weil sie die Schwächeren waren. Mitleid aber wäre wohl treffender als Sympathie. Sie machten einfach alles falsch und boten das Bild des ständigen Verlierers. Helmut Rothemund, der Landesvorsitzende, war der Inbegriff: mit ewig verschwitztem Gesicht, verrutschter Krawatte, einem aus der Hose hängenden Hemdzipfel und einer schräg vor den Bauch gehaltenen Halbe schalen Biers. Es war ein einziges Bild des Jammers. Der verschwitzte, angetrunkene Strauß war rein äußerlich betrachtet durchaus ähnlich, doch er schaute nicht aus wie ein Verlierer, sondern war ein tobender Kraftmensch. Auch Hans-Jochen Vogel als Spitzenkandidat der Bayern-Sozis hatte gegen ihn nicht die geringste Chance. Zumal er mit dem verstiegenen Motto auftrat: »Bayern braucht Dr. Vogel.« Doktor! Das kesselte im Bierzelt …

Strauß und die bayerische CSU waren aber nur die Hälfte meines Auftrags. Der Reuters-Korrespondent musste auch die Wirtschaft abdecken, und zwar intensiv und mit Verstand. Ich musste regelmäßig über BMW, Siemens und Audi, die Panzerschmiede Krauss-Maffei und den Turbinenproduzenten MTU wie auch die bayerischen Großbanken berichten. Das alles als Einzelkorrespondent. Als ehemaliger Wirtschaftsjournalist brachte ich dafür die notwendigen Voraussetzungen mit. Ich konnte beispielsweise Bilanzen lesen. Manchmal wusste ich nicht, wo mir der Kopf stand. Auf dem Reuters-Draht aber waren so viele Storys aus München, dass manche Zeitungskunden glaubten, dort sei die deutsche Reuters-Zentrale. Als ich München verließ, kündigten einige.

Mein Ruf in der Wirtschaft war nicht schlechter als der in der Politik. Auf einer Hauptversammlung von BMW schickte ich den Aktienkurs in den Keller, als der Vorstandschef nach einem Streik in seinem vorbereiteten Redemanuskript von Wirkungen auf das Ergebnis sprach und ich das als Eilmeldung an die Börse herauspustete. Daraufhin rief die Vermögensverwaltung der Eigentümerfamilie Quandt aus Bad Homburg an – in die laufende Hauptversammlung hinein. Der BMW-Boss musste erneut das Wort ergreifen und den Eindruck korrigieren. Eine Agenturmeldung habe …Vermutlich wollte er mit seiner Bemerkung nur der IG Metall im Vorübergehen einen kleinen Tritt verpassen. Nun hatte er aber aus Versehen Quandt getreten. Von mir verlangte die Gemengelage indes eine besonders kunstvolle Berichterstattung – ich musste ja über mich selbst berichten, ohne mich in der Sache zu korrigieren. Als der Börsenkurs abschmierte, zitterten mir allerdings die Hände.

Persönlich tief erschüttert hat mich die Ermordung von Ernst Zimmermann durch ein Kommando der RAF. Ich kannte den Chef der Motoren- und Turbinen-Union (MTU) gut. Das Unternehmen stellt Triebwerke her, für zivile und militärische Flugzeuge. Zimmermann stand außerdem dem Bundesverband der Luft- und Raumfahrtindustrie vor. Am Morgen des 1. Februar 1985 wurde er in seinem bescheidenen Haus in Gauting überfallen, gefesselt ins Schlafzimmer geschafft und durch Kopfschüsse von hinten getötet. Zimmermann war ungemein sympathisch, wir mochten uns gegenseitig. Er wurde an einem Freitag umgebracht, ich hatte mit einem kurzen Arbeitstag gerechnet und meine kleine Tochter Anne, die noch nicht richtig laufen konnte, ins Büro mitgenommen. Als dort die Hölle über mich hereinbrach und ich über Stunden aus dem Telefonieren und Schreiben nicht herauskam, zerlegte sie in Seelenruhe das gesamte Büro. Am Ende saß ich in einem Schlachtfeld. Und hatte ihr auch noch die ausgereizte Windel ausziehen müssen, ohne eine zweite in Reserve zu haben. Anne kroch also mit blankem Po durch Berge zerfetzten Papiers. Und so beschäftigt ich auch war, ich trauerte. Sah die Szene bildhaft vor mir, wie Zimmermann an der Haustür überwältigt und zur Hinrichtung geschleppt wurde. Eine ebenso widerwärtige wie sinnlose Tat.

Reuters-Korrespondent sein, hieß über alles zu berichten, was Nachrichtenwert hatte. Und den Korrespondenten persönlich fesselte. Politik, Wirtschaft, Gesellschaft – ganz gleich. Getreu dem Motto der *New York Times*: All the news that's fit to print. Deshalb ging ich auch in einen Prozess, der mich tief aufwühlte. Ein Arzt und eine Hebamme aus einer Privatklinik standen vor Gericht, weil sie ein Baby unmittelbar nach der Geburt umgebracht hatten. Sie hielten es für behindert – und das gab dem Prozess seine besondere Bedeutung. Denn für den medizinischen Apparat existierten keine Empfehlungen oder gar Vorschriften, wie sie mit schwerbehinderten Babys umzugehen hatten. Der angeklagte Arzt hatte bei dem Embryo noch im Mutterleib einen unterdurchschnittlichen Kopfumfang gemessen. Er wies die Eltern darauf hin, dass das Kind behindert zur Welt kommen könnte, worauf die in Panik gerieten und antworteten, wenn es so sei, wollten sie das Kind gar nicht erst sehen. Es wurde ein Kaiserschnitt arrangiert, und zwar so, dass das Kind schon durch die Narkose der Mutter in den Tod geschickt werden konnte. Es kam aber zur Welt und bewegte sich. Also musste ihm, um die Behinderung später nachweisen zu können, Gewebe entnommen werden. Man schnitt ihm ohne Betäubung ein großes Stück Haut aus dem Oberschenkel. Zur Entnahme einer Blutprobe stach der Arzt eine Spritze durchs Brustbein ins Herz. Das Baby wurde jedoch nicht abgesaugt und versorgt, sondern achtlos aufs Fensterbrett gelegt, um die Mutter zu nähen. Dann schrie das Baby, man nahm es vom Fensterbrett und der Arzt spritzte es zu Tode. Eine Krankenschwester, die das Martyrium verfolgt hatte, erstattete Anzeige. Eine Nachuntersuchung des Kindes ergab übrigens, dass es nicht behindert war.

Von dem Prozess war zu erhoffen, dass das Gericht in seiner Urteilsbegründung erstmals allgemeingültige Standards für die Mindestversorgung neugeborener Behinderter formulieren würde. Sachverständige schilderten nämlich eine völlig unregulierte Grauzone. Niemand schaute genau hin. In der DDR wurden schwer behinderte Babys nach der Entbindung oft kopfüber in einen Eimer Wasser gesteckt, der für solche Fälle bereitstand. In der Bundesrepublik war die Praxis nicht so grauenerregend, doch auch hier interessierte sich niemand für ärztliches Morden von Behinderten. Das Gericht indes versagte. Es formulierte keinerlei Standards, etwa Absaugen, Wärmen, Nähren. Was dachten sich dieser Richter? Ich war zornig und schrieb auch so.

Jeder Journalist, der damals schon im Beruf stand, wird sich an den Tag erinnern, an dem die Hitler-Tagebücher des *stern* als Fälschungen entlarvt wurden. An jenem 6. Mai 1983, einem Freitag, saß ich an meinem Münchner Schreibtisch und lauschte den gewaltigen Detonationen, die der größte Presseskandal aller Zeiten nicht nur in den hiesigen Medien, sondern rund um den Globus auslöste. Das entscheidende Gutachten stammte vom Bundeskriminalamt. Die Fälschung als solche überraschte mich nicht. Wer das widerwärtige Gewese in der Hamburger Redaktion verfolgt hatte, die Debatten und die Zweifel in der Öffentlichkeit, der war fast erleichtert, dass es so ausgegangen war. Eine Wiederbelebung oder gar Rehabilitation Hitlers war so jedenfalls ausgeschlossen. Später, als ich selbst beim *stern* war, musste ich feststellen, dass Fälschungen und Verfälschungen zum Handwerkszeug dieser überdrehten Redaktion gehörten. Die Tagebücher waren der Gipfel dessen, was sich über Jahre aufgetürmt hatte. Ich komme noch darauf zurück.

Im Februar 1984 lernte ich Franz Josef Strauß näher kennen. Er flog nach Syrien und lud mich zur journalistischen Begleitung ein. Gastgeber war Staatschef Hafiz al-Assad, der Vater des heutigen Machthabers. Die Reise war indes mit der Bundesregierung nicht abgestimmt. Hans-Dietrich Genscher schäumte und die Öffentlichkeit diskutierte über diesen Fall von Nebenaußenpolitik. Die Saudis stellten für die Reise einen Jet mit Piloten und Stewardess. An Bord gingen in München neben Strauß und seinem älteren Sohn Max der Chefredakteur des *Bayernkurier* Wilfried Scharnagl, der Leibarzt Valentin Argirov, der Kollege Manfred Schell von der *Welt* und ich als Korrespondent einer internationalen Nachrichtenagentur. Am Flughafen von Damaskus empfing uns Verteidigungsminister Mustafa Tlas, mit Strauß offenbar schon gut bekannt. Es herrschte große Herzlichkeit und war schon zu ahnen, worum es gehen sollte: um Waffenlieferungen. Strauß indes stand in engstem Einvernehmen mit Israel, sodass derartige Kontakte nur mit israelischer Billigung vorstellbar waren. Zudem hatte der CSU-Chef eine amerikanische Botschaft an Assad mitgebracht.

Strauß wurde in einem Gästehaus der Regierung untergebracht, mit operettenhaft uniformierten Posten vor der Tür, wir anderen logierten in einem Luxushotel im Zentrum von Damaskus. Dort entspannte Strauß am Abend in der Bar im obersten Stockwerk bei den Darbietungen einer französischen Nackttanzgruppe. Er saß ganz vorne und musste beim Blick nach oben zur Bühne mindestens einen steifen Nacken bekommen haben. Von seinen Gesprächen berichtete Strauß nur kursorisch, von Waffen war keine Rede.

Das Reiseprogramm aber war spannend. Wir landeten auf einem Militärflugplatz am Fuße der Golanhöhen neben verbunkerten MiG-Kampfflugzeugen sowjetischer Bauart und lernten, dass die Piloten nur drei Minuten Vorwarnzeit hatten, wenn die israelische Luftwaffe über den Golan hinweg angriff. Drei Minuten, um in die Stiefel zu springen und die eigenen Maschinen in die Luft zu bekommen, damit sie nicht schon am Boden zerstört wurden. Das konnte einfach nicht klappen. Dann wurden wir in die antike Oasenstadt Palmyra geflogen, wo wir ganz allein zwischen altrömischen Ruinen herumspazierten. Max Strauß erwies sich dabei als wahrer Unflat. Zurück im Flugzeug, wischte er sich mit einer blütenweißen Leinen-Serviette den Staub von den Schuhen, befahl dann die Stewardess herbei und drückte ihr die schmutzige Serviette wortlos in die Hände.

Von einem Hügel am Rande der Hauptstadt konnten wir am Abend bei Dunkelheit ein besonderes Schauspiel beobachten. Es blitzte am Horizont. Das war das Mündungsfeuer der 6. US-Flotte, die vom Mittelmeer aus Kampfplätze des libanesischen Bürgerkriegs unter Feuer nahm. Wir bekamen einen Begriff davon, wie nah in dieser Region alles beieinander lag. Im riesigen Basar von Damaskus kauften wir Gewürze. Bei Sonnenaufgang am frühen Morgen schon weckte mich im Hotel der Gesang der Muezzine, der sanft über die Stadt wehte. Eigentlich wollte der CSU-Chef noch von Damaskus aus einen Abstecher in den Libanon unternehmen und sich dort mit christlichen Milizenführern treffen. Doch die Syrer rieten ihm davon ab – mitten im Bürgerkrieg war das Risiko unkalkulierbar.

Strauß lernte ich auf der Reise von einer völlig neuen Seite kennen. Er war nicht der Polterer, der über die »geistigen Pygmäen« von Bonn herzog. Er war weich und charmant. Nahbar, interessiert und auf alle Fragen anzusprechen. Es war ein Vergnügen, mit ihm zu reden. Eine ähnliche Erfahrung hatte ich mit Herbert Wehner gemacht. Die Reporter fürchteten sich vor dem bärbeißigen, blaffenden Mann, der nicht davor zurückschreckte, ihre Namen zu verballhornen und den Fernsehreporter Ernst-Dieter Lueg etwa als »Herr Lüg« anzusprechen. Der allerdings war geistesgegenwärtig und gab es dem »Herrn Wöhner« vor laufender Kamera zurück. In Berlin kam der SPD-Fraktionschef einmal im Rathaus Schöneberg aus einer Sitzung und die wartenden Presseleute wichen ehrfürchtig zurück, um nicht zu sagen: ängstlich. Keiner traute sich, eine Frage zu stellen. Das allerdings empfand ich als Schmach für den Beruf – und überwand mich. Wehner, der die Angst in den Augen der anderen gesehen hatte, antwortete höflich, sanft und geduldig, ließ sich eingehend befragen.

Die Machtmaschine Strauß war in Deutschland in das Korsett seiner einmal angenommenen Rolle gepresst. Er durfte nicht anders als Richtung Bonn zu blaffen. Hätte er eine Aufgabe in der internationalen Politik bekommen, wäre er ganz anders aufgetreten. Weltpolitik faszinierte ihn, füllte ihn aus. Als er den Milliardenkredit für die untergehende DDR eingefädelt hatte, die Vokabel »einfädeln« stammt aus einer Frage von mir an ihn, blühte er auf. Honecker empfing ihn am Werbellinsee und der DDR-Devisenbeschaffer Alexander Schalck-Golodkowski wurde ihm in Monaten der Geheimdiplomatie fast zum Freund. Der Stasioberst saß bei Strauß zu Hause am Tisch und nahm mit ihm eine Brotzeit ein. Als er in der untergehenden DDR per Haftbefehl gesucht wurde, fand er in Bayern Aufnahme. Mich würde nicht wundern, wenn Strauß ihn dem Bundesnachrichtendienst zugeführt und der BND ihn dort abgedeckt hätte. Als der Name auf einer Pressekonferenz von Strauß erstmals erwähnt wurde, war ich der Einzige, der wusste, um wen es ging. Ich kannte den Mann natürlich aus Ost-Berlin. Der Milliardenkredit wurde zur schwersten innerparteilichen Krise des CSU-Chefs. Ein Parteitag löste sich im Chaos auf, er lief grußlos davon. Die Partei war bei Weitem nicht so flexibel wie er. Sie sah nicht, welche Folgen das Kreditmanöver hatte. Edmund Stoiber begegnete später im Berliner *stern*-Büro einer Sekretärin, deren Ausreise aus der DDR er persönlich über den neuen Draht nach Ost-Berlin ermöglicht hatte. Beide waren gerührt.

Wir waren gerade zurück aus Damaskus – Max Strauß gab mir auf dem Flugfeld seine Telefonnummer, falls ich mal etwas bräuchte –, da wurde ich in die *Süddeutsche Zeitung* gerufen. Hans-Ulrich Kempski, der legendäre Chefreporter des Blattes, hatte mich vor der Syrienreise gefragt, ob ich Nachfolger von Helmut Lölhöffel als *SZ*-Korrespondent in Ost-Berlin werden wolle. Kempski war ein kerniger, ewig braungebrannter Typ, der im Krieg Fallschirmjäger und 1955 mit Adenauer in Moskau war, um die letzten deutschen Kriegsgefangenen freizubekommen. Er hatte seinen ganz eigenen Stil und schrieb faszinierende Geschichten auf der Seite drei der *Süddeutschen*. Mich nahm er damals unter seine Fittiche und wir wurden über die Jahre zu Freunden.

Natürlich hatte ich begeistert zugesagt für Ost-Berlin. Es war eine beglückende Vorstellung, für die schönste Zeitung Deutschlands aus meiner Heimat zu berichten. Kempski und Chefredakteur Hans Heigert eröffneten mir dann aber – ich war noch wie aus dem Wasser gezogen von der Syrienreise und obendrein war meine Großmutter gerade gestorben –, dass die DDR meine Akkreditierung abgelehnt hatte. Aus heiterem Himmel. Um die innerdeutschen Beziehungen stand es gut in dieser Phase und die DDR konnte eigentlich kein Interesse daran haben, einen neuen Konflikt aufzureißen. Die

Ablehnung eines Journalisten aber widersprach der Schluss-akte von Helsinki und mein Fall hätte, wenn er öffentlich be-kannt geworden wäre, einigen Staub aufwirbeln können. Das allerdings vermieden beide Seiten – auf meine Kosten freilich. Die DDR lehnte nicht brüsk ab, sondern bestellte Lölhöffel ins Außenministerium. Mit ihm war ich befreundet und er hatte mich in München als Nachfolger vorgeschlagen. Nun eröffnete man ihm, die *SZ* solle einen anderen Korresponden-ten benennen. Die *SZ*-Führung unter dem liberal-konserva-tiven Hans Heigert verzichtete wiederum auf einen öffentli-chen Protest, Lölhöffel riet davon ab, und fragte nur nach den Gründen für die Ablehnung. Die erfuhr er nie. Lölhöffel aber wurde im Außenministerium bedeutet, dass der Einspruch von der Staatssicherheit gekommen war.

Ich war völlig perplex, nun ohne Perspektive. Denn bei einer Agentur kann man nicht ewig arbeiten, sie ist ein journalis-tischer Durchlauferhitzer für Größeres. Eine reizvolle ande-re Position bei der *SZ* konnte man mir nicht bieten. Ich be-deutete Heigert und Kempski, sie sollten sich keine Gedanken machen, sie seien nicht für mich verantwortlich. Wir gingen mit der vagen Abmachung auseinander, dass sie sich melden würden, falls sich bei der Zeitung etwas anderes für mich fände.

Jahrelang habe ich nach den Gründen für meine Ableh-nung in der DDR geforscht. Kaum zeichnete sich die Öffnung des Stasiarchivs ab, beantragte ich Akteneinsicht. Es fand sich aber keine Akte und ich fasste mehrfach nach, schrieb auch an Behördenchef Joachim Gauck persönlich. Dass es nie eine Akte über mich gegeben hatte, war ausgeschlossen. Bloß: Wer hatte sie zur Seite geschafft oder vernichtet? Auch meine Nachforschungen im Politbüroarchiv blieben erfolglos. Gauck und seine Leute legten sich dann aber mächtig ins Zeug und übergaben mir ein Dokument aus Lölhöffels Akte, in dem sein Gespräch im DDR-Außenministerium nach der Ablehnung protokolliert war. Dort war als Sprachregelung für die »zentral getroffene Entscheidung« formuliert: »Selbstverständlich entscheiden Sie darüber, wen sie zu uns schicken möchten und selbstverständlich nehmen wir Ihre Vorschläge zur Kenntnis. Aber was Herrn Jörges betrifft, bitten wir Sie, einen anderen Vorschlag zu unterbreiten.«

Heigert glaubte, die Ablehnung habe mit meiner DDR-Verwandtschaft zu tun. Das bezweifelte ich. Lölhöffel wurde im Außenministerium bedeutet, dass es eine Stasiintervention war. Dies dürfte die richtige Spur sein. Denn das Dokument des Außenministeriums mit der amtlichen Sprachregelung ging auch an Generalmajor Günther Kratsch, Chef der Stasi-Hauptabteilung II. Die war für Spionageabwehr zuständig. 1977 hatte er an der Stasi-Hochschule promoviert – über »Grundfragen und Lösungswege zur Aufklärung und Bearbeitung von subversiven Mißbrauchshandlungen durch bevorrechtete Personen nichtsozialistischer und politisch-operativ interessierender Staat«. Bevorrechtete Personen waren auch westliche Journalisten. Eine »subversive Missbrauchshandlung« war aus DDR-Sicht gewiss meine Berichterstattung über die Ost-Berliner Jugendunruhen beim Konzert von Barclay James

Harvest am Reichstag gewesen. Noch viel ärgerlicher für die DDR aber war wohl meine Rolle beim S-Bahn-Streik. War der Hinweis richtig, dass der Reuters-Kollege mit meinen Telefonbuchkopien im Handschuhfach ein DDR-Agent war und ständig über mich berichtet hatte, dann musste die Akte schon allein deshalb verschwinden, um ihn nach der Einheit nicht auffliegen zu lassen. Das jedenfalls erschiene mir plausibel.

In meine Niedergeschlagenheit drang ein Telefonanruf von Heiner Bremer. Der war seinerzeit Politikchef beim *stern* und ein führender Kopf des linksliberalen Flügels der schleswig-holsteinischen FDP. Wir trafen uns in einem Münchner Hotel. Bremer suchte einen Mann, der im Bonner Büro CDU und CSU bearbeitete. Wegen meiner engen Kontakte in die CSU war ich beim *stern* auf den Schirm geraten. Mit meinen 33 Jahren war es höchste Zeit, die Agenturarbeit hinter mir zu lassen. Reuters war eine ungemein gute Schule gewesen, aber ewig dort bleiben konnte ich nicht. Generell sind Nachrichtenagenturen nur Durchlauferhitzer für junge, hungrige Reporter. Dort können sie sich rasant entwickeln. Dann aber müssen sie den Übergang zu nachdenklicherer Arbeit schaffen. Ich war Bremer dankbar. Und sagte zu.

Also: *stern* zum Ersten.

Der Wechsel nach Bonn erwies sich indes als Sturz in tiefstes Unglück. Es begann die journalistisch fürchterlichste Zeit meines Lebens. Wochenlang lag ich nachts wach, gequält von dem Gedanken, in welche Verhältnisse ich hier geraten war, wie ich mich so leichtsinnig und verkehrt hatte entscheiden können. Denn ich nahm den *stern* nach der Korrektheit von Reuters als Dschungel journalistischer Unseriosität wahr. Auch noch nach den gefälschten Hitler-Tagebüchern. Themenfindung und Textbearbeitung waren unkalkulierbar, den schwer durchschaubaren Launen und Machtkämpfen der Hamburger Zentrale ausgeliefert. Die politische Marschroute lautete: Immer gegen die Union und gegen jene bei den Liberalen, die sich ihr als Koalitionspartner angeboten hatten. So mussten die Artikel geschrieben werden, so wurden sie in Hamburg gedreht, wenn sie den politischen Ansprüchen nicht gerecht wurden.

Als ich begann, legten mir die Kollegen schon dringend ans Herz, vor Drucklegung noch einmal auf Übersendung der letzten bearbeiteten Fassung meiner Artikel aus Hamburg zu bestehen. Das war nicht einfach, denn diese Bitte wurde im Politikressort gerne überhört. Die erste Erfahrung war denn auch niederschmetternd. In einen Artikel über die CDU hatte man in Hamburg ein frei erfundenes Zitat eines namentlich genannten Bonner Politikers eingefügt. Als ich anrief und fragte, wie sie denn darauf gekommen seien, erhielt ich die Antwort: »Ach, hab dich doch nicht so. Das kann der doch so gesagt haben.« Hatte er aber nicht. Ich musste lange kämpfen, bis das Zitat wieder draußen war. Ich hätte mich sonst nicht nur bei dem betroffenen Politiker, sondern bei der Union insgesamt nicht mehr sehen lassen können. Diese Erfahrung schlug mir die Beine weg. Ich wusste: Hier musste ich wieder raus, so schnell wie möglich. Als ich mich in Hamburg vorgestellt hatte, war ich noch ganz ehrfürchtig aufgetreten. Das also ist der große Journalismus, dachte ich, als ich an der Außenalster spazieren ging und auf den »Affenfelsen« blickte, das damalige Verlagsgebäude, das in ganz Deutschland berühmt war. Würde ich es packen, in diesen Höhen des Berufs? Die bangen Gefühle vor meinem Besuch sind mir unvergesslich. Nun wusste ich: Von Höhen konnte keine Rede sein. Ich hatte in den Abgrund geschaut. In München, bei der *Süddeutschen*, aber gab es aktuell keine passende Position.

Also musste ich mich im Unglück einrichten und beobachtete an mir selbst, wie sich die Psyche gegen unerträgliches Leiden abschottet, wie sie sich schützt durch Verdrängung und die Macht der Gewohnheit. Ich betäubte mich mit Spesenessen, wurde dick und dicker. Die Cäcilienhöhe, ein italienisches Sternerestaurant mit fantastischem Blick über das Rheintal und das Siebengebirge, war bevorzugtes Speiselokal mit Gesprächspartnern. Helmut Kohl verschlang hier Unmengen, auch von den Tellern seiner Tischgesellen, alleine Salate vom Volumen eines Wassereimers. Hans-Jochen Vogel dagegen präsentierte sich als Asket. Wegen seines empfindlichen Magens ließ er nur Risotto an sich heran. Immer nur Risotto. Der Gegensatz zwischen Kohl und Vogel versinnbildlichte schon, wo die Macht lag und warum. Der CDU-Chef vertilgte mit Wollust alles, was ihm in die Quere kam. Der Oppositionsführer hingegen kratzte auf dem spartanisch angerichteten Teller. Ich verspeiste im Da Bruno am liebsten Seezungen. Ohne dabei allerdings dauerhaft Trost zu finden.

Die Wunden des *stern* wurden stets aufs Neue aufgerissen. Durch weitere bittere Erfahrungen. Das Magazin hatte, mitten im Regierungsviertel und schräg gegenüber der Niederlassung des *Spiegel*, ein Büro auf mehreren Etagen. Der oberste Stock war die Bel Etage, eine plüschig möblierte Wohnung für Essen und Empfänge. Henri Nannen hatte sie einst eingerichtet. Dort wurden Ehrengäste bewirtet. Und dort erlebte ich auch erstmals Rolf Winter, den damaligen Chefredakteur. Er gestand seiner Truppe freimütig, dass er beim letzten Mal CDU gewählt hatte, was in diesen Kreisen als Todsünde galt. Dennoch, so verkündete er mit hanseatischer Arroganz, an der Pfeife saugend, halte er Heiner Geißler, den Generalsekretär der CDU und Widersacher Kohls, für einen Faschisten. Wie bitte? Der linke Geißler ein Faschist? Ich traute meinen Ohren nicht. Und dieses Urteil nicht von irgendeinem ahnungslosen Deppen, sondern vom Chefredakteur höchstselbst. Wie konnte ein derartig desorientierter Mann den politischen Kurs des *stern* bestimmen? Zu Geißlers Methoden gehörte die taktische Zuspitzung, um heftige Debatten über seine neueste These zu entfachen, die eigenen Leute beisammenzuhalten und von einer aktuellen Schwäche der CDU abzulenken. Im Juni 1983 etwa erklärte er im Bundestag, im Land tobte die Debatte über atomare Nachrüstung, der Pazifismus der 30er-Jahre habe »Auschwitz erst möglich gemacht«. Das kachelte gewaltig. Der Zweck war erfüllt.

SPD und Grüne waren in der Defensive. Aber Geißler ein Faschist?

Willy Brandt in die Bel Etage zu bekommen, zu einem lockeren Abend, war nicht allzu schwer. Hier konnte er rauchen, musste aber darauf achten, nicht nach Zigaretten zu riechen, wenn er zu seiner neuen, strengen Frau Brigitte Seebacher nach Hause kam, in Unkel am Rhein. Man hielt Pfefferminzbonbons für ihn bereit. Björn Engholm als Mann der Kultur erkannte sofort, dass etwas nicht stimmte, als er die Räume des *stern* betrat. »Das Bild hängt verkehrt herum«, verkündete er, zeigte auf ein abstraktes Werk – und die Kulturbanausen schämten sich. Brandt erzählte hier eine unvergesslich komische Anekdote aus seiner Zeit als Außenminister der Großen Koalition Kurt Georg Kiesingers. Brandt kam nach Togo, in die ehemalige deutsche Kolonie, und auf dem Flugplatz der Hauptstadt, unten vor der Gangway, waren Veteranen der alten Kolonialtruppen angetreten. Sehr alte Männer in den erhalten gebliebenen Fetzen ihrer Uniformen. Als Brandt seinen Fuß auf den Boden setzte, sprang einer der Alten aus der Reihe, eilte auf ihn zu, stand stramm vor ihm, salutierte und rief: »Stillgestanden, schwarzes Schwein!« Es war der deutsche Satz, den er, weil häufig gehört, in Erinnerung behalten hatte von seinen Offizieren. Brandt fand das gar zu köstlich. »Schwarzes Schwein«, ausgerechnet zu ihm!

So zweifelhaft der *stern* war, so sehr schwamm er im Geld. Und konnte sich leisten, wen er wollte. Selbst Werner Höfer, Fernsehmoderator des sagenhaften *Internationalen*

Frühschoppens am Sonntagmittag, heuerte kurze Zeit als diplomatischer Korrespondent im Bonner Büro an. Er richtete seinen Arbeitsplatz gleich in der Bel Etage ein, schlug aber journalistisch keinerlei Wellen. Er blieb den Kollegen, wie mir der Büroleiter eröffnete, dadurch in Erinnerung, dass er Sexmagazine in großer Zahl abonnierte, »bis hin zur chirurgischen Wochenschau«. Der *stern* zahlte das Fleisch.

Das Büro hatte sogar einen eigenen Chauffeur mit Dienstwagen. Der hatte zuvor im Staatsdienst gestanden und konnte davon berichten, wie er bei Staatsbesuchen im Auftrag des Auswärtigen Amts Prostituierte zu nächtlichen Besuchen ins Hotel der hohen Gäste fuhr. Aktuell wurde er allerdings dafür gebraucht, an Montagen, wenn Redaktionsschluss war, einem kurzfristigen Anruf aus Hamburg folgend, nach Düsseldorf zu rasen, um dort Kaviar aufzunehmen, und dann weiter zur Verköstigung der Chefredaktion nach Hamburg.

Lieber Himmel! Weg hier, bloß weg! Als mir die Verhältnisse ganz und gar unerträglich wurden, rief ich eines Abends bei Kempski an. Der ließ sich vom Abendessen reißen, hörte sich meine Klagen geduldig an und versprach, sein Möglichstes zu tun. Der Unvergessliche hielt Wort und meldete sich, als die Position des Korrespondenten in Düsseldorf frei wurde. Umgehend kündigte ich und bat um vorzeitige Entlassung aus dem Vertrag. Ich musste meine Umzugskosten anteilig zurückzahlen, gut 5000 Mark, und durfte am 30. Mai 1986 gehen, nach einem einzigen Jahr. So schnell hatte ich noch nie irgendwo die Flucht ergriffen. Auf ein Zeugnis legte ich keinen Wert. Ich war ja gerettet. Frei.

Dem größten Unglück folgte das größte Glück meines beruflichen Lebens. Das Pendel schlug mit gewaltiger Wucht in die andere Richtung aus. Von einem Tag auf den anderen. Wenn mich auch die ersten Eindrücke davor warnen mussten, dass ich nun keineswegs in politisch einfache Verhältnisse geraten war. Gerd Kröncke, mein Vorgänger bei der *SZ*, der nun nach London wechselte, hatte zu einer kleinen Abschiedsfeier in sein bescheidenes Reihenhaus geladen. Mich auch, um mich bei der Gelegenheit gleich vorzustellen. Das war eine freundliche Geste. Ich wohnte noch in Bonn und nahm in meinem Auto gleich Wolfgang Clement mit, der zu dieser Zeit SPD-Sprecher war. In Krönckes Wohnzimmer wurde ich ungemein bildmächtig in die Verhältnisse der nordrhein-westfälischen SPD eingeführt. Johannes Rau, der Regierungschef, saß den ganzen Abend auf dem Teppich und spielte mit Krönckes Kindern. Er beteiligte sich nicht an der Unterhaltung – gar nicht. Mir gegenüber saßen, nebeneinander, die personifizierten Gegensätze der Partei. Wolfgang Clement: bescheiden, höflich und klug. Neben ihm Bodo Hombach, Landesgeschäftsführer der SPD und engster Berater Raus: protzend, überheblich, ununterbrochen redend. Hombach, das Riesenbaby der Partei, glaubte bei mir dadurch punkten zu können, dass er im Detail beschrieb, wie er sich in London bei einem royalen Schuster ungemein teures, doch angeblich ewig haltbares Schuhwerk anpassen ließ. Mehrfach musste er in dem Geschäft erscheinen – dafür natürlich extra einfliegen –, um zunächst seine Füße zu entspannen, dann auf einem kostbaren Stück Leder zu stehen und den Fortgang der Arbeiten in mehreren Etappen zu begleiten. Himmel, dachte ich, dieser Bewusstseinsmillionär ist ein Sozialdemokrat?

Das war er. Aber einer von der Art, denen der Aufstieg zu Kopfe gestiegen war und bei denen mit zunehmendem Erfolg die sozialen Sicherungen durchbrannten. In Johannes Raus Machtsystem war Hombach die zentrale Figur. Er hatte die Aufgabe, den SPD-Landesverband Nordrhein-Westfalen ruhig zu stellen und den Ministerpräsidenten ganz allein ins Scheinwerferlicht zu rücken. Hombach war ein begnadeter Begriffsbäcker und prägte die schillernden Formeln, mit denen es Rau bis zum Kanzlerkandidaten der Partei brachte. »Ich bin verliebt ins Gelingen« oder »Versöhnen statt spalten« gehörte zu diesen Sahnetörtchen, mit denen sich Rau kritischen Fragen nach der Erreichbarkeit jener »eigenen Mehrheit« entzog, die ihn ohne Koalition ins Kanzleramt tragen sollte. 43 Prozent wären auch schon ein »schöner Erfolg«, lautete der trockene Kommentar Willy Brandts. »Der Menschenfischer« war eine andere Zuckerbäckerformel für Rau, der mein Vorgänger als Überschrift über einem Leitartikel zu Ruhm verholfen hatte. Der Menschenfischer, angeblich immer nah bei den einfachen Leuten, wurde dem Publikum Jahr für Jahr mit den immer gleichen Inszenierungen dargereicht, mit Hilfe eines bestellten Pressefotografen. Eis essen mit den Kindern in Wuppertal, Badeurlaub mit der Familie auf Spiekeroog,

Winterurlaub auf dem Schlitten vor Schloss Elmau in Oberbayern. Regisseur für dieses Drehbuch: Bodo Hombach, der Wahlkampfspezialist.

Die SPD, größter Landesverband der Partei, spielte indes politisch gar keine Rolle. Wäre er lebendig und fordernd gewesen, hätte er für die Alleinregierung Rau gefährlich werden können, zumindest anstrengend. Doch davon konnte keine Rede sein. Das Düsseldorfer Machtsystem war das glatte Gegenteil des Münchners, aus dem ich gerade kam. Die Bedingungen waren vergleichbar: Hier regierte die SPD mit absoluter Mehrheit, dort die CSU. Hier war Rau die alles beherrschende Figur, dort Strauß. Doch als ich nach Düsseldorf kam, fand ich nicht etwa Vergleichbares vor. Wann ist denn die Pressekonferenz nach der wöchentlichen Kabinettssitzung?, fragte ich Johannes Nitschmann, der bald ein kollegialer Freund wurde und die eigentümlichen Verhältnisse ähnlich kritisch sah wie ich schon bei der ersten Annäherung. Gibt es nicht, antwortete er. Ja, und wie informieren die dann über ihre Beschlüsse, wann hat man Gelegenheit zu Fragen? Wenn die was sagen wollen, schicken sie ein Fax, nachfragen kann man dann höchstens telefonisch beim Regierungssprecher, erwiderte er. Und der SPD-Landesvorstand, wann tagt der und wie informiert er über seine Beschlüsse? Das weiß keiner, amüsierte sich Nitschmann, die Termine sind unbekannt und Ergebnisse erfährt man nicht.

Das war ein starkes Stück. Im Vergleich zu dieser SPD, die laut Brandt ja »mehr Demokratie wagen« wollte, war die als rechtskonservativ verschriene CSU ein Musterbeispiel für Transparenz und Pressefreundlichkeit. Auch Meinungsverschiedenheiten der Christlich-Sozialen wurden immer wieder in der Öffentlichkeit ausgetragen, etwa wenn der klerikale Kultusminister Hans Maier mit Strauß aneinandergeriet. Im System Rau artikulierte sich Kritik nur im Flüsterton, abseits der Medien. Das System Rau war intransparent und zynisch im Umgang mit den eigenen Ansprüchen. Christoph Zöpel, Städtebauminister und Vertreter des linken Parteiflügels, enthielt sich einmal bei der Abstimmung im Kabinett über den Landeshaushalt der Stimme – Ausdruck schärfsten Widerspruchs. Doch selbst das erfuhr man nur durch spezielle Verbindungen.

Ich machte mit der Dienstbarkeit der *Süddeutschen* für Rau Schluss und etablierte mich dezidiert unabhängig. Kritische Reportagen, Kommentare und Leitartikel lösten Schockwellen in der Staatskanzlei aus. Als ich Raus neuen Herausforderer Norbert Blüm auf Seite drei als »Kumpel Nobby« vorstellte und damit einen dauerhaften Begriff prägte, erreichten die ihren Höhepunkt. Selbstverständlich begleitete ich auch Blüm und die durch interne Konflikte schwer gebeutelte CDU kritisch. Meine letzte Seite in der *SZ*, von den Münchner Kollegen zum Abschied gerahmt, trug den Titel »Die neuen Leiden des Norbert Blüm«. In Raus Staatskanzlei beschloss man, meinen ständigen Anstoß an den undurchsichtigen Verhältnissen ernst zu nehmen, denn der hatte Wirkung auf andere Kollegen – und führte Pressekonferenzen nach den Kabinettssitzungen ein. Der Landesvorstand der SPD blieb zwar weiterhin eine unbekannte Größe – doch gelegentlich bequemte sich Hombach, geladene Medienleute abends ein wenig einzuseifen. Politisch kam dabei nichts heraus. Sie hatten sich entschlossen, die Linie der Undurchschaubarkeit zu verteidigen. Es musste unbedingt verhindert werden, dass der SPD-Landesverband in der einen oder anderen Frage Forderungen an die Regierung Rau formulierte oder mit ihr über Kreuz geriet.

Hombach drückte der Partei das Gesicht ins Kissen. Journalisten und Öffentlichkeit führte er lustvoll hinter die Fichte. Nach der gescheiterten Kanzlerkandidatur Raus im Jahre 1987 steckte mir Hombach am Telefon auf der Fahrt nach Bonn, der Unterlegene strebe nun den SPD-Vorsitz an. Das entsprach vielleicht den Ambitionen Hombachs, der einen Stein ins Wasser werfen wollte, nicht aber den Tatsachen. Klaus Matthiesen, Umweltminister und vertraut mit den Überlegungen Raus, rief mich umgehend an, kaum war die Geschichte in der *SZ* erschienen. Er wisse, wer mir das erzählt habe, könne mir jedoch versichern, dass der Hinweis falsch gewesen sei. War er. Rau wollte nicht und niemand wollte Rau. Das immerhin hatte Hombach getestet.

Eine ähnliche Beobachtung machte ich 1998 nach der Wahl Gerhard Schröders zum Bundeskanzler. Manfred Bissinger und ich warteten am Tag nach der Wahl in der niedersächsischen Landesvertretung auf unser vereinbartes Interview mit Schröder. Bodo Hombach, der den Kandidaten im Wahlkampf beraten hatte, saß schon in dem Büro, in das wir geführt wurden, und telefonierte. Man musste sich keine Mühe geben, um zu erfahren, dass er mit einem Kollegen über Oskar Lafontaine sprach, Schröders Widersacher. Dann versuchte er, auch uns weiszumachen, dass Lafontaine Bundespräsident werden wolle. Er, Hombach, habe das zunächst nicht geglaubt, als er es gehört habe, dann aber habe er jemanden gefragt, der es wissen müsse, und siehe da … Das war indes keine Sensation, sondern komplett abseitig. Lafontaine, das wussten wir, wollte aktiv Politik machen und sich nicht aufs Altenteil schieben lassen.

Nach dem Interview, als wir aus der Landesvertretung kamen, sagte ich zu Bissinger: Da hast du mal selbst erlebt, was ich dir immer erzählt habe von Hombach. Der hält uns für so blöd, das zu glauben. Ein paar Tage später, ich hatte die Sache schon vergessen, rief mich Bissinger von einem Flughafen an: Du glaubst nicht, was ich gerade gelesen habe. Es war eine Meldung im *Handelsblatt*: Lafontaine wolle Bundespräsident werden. Mit dem Kollegen, der das geschrieben hatte, war er wohl gerade telefonisch im Gespräch, als wir uns in Schröders Landesvertretung sahen. Am Tag nach der Wahl hatte Hombach also schon mit dem Vernichtungswerk an Lafontaine begonnen. Später, als Lafontaine Finanzminister und SPD-Vorsitzender war, trieb er ihn in die Resignation, mit einer verdrehten Erzählung aus dem Kabinett. Pole Poppenspäler nannte ich Hombach in einem Kommentar, was Lafontaine ausnehmend gut gefiel. Schröder aber wurde es später selbst mulmig mit dem Puppenspieler und er entsorgte ihn als Beauftragten auf den Balkan.

Als Störenfried war ich in Düsseldorf ständig Gegenstand von Erörterungen und Betrachtungen, einmal sogar in einer Kabinettssitzung. Doch Hombach beruhigte die Ministerrunde: Die *Süddeutsche* verkaufe in NRW nur 20.000 Exemplare und sei damit ungefährlich. Das allerdings war eine höchst unprofessionelle Betrachtung, denn der Zampano übersah die enorme Bedeutung der *SZ* als Leitmedium für andere, selbst SPD-geneigte Blätter. Außerdem orientierten sich die Kritiker in Raus System immer stärker in meine Richtung, suchten das Gespräch mit mir und informierten mich über Brisantes. Christoph Zöpel war so einer, auch Herbert Schnoor, der Innenminister, am engagiertesten aber Wolfgang Nowak, die graue Eminenz im Kultusministerium – ein Herzens-Oppositioneller inmitten der SPD. Nowak wurde später Staatssekretär in Kurt Biedenkopfs erster Landesregierung in Sachsen und entwickelte dort ein neues System von Mittelschulen. Später berief ihn Gerhard Schröder zum Planungschef ins Kanzleramt.

Brachte mich die Landespolitik auf die Zinnen, so faszinierten mich die Menschen und die Industrielandschaft des Ruhrgebiets. Ich fuhr in Kohlegruben ein, tausend Meter tief, kroch bis ganz nach vorne in den Streb, wo die Kohle gehauen oder geschrämt wurde, sprach mit Kumpels und formte das zu großen Reportagen. Die ungemein herzlichen Menschen an der Ruhr, ihr kleines Glück in den Bergmannshäuschen,

die Taubenzucht auf dem Dachboden und die engen sozialen Beziehungen erinnerten mich an meine Heimat in Thüringen. Ob ein Bergmann aus der Region kam oder aus der Türkei war unter Tage, bei geschwärzten Gesichtern nicht mal zu erkennen, es interessierte auch niemanden. Die Kumpel waren aufeinander angewiesen, schufteten und lebten aufs Engste miteinander. In die Dortmunder Zeche Minister Stein fuhr ich kurz vor ihrer Schließung noch einmal ein. Die große Schraube, die ich vom Boden aufhob und mitnahm, liegt noch heute in meinem Arbeitszimmer. Ganz anders nahm ich Düsseldorf wahr. Die Einkaufsmeile Kö ist ein Laufsteg der Angeber und Monströsen. Als ich an einem Samstagnachmittag zum ersten Mal dort war, traute ich meinen Augen kaum. Die Passanten erinnerten an Karikaturen von George Grosz. Idealtypisch für diese Mischung war der kleine, sonnenbankgebräunte Millionär, Schrotthändler aus dem Ruhrgebiet, der eine Prostituierte geheiratet hatte und sie nun auf dem feinen Boulevard ausführte. Wann immer ich konnte, floh ich ins Ruhrgebiet.

Auf den Zechen fiel niemand, wie es damals hieß, ins Bergfreie – die Ruhrkohle stieß niemanden in Arbeitslosigkeit. Gegen die Schließung von Stahlhütten und Walzwerken wurde erbittert gekämpft. Dort ging es um betriebsbedingte Kündigungen oder öffentlich geförderte Auffangprogramme. Im Februar 1987 fuhr ich nach Hattingen, wo ein Thyssen-Werk geschlossen werden sollte, sprach mit Arbeitern und Betriebsräten und machte den Kampf bundesweit bekannt. »Der Infarkt des stählernen Herzens« war meine Reportage überschrieben, die den Hattingern Mut machte und sie zu zahllosen Aktionen trieb, darunter eine Menschenkette um die Hütte und ein Hungerstreik der Frauen. Kaum war Hattingen befriedet, begann der noch viel bewegendere Kampf gegen die Schließung des Krupp-Stahlwerks in Duisburg-Rheinhausen. In der alten Direktorenvilla, die ich neugierig umkreiste, war Otto Schily aufgewachsen.

Meine Reportagen, Berichte und Kommentare über Rheinhausen haben die Ereignisse mitgeprägt. Eines Tages übergab mir einer der Streikführer den Mitschnitt eines illegal abgehörten Funktelefongesprächs, das Krupp-Chef Gerhard Cromme mit Johannes Rau geführt hatte. Der Ministerpräsident, dessen SPD Solidarität mit den Stahlarbeitern geschworen hatte, forderte den Stahlboss auf, er solle Schluss machen. Das musste verstanden werden als: Schluss mit dem Stahlwerk. Einem Kollegen der *taz* war der Mitschnitt ebenfalls zugespielt worden. Wir vereinbarten den Tag der Veröffentlichung. Meine Seite drei in der *Süddeutschen* hatte jedoch die ungleich durchschlagendere Wirkung. Rau und die SPD standen als Heuchler da, von Rheinhausen aus fuhren Stahlarbeiter in einem Autokorso nach Düsseldorf zum Landtag. Sie waren kurz davor, die Scheiben der Tür zu zerschlagen und ins Parlament einzudringen, als Rau aus einer Sitzung herauskam, aschfahl im Gesicht und mit zitternden Händen. Er sprach zu den Arbeitern, gegen ein gellendes Pfeifkonzert, und verhinderte immerhin, dass der Landtag gestürmt wurde. Damit stand ich im Zentrum des Stahlkampfs.

Cromme lud mich zum Essen unter vier Augen ein, um über seine Vorstellungen zur Lösung des Konflikts zu sprechen. Er wusste, wenn ich dagegen anschrieb, würde der Konflikt noch härter werden. Ein Restaurant lehnte ich ab, also trafen wir uns in der Konzernkantine. Nun war ich fast in der Rolle eines Verhandlungsführers, hörte seine Ideen, kommentierte sie und formulierte eigene Forderungen. Der Linksradikale von einst mühte sich mit dem Konzernchef um sozialen Ausgleich. Ich schrieb über die mögliche Lösung und Cromme hielt Wort. Heureka! Innerlich bin ich dem gradlinigen Mann noch heute verbunden.

Mein Verhältnis zu Rau aber war lange Zeit gestört. Als er 1999 Bundespräsident wurde – ich hatte dagegen angeschrieben, weil ich ihn weder für Fisch noch für Fleisch hielt –, reagierte er verletzt. So verletzt, dass er wegen seines anfangs mauen Ansehens weinte, als ihn ein gemeinsamer Freund im Schloss Bellevue besuchte. Erst als wir im Zuge eines Interviews ein paar persönliche Worte wechselten, entspannte sich unsere Beziehung und er war erleichtert. Mit seinem unscharfen Regierungsstil und seinem ständigen Schielen nach öffentlicher Zustimmung hatte er, als ich nach Düsseldorf kam, meinen Widerspruchsgeist geweckt. Die SPD verhielt sich ganz so, wie ich in München – fälschlicherweise – die CSU erwartet hatte. Meine politische Welt stand Kopf. Die Empörung loderte heiß.

Journalistisch war die *Süddeutsche Zeitung* ein Reich grenzenloser Freiheit. Alle Teile des Blattes und alle Formate standen mir offen: große Reportagen auf Seite drei, Leitartikel, Editorials und Kommentare auf Seite vier, Berichte auf den Nachrichten- und Hintergrundseiten, ja selbst das Streiflicht auf der Titelseite. Ich konnte mich entwickeln und ich wurde gefordert. Am Abend des 7. Juli 1987, ich spielte mit Freunden Karten, raste ein voll beladener Tanklastzug, von der Autobahn kommend, auf abschüssiger Straße mit versagenden Bremsen ins Zentrum der hessischen Stadt Herborn. Vor einer Eisdiele kippte er um, der Sprit lief aus, Häuser gerieten in Brand und Kanaldeckel wurden in die Luft gesprengt. Fünf Menschen starben, 38 wurden verletzt.

Der Frankfurter *SZ*-Korrespondent war indes im Urlaub, also erreichte mich der Anruf aus München. Ich duschte und fuhr los, gegen Mitternacht erreichte ich die Stadt und sah sie im Talkessel brennen. Ich zog mit dem Block in der Hand bis zum frühen Morgen durch die Ruinen, sprach mit Opfern und Feuerwehrleuten, nahm dann ein Tageszimmer in einer Pension und schrieb bis zum späten Vormittag mit dem Kugelschreiber meine Reportage. Sie war die einzige auf Seite drei der *Süddeutschen*, an die ich mich erinnern kann, die mit Überlauf auf eine nachfolgende Seite erschien. Die Kollegen in München mochten nicht kürzen. Als ich zurückfuhr nach Düsseldorf, inzwischen 32 Stunden auf den Beinen, wusste ich, dass ich mich auch in Extremsituationen auf meinen Kopf verlassen konnte. Das war eine ungeheuer beruhigende Erfahrung.

Quasi als Belohnung für die großen Reportagen, die ich abgeliefert hatte, wurde mir die Ehre zuteil, in einer Weihnachtsausgabe der *SZ* die Seite drei mit einem Thema meiner Wahl zu füllen. Ich beschrieb einen Tag im Kölner Dom, vom Aufschließen der Pforten am frühen Morgen bis zum Abschließen am späten Abend. Beobachtete die »Rennbahn«, den Pfad der Berufspendler, die zur Abkürzung ihres Wegs vom Hauptbahnhof quer durch den Dom, sich bekreuzigend am Altar vorüber, in die Kölner Innenstadt eilten. Begleitete Priester in die Sakristei und fuhr mit einem windigen Aufzug, der mehr ein Drahtkäfig war, außen am Dom hinauf, um in schwindelerregender Höhe über ein einfaches Holzbrett den Schritt unters Dach des Schiffs zu wagen. Dort wurden Skulpturen gelagert und während ich sie in Augenschein nahm, ging mir nicht aus dem Kopf, dass ich auf dem

Rückweg noch einmal über das Brett balancieren musste. Ohne Geländer. Augen geradeaus, ruhig atmen, bloß nicht runterschauen!

Gelegentliche Ausflüge in die internationale Politik bliesen mir Düsseldorf aus dem Hirn. Ich begleitete Christoph Zöpel nach China, wo der Sozialdemokrat an der Parteihochschule der Kommunisten reden durfte. Und ich stand im Kreml Michail Gorbatschow gegenüber, fast allein, weil Johannes Rau eben noch mal Pipi machen musste. Gorbatschows lebendige, neugierige Augen sind mir in Erinnerung geblieben, ebenso die menschenleeren Gänge des Kreml. Dieser unbelebte Palast war das Machtzentrum der Sowjetunion?

Dann, Ende 1988, erreichte mich aus heiterem Himmel ein Telefonanruf aus Hamburg. Rolf Schmidt-Holtz, der neue Herausgeber des *stern*, bot mir die Position des Politikchefs an. Ich fragte, ob er nicht wisse, dass ich schon mal beim *stern* gewesen sei, und warum ich nach so kurzer Zeit wieder gegangen war. Doch, das wisse er, lautete die Antwort, genau deshalb rufe er ja an. Er wolle das Magazin von Grund auf erneuern und die Verbiegungen der Vergangenheit beseitigen, das System der Manipulationen und kleinen Fälschungen. Dafür sei ich besonders geeignet, denn ich hätte das System ja selbst erfahren. Ich verabschiedete mich mit der Bemerkung, ich wolle mir die Sache durch den Kopf gehen lassen.

Später habe ich oft darüber gegrübelt, ob es nicht besser gewesen wäre, sofort und endgültig abzulehnen. Glücklicher als bei der *SZ* konnte ich nicht arbeiten, aber Düsseldorf mit dem System Rau wurde eben auch ermüdend. Also beschloss ich, den Rat eines Kollegen einzuholen, den ich sehr schätzte: Herbert Riehl-Heyse, prägende Figur des Blattes, mit seinem leisen, ironischem Stil ein Solitär im deutschen Journalismus. Ich rief ihn also an und schilderte das Dilemma. Riehl-Heyse riet mir nicht ausdrücklich zu, doch was er antwortete, ließ nur den Schluss zu, dass ich den Wechsel wagen solle. Er habe in seinem Leben mehrfach Angebote ausgeschlagen und es hinterher bereut. Seinen *SZ*-Stil könne er mitunter selbst nicht mehr lesen. Als ich auflegte, wusste ich: Du machst das. Den *stern* zu verändern, das war eine Aufgabe. Als ich Schmidt-Holtz anrief, um ihm zuzusagen, und dabei von dem Telefonat mit Riehl-Heyse berichtete, wurde er ganz aufgeregt und fragte mehrfach nach: Und, hat er sonst noch was gesagt?

Was ich nicht wusste: Schmidt-Holtz hatte Riehl-Heyse schon als zweiten Chefredakteur verpflichtet, neben dem amtierenden Michael Jürgs, und Riehl wollte möglichst nicht allein nach Hamburg gehen. Also ermutigte er mich. Ich habe ihm das Verschweigen seines Engagements nie übelgenommen. Er war von Schmidt-Holtz zum Schweigen verdonnert worden. Später habe ich oft darüber nachgedacht, dass ich ausgerechnet ihn angerufen hatte und dass ich nicht nach Hamburg gewechselt wäre, hätte ich ein anderes Signal erhalten. So aber entschloss ich mich zum Wechsel. Gerade war meine zweite Tochter Nora auf die Welt gekommen. Das war ohnehin ein Einschnitt.

Mein Verhältnis zur *Süddeutschen* wurde zur unglücklichen Liebe. Dieter Schröder, damals Chefredakteur in der Nachfolge von Hans Heigert, bot mir 1990 die Ressortleitung Innenpolitik an, 1992 den Korrespondentenposten in Südamerika, mit Sitz in Santiago de Chile oder Buenos Aires. Beides lehnte ich ab. Hätte ich die Politik in München übernommen, statt mich zum stellvertretenden Chefredakteur des *stern* berufen zu lassen, wäre ich später wohl sogar als Chefredakteur der *SZ* infrage gekommen. Ob Gespräche wirklich ernst gemeint waren, die dann Hans-Werner Kilz als Chefredakteur über eine Führungsposition in München mit mir führte, bezweifle ich. Michael Stiller, der befreundete Recke der *SZ*, vertrat die Meinung, Kilz habe mich in Wahrheit gefürchtet und nur deshalb verhandelt, weil mich viele Kollegen in München gewollt hätten. Diese Analyse deckte sich mit meiner Einschätzung. Kilz ließ den Kontakt jedenfalls einschlafen. Ließ sich am Telefon verleugnen.

Dass ich Schröders Angebot ablehnte, Politikchef der *SZ* zu werden, erwies sich als die entscheidende Weichenstellung meines Berufsweges. Ich entschied mich für den holprigen Kurs, weil ich Schmidt-Holtz nicht im Stich lassen wollte. Womöglich war das falsch. Wirklich geschmerzt hat mich die Entscheidung aber nie. So begeisternd, so einmalig die *SZ* und die dortigen Kollegen auch waren – der *stern* bot mir ganz eigene Chancen. Als ich ging, müssen in Raus Staatskanzlei die Sektkorken geknallt haben, die *SZ* gab in Düsseldorf einen Abschiedsempfang und Schröder schrieb in meinem

Zeugnis: »Insbesondere seine Reportagen gehörten zu den Glanzstücken des deutschen Journalismus.«

Also: *stern* zum Zweiten!

Schmidt-Holtz hatte eine kleine Mannschaft angeheuert, um das Magazin wieder auf die Schienen zu setzen. Außer Riehl und mir waren das Werner Perger, Hans-Peter Schütz und Tyll Schönemann. Doch Riehl wollte schon nicht mehr richtig, als er in Hamburg ankam. Seine Familie hatte er in Bayern zurückgelassen. Nun saß er oben im Affenfelsen, nebenan wirbelte Michael Jürgs, und las Manuskripte. Stapelweise. Meist schlechte Texte, über die er den Kopf schüttelte. Er wirkte tieftraurig, niemals interessiert und energisch. Gelegentlich lud ich ihn zum Abendessen bei mir zu Hause ein, zu dem er in seinem hässlichen weißen Dienst-BMW vorfuhr, um danach am Tisch in Düsternis oder Sehnsucht nach Bayern zu versinken. Er wusste jedenfalls nicht, was er in Hamburg überhaupt wollte.

Und als er sein erstes Heft machen sollte, Jürgs war ein paar Tage weg, scheiterte er spektakulär, ließ sich auf demütigende Weise entmachten. Denn Jürgs war am Tag des Redaktionsschlusses wieder zurück, sah, wie sich der Konkurrent diese Ausgabe vorstellte – und warf alles über den Haufen. Riehl ließ das geschehen, statt zu kämpfen. Und die gesamte Redaktion sah zu, blutenden Herzens. Offenkundig sollte Riehl irgendwann, sobald er sicher war im

Heftmachen, alleiniger Chefredakteur werden. Das muss auch Jürgs geahnt haben, den Gerd Schulte-Hillen, der brachial herrschende Vorstandschef des Verlags Gruner + Jahr, nicht mochte. Schulte-Hillen wollte Riehl, weil der dem Verlag Glanz versprach.

Doch nach vier Monaten verkündete Riehl in einer Redaktionskonferenz, dass er nun gehen werde. Stand auf und verließ unter drückendem Schweigen den Saal. Im Zug zurück nach München erlitt er eine Nierenkolik, was überaus schmerzhaft ist, musste die Notbremse ziehen und wurde in ein Krankenhaus gebracht. Als er wieder zu Hause war, musste er lange warten, bis er wieder Kontakte zur *Süddeutschen* knüpfen konnte. Denn zunächst rief ihn keiner von denen an, die er für Freunde gehalten hatte. Es begann eine bittere Zeit für Herbert Riehl-Heyse. Eine Abfindung hatte er in Hamburg nicht bekommen und auch den Dienstwagen, den er gerne behalten hätte, musste er zurückgeben. Er lebte anfangs von Aufträgen des Münchner Medienagenten Josef von Ferenczy, dem er ewig dankbar blieb.

Ich machte unterdessen meine Erfahrungen mit dem alten *stern*-System, das wir überwinden wollten. Für ein zeitgeschichtliches Thema bestellte ich in der Bildredaktion Fotos, auf denen die drei alliierten Hochkommissare nach dem Krieg gemeinsam abgebildet waren. Es kam eine ganze Mappe und obenauf lag ein Foto vom Petersberg, auf dem einer der drei Kommissare – mit der Schere aus einem anderen Bild ausgeschnitten –mit Tesafilm zwischen die beiden anderen geklebt war. Er klappte mir entgegen, denn der Klebestreifen war unten angebracht. Was ist das denn, fragte ich entgeistert den Bildredakteur. Ach, das haben wir schon ein paarmal gedruckt, gab der kühl zur Antwort. Es war eine klassische Bildfälschung. Im Stalinismus wurden in Ungnade gefallene Figuren aus Bildern herausgeschnitten, der *stern* klebte Gesuchte hinein.

Vor allem die Grafiker, damals wahre Künstler im Umsetzen von Inhalt in Optik, wussten endlos zu erzählen von den Sünden der Manipulation und Verzerrung. Ein eher alltägliches Beispiel ist mir in Erinnerung geblieben. Das Magazin brachte, wie praktisch jede Woche, einen besonders aufregenden Mordfall. Jemand war in einem Wald umgebracht worden, es gab aber keine Fotos von der Leiche oder der Spurensicherung. Wie also diesen Fall spannend illustrieren? Henri Nannen, so wussten seine Bewunderer zu berichten, blies das Foto einer menschenleeren Wegkreuzung im Wald, in deren Mitte ein großer Findling lag, zu einer doppelseitigen Aufmachung auf und setzte als Headline darüber: »Auf diesem Stein saß der Mörder.« Das war frei erfunden. Doch der Effekt des menschenleeren Fotos war gruselig. Die Hitler-Tagebücher, so lautete meine Erkenntnis, hatten einen langen, vermutlich Jahrzehnte währenden Vorlauf an unsauberem Umgang mit der Wirklichkeit. Wo es nicht passte, machte man es passend.

Im Sommer 1989 verantwortete ich als Politikchef eine große Geschichte über den zu ahnenden Umbruch in der

DDR. »Deutschland, einig Vaterland«, lautete die Überschrift, eine Zeile aus dem Text der DDR-Hymne, der im Osten nicht mehr gesungen werden durfte. In der *stern*-Konferenz löste dieses seherische Stück indes einen kleinen Sturm aus. Was das denn solle, ob der *stern*, der immer für Zweistaatlichkeit und Entspannung eingetreten sei, nun mit Wiedervereinigungsrhetorik auftrete. Schon im Herbst war es dann so weit. Ich schickte das gesamte Politikressort nach Ungarn, wohin sich zahllose Ostdeutsche geflüchtet hatten, und in die DDR. Als die Mauer fiel, waren wir präpariert und traten den Ostdeutschen mit offenen Armen entgegen. Tyll Schönemann, Schulfreund von Rolf Schmidt-Holtz und nun einer seiner engsten Berater, sagte mir später, wenn ich nicht gewesen wäre, hätte der *stern* die Einheit komplett »verpennt«. Das lag in Hamburg nahe, wo sich die tonangebenden Medien stets für die Anerkennung der DDR stark gemacht hatten. Erich Böhme, der Chefredakteur des *Spiegel*, kommentierte in dieser Zeit, er wolle nicht wiedervereinigt werden. Und die *Zeit* hatte in den Jahren davor eine breite Ölspur des Opportunismus gegenüber der DDR hinterlassen.

In Hamburg, um das gleich einzuflechten, war es durchaus üblich, dass sich die führenden Herren der großen Blätter und Verlage politisch verständigten. Gerd Schulte-Hillen, Vorstandschef von Gruner + Jahr, berichtete einmal von einem Treffen mit Gerd Bucerius, dem Verleger der *Zeit*, und Rudolf Augstein, dem Herausgeber und Eigentümer des *Spiegel*, in Cölln's Austernkeller. Dort konnte man ein Separee buchen, ungestört schlemmen und plaudern. Die drei Herren trafen sich in diesem Fall, um zu verabreden, wen sie bei der kommenden Bundestagswahl unterstützen sollten. Das Fenster am Oberlicht zur Straße stand offen, denn es war Sommer und heiß. Da trat oben, auf dem Gehsteig, ein Betrunkener an die Luke nach unten und pinkelte den Strategen geradewegs auf den Tisch. Das Volk in Gestalt dieses Fassadenpinklers hatte seinen Kommentar gesprochen zu den politischen Umtrieben derer da unten.

Schulte-Hillen begann sich über die Lektüre unserer Geschichten für mich zu interessieren. Er bat Schmidt-Holtz zu einem Mittagessen und trug ihm auf, er solle mich mitbringen. Meine Analyse der Lage in der DDR fand er spannend, doch ich spürte genau, dass ich nicht der konservative Wiedervereinigungsprediger war, den er sich wünschte. Irgendwie kam ich ihm nicht artenrein vor – linksgrün versifft. Das freilich war eine unstatthafte Vergröberung, denn als Kind der DDR war ich selbst immer für die Einheit Deutschlands eingetreten, auch in meinen linken Zeiten, die längst vorüber waren. Das immerhin befriedigte den Verleger.

Am 7. Oktober, dem 40. Jahrestag der DDR, war ich selbst in Ost-Berlin, um mir ein Bild von der Entwicklung zu machen. Ich sah, wie sich die Reihe der FDJ-Ordner auflöste, als Michail Gorbatschow am Ehrenmal Unter den Linden einen Kranz niederlegte. Sie stimmten in den Jubel der jungen DDR-Bürger ein, die sie doch eigentlich in Schach halten sollten. Wenn es einmal so weit war ... Vor mir stand ein

FDJ-Posten aus Thüringen, meiner Heimat, und als ich ihm eröffnete, dass ich auch dort geboren war, hielt er mit seiner Begeisterung für »Gorbi« nicht länger hinter dem Berg.

Am Nachmittag ging ich mit dem Ost-Berliner *stern*-Korrespondenten Peter Pragal auf den Alexanderplatz, denn er hatte gehört, dass dort womöglich etwas passieren würde, während die Staatsgäste der DDR-Führung im Palast der Republik versammelt waren. Es traf sich viel junges Volk, das mit Älteren in Diskussionen geriet, bis man sich zu einer kritischen Größe verdichtet hatte. Christiane, meine spätere zweite Frau, der ich damals noch nicht begegnet war, und ihre Schwester Ati waren auch unter den Protestierenden. Schließlich rief jemand laut, später erfuhr ich, es war Ati: »Zum Palast!« Im Nu formierten sich einige Hundert, dann blitzschnell tausend Menschen, die die Postenkette der Volkspolizei und der Stasigreifer in Zivil durchbrachen, am Haupteingang des Palastes vorüberzogen, um die nächste Ecke bogen und von dort aus zum Prenzlauer Berg marschierten. Vor dem Seiteneingang des Palastes, dort, wo es in die Volkskammer ging, stand Erich Mielke, der Chef der Staatssicherheit, und schaute entgeistert auf die Massen. Völlig ungeschützt. Ich traute meinen Augen kaum. Offenbar wollte er sich selbst ein Bild von denen machen, die nun aufbegehrten, aber die Parolen »Deutschland, einig Vaterland« oder »Die Mauer muss weg« noch niederschrien. Wurden die schüchtern gerufen, erhob sich mächtiger Protest. Ich zog mit den Protestierenden über den Prenzlauer Berg, bis Polizei und Stasi nach Stunden alles aufgelöst hatten, und blieb als einer von sehr wenigen West-Journalisten auf freiem Fuß. Andere wurden brutal weggezerrt und abtransportiert, ein Fernsehteam wurde in eine Hecke gezogen und ausgeplündert, wobei die Greifer statt der Filmkassette die Batterie der Kamera mitnahmen. Sie kannten sich eben nicht aus.

Demonstrationserfahren, wie ich aus Frankfurt war, fiel mir überhaupt auf, dass weder die Protestierenden noch die Volkspolizei für eine solche Lage präpariert waren. Der Zug war inzwischen auf einige Tausend Menschen angeschwollen, zog am Gebäude der DDR-Nachrichtenagentur ADN vorüber – wo sich trotz der aufregenden Ereignisse niemand am Fenster zeigte! –, und dann am Prenzlauer Berg immer wieder in enge Straßen. Die Polizei hätte bloß vorne und hinten dicht machen müssen und die versammelte Opposition hätte in der Falle gesessen. Auch die Polizei war aber unerfahren, sie kam gar nicht auf die Idee und brauchte Stunden, bis sie mit Stahlgittern und Hunden die Straßen freigeräumt hatte.

Da war es zwischen vier oder fünf Uhr am Morgen – und ich hatte »überlebt«. Denn ich trug eine Windjacke zur Jeans und einen Notizblock offen in der Hand. Stasikommandos, die aus allen größeren Orten um Berlin herangekarrt worden waren und von hinten über die Demonstranten herfielen wie Wolfsrudel, musterten mich immer wieder prüfend, kamen aber offenbar zu dem Ergebnis, dass der Kerl, der sich da offen Notizen machte, einer von ihnen sein musste. Am Morgen kam ich zurück ins Grand Hotel in der Friedrichstraße. Am

Empfang wurde ich schon von Stasioffizieren in Empfang genommen: Herr Jörges, Sie haben 20 Minuten Zeit. Holen Sie ihr Gepäck und verlassen Sie sofort die Deutsche Demokratische Republik! Ich musste der Ausweisung Folge leisten.

Die Ereignisse überstürzten sich dann derart, dass ich immer wieder nach Ost-Berlin fuhr, um mit Revolutionären und reformbereiten Funktionären Gespräche und Interviews zu führen. Es ging alles so rasant voran, dass mutige Sätze, eben erst ausgesprochen, schon am folgenden Tag von der Wirklichkeit überholt waren. Bloß am 9. November, als in Berlin die Mauer fiel, war ich in Hamburg – und das schmerzt mich noch heute. Wie hatte ich diesen historischen Tag herbeigesehnt. Und nun hörte ich auf meine Frau, die befürchtete, wir würden auf der Autobahn in endlosen Schlangen stehen. Mag ja sein, hätte ich ihr antworten sollen, aber versuchen will ich es wenigstens. Nun trafen wir die ersten DDR-Bürger auf Tour in Lübeck. Ein matter Abglanz der Euphorie in Berlin.

Auch journalistisch wurde es in Hamburg öde. Michael Jürgs, nach Riehl-Heyses Abgang alleiniger Chefredakteur, war an den politischen Themen, die mich faszinierten, nicht sonderlich interessiert. Er drang immer wieder auf Recherchen für eine Titelgeschichte zum Thema »Das süße Leben der Funktionäre«. Die Politbürokraten hatten nach westlichen Maßstäben aber nicht süß gelebt wie Playboys an der Cote d'Azur, sondern überaus kleinbürgerlich in Normhäusern. Ich spürte: Das geht nicht mehr. Und kündigte. Weg hier. Irgendwo anders wird es spannender sein.

Das alarmierte Schmidt-Holtz. Herbert Riehl-Heyse war schon gegangen, würde ich ihm folgen und dann auch Werner Perger, bliebe keiner mehr übrig von denen, die er draußen gewonnen hatte. Er entschloss sich, Jürgs zu entlassen und selbst die Chefredaktion zu übernehmen, zusätzlich zur Herausgeberschaft. Bei Schulte-Hillen rannte er damit offene Türen ein. Mit seinem schnoddrigen Editorial »Sollen die Zonis bleiben, wo sie sind?« hatte Jürgs bei ihm ohnehin schon das Kraut ausgeschüttet. Ich habe mich später mit Jürgs, der ein kollegialer Freund wurde, über meine Rolle bei seiner Entlassung ausgesprochen. Er war beeindruckt von meiner Ehrlichkeit und trug es mir nicht nach, sondern rief mich immer wieder an zum Plaudern und Lästern über den Journalismus.

Schmidt-Holtz offerierte mir zu bleiben und stellvertretender Chefredakteur zu werden. Wir trafen uns abends in seinem Haus in Rheinbek bei Hamburg, Tyll Schönemann war noch dabei, und besprachen am Küchentisch bei Leberwurst und sauren Gurken Struktur und Kurs der künftigen Chefredaktion. In solchen Momenten bewies Schmidt-Holtz seine Kunst, Menschen zu gewinnen, sie in Freundschaft zu verpflichten. Ich wollte gar nicht alleiniger Vize werden. Wir einigten uns auf ein Triumvirat, dem auch noch Michael Seufert und Tyll Schönemann angehören sollten. Ich bekam jedoch die zentralen Zuständigkeiten: Politik, Wirtschaft, Personal, Controlling, Honorare, Heftentwicklung. Wir verstanden uns blendend, gegen anfangs heftigen Widerstand aus der Redaktion, denn Michael Jürgs war beliebt. Hätten wir auf der stürmischen Vollversammlung, der wir uns nach seiner Entlassung zu stellen hatten, die Vertrauensfrage gestellt, wären wir womöglich sofort erledigt gewesen. Wir standen das durch und machten erfolgreiche Hefte. Die Auflage stieg. Das Vertrauen der Redaktion auch.

Nicht aber das des Verlegers. Im Februar 1991 erzwang Schulte-Hillen am Tag des Redaktionsschlusses die Entfernung eines Artikels über ein Giftgaslabor von Thyssen im Irak. Es war eine brisante Enthüllung, auf die uns ein an dem Projekt beteiligter Ingenieur mit Hilfe von Dokumenten gebracht hatte. Der Thyssen-Manager Dieter Vogel aber gehörte dem Aufsichtsrat von Bertelsmann an, dessen stellvertretender Vorstandschef Schulte-Hillen war. Schmidt-Holtz leistete Widerstand, gestand nicht mehr zu, als noch einmal jeden Stein sorgfältig umzudrehen, dann aber zu drucken, sofern sich die Geschichte bestätigte. Das taten wir – und der Artikel erschien. Nun wurde Schulte-Hillen brutal. In einer Besprechung mit der Chefredaktion machte er Schmidt-Holtz beleidigend nieder, unter den Augen seiner Stellvertreter. Das war menschlich unerhört und zerkratzte im Übrigen das liberale Image des Verlags. Weil ein anderer Manager Druck machte, war der Verleger also bereit, eine aufsehenerregende Enthüllung zu unterdrücken und die Pressefreiheit zu ramponieren. Schmidt-Holtz aber stand und ließ die verletzenden Ergüsse des Verlegers gleichmütig über sich ergehen. Erst danach zeigte er Wirkung, auch körperlich. Wie wir alle.

Sein Verhältnis zu dem Machtmenschen Schulte-Hillen erholte sich nie wieder. Schmidt-Holtz saß im Vorstand von Gruner + Jahr, hatte dort aber kein Ressort. Er erlebte indes, mit welcher Leidenschaft Schulte-Hillen eine verlagsinterne Konkurrenz zum *stern* aus dem Boden stampfte. *Tango* hieß das Blatt, das unter Führung des früheren *Bild*-Chefredakteurs Hans-Hermann Tiedje »wie eine Feuerwalze« über Deutschland kommen sollte. Liberal-konservativ im Gegensatz zum linksliberalen *stern*. Nach dem Modell von kommunizierenden Röhren sollte *Tango* das an Auflage gewinnen, was der *stern* gleichzeitig verlor. Schmidt-Holtz stimmte dagegen, als Einziger in der Runde, als der Vorstand von Gruner + Jahr in Paris darüber abstimmte. Die Herren waren mit Ehefrauen angereist und mit dem Ehepaar Schmidt-Holtz sprach niemand mehr ein Wort, nachdem er aus Schulte-Hillens Reihe getanzt war. *Tango* erschien 1994, wurde aber schon im folgenden Jahr nach nur 23 Ausgaben wieder eingestellt. Der Verlag hatte 57 Millionen in den Sand gesetzt.

Schulte-Hillens Giftgasverirrung empörte mich, mein Vertrauen in ihn war schwer angeschlagen. Thyssen klagte gegen den *stern*-Bericht, in München, wo die zuständige Kammer bekannt pressekritisch urteilte. Wir gewannen dennoch, auf ganzer Linie. Dieter Vogel aber machte weiter Karriere, stieg bei Bertelsmann zum Vorsitzenden des Aufsichtsrats auf.

Im August 1991 kündigte ich beim *stern*. Ich war 39, sah keine Perspektive mehr und wollte weg vom Verwaltungskram. Die Kündigung erregte Aufsehen, denn aus der Chefredaktion wurde man gefeuert und ging nicht freiwillig. Mein Kündigungstermin war der 31. Januar 1993, ich hatte also ausreichend Zeit, mir eine andere Aufgabe zu suchen. Vorerst aber arbeitete ich weiter mit voller Kraft beim *stern*. Schmidt-Holtz bot mir die Position des Chefreporters an, mit Dienstwagen und 18.000 Mark Gehalt, Rolf Wickmann, der Zeitschriftenvorstand des Verlags, die Chefredaktion von *Geo*. Beides reizte mich nicht. Der Verlag wollte mich indes mit Macht halten. Als sich Martin Stahel bei mir meldete, der für die Tageszeitungen zuständige Vorstand, hatte er mich schließlich am Haken. Es ging um die Chefredaktion der *Sächsischen Zeitung* in Dresden, früher Bezirkszeitung der SED, nun immer noch eine mächtige Regionalzeitung im Besitz von Gruner + Jahr mit fast einer halben Million Auflage.

In den Osten zurückzukehren, wo ich geboren war, und dort eine Stimme jenes Ostens zu schaffen, die auch im Westen gehört wurde, das reizte mich. Ich flog also nach Dresden, mehrfach, erkundete die Stadt, ging an der Elbe spazieren und ließ die Eindrücke auf mich wirken. Konnte ich hier leben? Womöglich für den Rest meiner Tage? Und konnte ich Dresden meiner Familie zumuten? Was bedeuteten die Verhältnisse für sie? Der Wohnungsmarkt war leergefegt von den Wessis, die im Osten Geschäfte machten. Ich fuhr durchs Elbtal und über den Weißen Hirsch, im Schritttempo, um nach leerstehenden Wohnungen oder Häusern zu schauen. Als ich eines gefunden hatte, mit einem überwucherten Garten, und dem Verlag die Adresse gab, um Erkundigungen über das Haus einzuziehen, löste ich fast einen Eklat aus. Denn das Gebäude mit den toten Fenstern auf dem verwilderten Grundstück war vom Dresdner Bischof bewohnt. Am Weißen Hirsch blieben Fußgänger stehen und blickten mir nach, als ich langsam durch das Villengebiet fuhr. Wieder ein Wessi, meinten sie zu erkennen, der sein früheres Eigentum sucht, um es den ostdeutschen Bewohnern wegzunehmen.

Das Wiedersehen mit Kurt Biedenkopf und seiner Frau Ingrid war überwältigend herzlich. Die beiden lebten in einer Wohngemeinschaft mit anderen Westimporten – in einem ehemaligen Stasigästehaus. Das war, nach allem, was ich hörte, eine extrem unterhaltsame Sache. Ich hatte Biedenkopf vor seinem Aufstieg zum Ministerpräsidenten von Sachsen in Düsseldorf kennengelernt. Dort war ich einmal neben ein paar anderen Kollegen zum Abendessen bei dem Ehepaar eingeladen. Sie kochte selbst. Es war Sonntagabend und im Fernsehen liefen die Ergebnisse einer Landtagswahl ein. Die CDU hatte verloren, doch Ingrid Biedenkopf jubelte. Er war zu klug, um sich so gehen zu lassen. Jeder wusste, dass diese Niederlage dem Erzfeind Kohl angelastet würde und die Biedenkopfs davon entzückt waren. Leider schrieb einer der anwesenden Kollegen darüber und nun wusste ganz Deutschland, wie sich das Haus Biko am Wahlabend amüsiert hatte. Es dauerte nicht lange und Kohl schickte Heiner Geißler, um Biedenkopf als Oppositionsführer in Düsseldorf abzuservieren und Norbert Blüm als Nachfolger zu installieren. Der Geschasste landete auf dem Abstellgleis und dachte in

Bonn über die Gründung einer neuen Partei nach, bis ihm die deutsche Einheit eine zweite Chance gab. Beim folgenlosen Grübeln über diese neue Partei war ich einmal in kleinen Bonner Kreis eingeladen.

Meine Frau sagte Ja zu Dresden, nach schweren Bedenken. Sie wollte mir den Weg nicht versperren, aber es war für sie ein großes Opfer. Als der Wechsel beschlossene Sache war, meinte ein guter Freund verständnisvoll zu mir, ich sei »schon immer ein Ossi im Westen gewesen«. Ein weißer Elefant sozusagen. Nämlich einer aus der jüngeren Journalistengeneration, der nicht dem konservativen Lager angehörte, die 68er-Rebellion miterlebt und dennoch – geprägt durch die eigene Vita – stets gesamtdeutsch gedacht und vor allem gefühlt hatte. Der die deutsche Zweistaatlichkeit und das bizarr geteilte Berlin nicht als das Ende der deutschen Geschichte betrachtete, geschweige denn als politisch wie historisch notwendige Operation zur Domestizierung des europäischen Störenfrieds. Der seine ostdeutsche Herkunft wie seine journalistischen Erfahrungen mit der DRR nicht vergessen und den 89er-Umbruch mit heißem Herzen begleitet hatte. Nun sollte aus dem Ossi im Westen ein Wessi im Osten werden – eine kuriose Umkehrung der Perspektiven.

Doch so schnell, wie die Sache aufgekommen war, zerschlug sie sich auch wieder. Dass ich als Chefredakteur in Dresden vorgesehen war, wollte der Verlag eigentlich vorläufig geheim halten. Doch dann sickerte es in einem Mediendienst durch. Und Schulte-Hillen geriet in höchste Aufregung. Denn er hatte der aktuellen Chefredakteurin, die aus der alten SED-Nomenklatura stammte, versprochen, nicht wie ein x-beliebiger Kapitalist über den Verlag herzufallen. Außerdem hatte sie ihn in der Sächsischen Schweiz bei einem gemeinsamen Ausflug zu einer Bratwurst eingeladen und die aus eigener Tasche bezahlt. Das imponierte ihm mächtig. Schließlich, und das war die eigentliche Ursache der Aufregung, fürchtete Schulte-Hillen nichts so sehr wie einen Streik von Stasiseilschaften im Dresdner Verlagshaus. Nun hatten die Dresdner von einem neuen Chefredakteur gehört und gelesen, den ihnen niemand angekündigte hatte. Feuer war auf dem Dach.

Schulte-Hillen besorgte sich einen Bertelsmann-Jet und flog eiligst nach Dresden, Stahel und mich an Bord. Es galt die Gemüter zu beruhigen. Edith Gierth, so hieß die amtierende Chefredakteurin, erhielt die Zusicherung, bis Ende 1992 im Amt zu bleiben und dann großzügig abgefunden zu werden. Ich sollte am 1. Januar 1993 übernehmen und für die Zeit des Übergangs hieß es im Ergebnisprotokoll: »Herr Hans-Ulrich Jörges wird zum 1.04.92 Geschäftsführender Chefredakteur der *Sächsischen Zeitung*.« Schulte-Hillen selbst hatte das vorgeschlagen. Ich war in Dresden unterwegs, führte Personalgespräche, versuchte neue Leute für die Landespolitik anzuheuern – darunter Andreas Wassermann, der dann zum *Spiegel* ging – und entwickelte eine Veranstaltungs- und Kulturbeilage für die Zeitung.

Dann knallte es. Am 3. Juni stellte Gruner + Jahr seine neu erworbenen Tageszeitungen und deren Chefredakteure in der

Bonner Redoute Politik, Medien und Anzeigenkunden vor. In der Pressemappe lagen die Lebensläufe, ich wurde, wie es meinem Vertrag entsprach, als »Geschäftsführender Chefredakteur« vorgestellt. Darüber aber beschwerte sich Frau Gierth anschließend bei Schulte-Hillen, der rief mich an und wurde patzig am Telefon, entschuldigte sich schriftlich bei Frau Gierth und stellte ihr anheim, einen Aushang am Schwarzen Brett des Verlagshauses anzubringen, in dem es als »falsch« bezeichnet wurde, dass ich »Geschäftsführender Chefredakteur seit dem 1.4.1992« war. Diesen Aushang hatte er verfasst und unterzeichnet, ohne sich zu erinnern, was er selbst vorgeschlagen hatte, ohne meine Vertragslage zu kennen und ohne vorher mit mir zu sprechen. In der Anlage zu meinem Vertrag hieß es unmissverständlich unter Ziffer 1: »Herr Hans-Ulrich Jörges wird zum 1. April 1992 Geschäftsführender Chefredakteur der *Sächsischen Zeitung*.« Diese Funktion stand auch auf meiner Visitenkarte, die mir der Verlag gedruckt hatte. Schulte-Hillen aber stellte mich als Lügner und Hochstapler hin. Das war ungeheuerlich. Ich setzte mich an den Schreibtisch und verfasste den schönsten Brief meines Lebens, einen Brief voller Saft und Kraft, einen Brief der Abrechnung mit dem Verleger. »Lieber Herr Schulte-Hillen, inzwischen habe ich das Vertrauen in Sie verloren. Ich bin zu einem sehr klaren, auch für mich harten Urteil gelangt: Sie haben meinen Vertrag gebrochen, meine Ehre verletzt und mein Ansehen bei anderen beschädigt. Ich muss damit rechnen, dass mir ähnliches in Dresden jederzeit erneut widerfahren könnte.«

Mit einem Wort: Wir waren geschiedene Leute. Ich trug den Brief anderntags selbst ins Vorstandsbüro, doch dort traf ich Schulte-Hillen nicht an. Er war in Gütersloh. Auch sein Vorzimmer war unbesetzt. Also klebte ich den Brief mit Tesafilm an seine Tür und fuhr nach Hause. Wenig später brachen die Höllenhunde los. Stahel flehte mich an, die Kündigung zurückzunehmen, sonst sei auch er gefährdet. Schulte-Hillen rief aus Gütersloh an und bestellte mich ein. Was wollen Sie, fragte er in gewohnter Manier. Nichts, antwortete ich. Jeder Mensch ist käuflich. Ich nicht. – Aus.

Später entschuldigte ich mich für den Vorwurf, dass er in Kenntnis aller Vertragsumstände gehandelt habe. Das hatte er nicht. Er hatte sie wohl einfach vergessen. Aber das machte es nicht besser. Natürlich hätte er sie kennen und mit mir sprechen müssen. Er wiederum schrieb mir im Juni 1992 in einem Brief: »Mit Ihrem letzten Satz haben Sie insofern recht, als ich mit Ihnen hätte sprechen sollen. Es tut mir leid, dass das unterblieben ist.« Immerhin, für das Naturell Schulte-Hillens war das eine Menge, doch eine Entschuldigung konnte man es nicht nennen. Erst sehr viel später lud er mich zu einem Abendessen ein, was wohl als Ausdruck des Bedauerns gemeint war. Politisch hat er mir erst vertraut, als ich schon Kolumnist des *stern* war und eine bekannte Größe im deutschen Journalismus. Als die Stasiakten geöffnet wurden und alle Welt vermeintliche und echte Spitzel an den Pranger stellte, schrieb ich indes eine kritische Titelgeschichte über diese Aktenhysterie. Daraufhin richtete Schulte-Hillen im Februar

1992 einen Brief an Schmidt-Holtz: »Ich leide Höllenqualen.«
Der *stern* enthülle nichts mehr und scheue sogar Recherchen,
da er fürchte, mit den Ergebnissen der SPD zu schaden. Das
war ungeheuerlich – und wir antworteten nicht minder hart.

Im Juni 1992 also war ich arbeitslos, weil ich mit diesem
Mann nicht mehr konnte und nicht mehr wollte. Aus Dresden
nahm ich faszinierende Erinnerungen mit – und eine gute Geschichte aus der SED-Ära der *Sächsischen Zeitung*. Eines Tages
hatte es nämlich in ihren Zeilen nicht »ZK der SED«, das
Kürzel für Zentralkomitee, sondern »KZ der SED« geheißen.
Das war – kurz gesagt – ein Hammer. Der Buchstabendreher
zog akribische Ermittlungen der Staatssicherheit nach sich.
Aber keine Bestrafung. Das Schlimmste blieb dem »Schuldi-
gen« erspart. So wie mir ein journalistischer Großkonflikt mit
der sächsischen CDU-Regierung, der mit ziemlicher Sicherheit eine Intervention Schulte-Hillens zugunsten von Kurt
Biedenkopf ausgelöst hätte. So gesehen war das Dresdner Projekt noch gerade rechtzeitig geplatzt. Es dauerte sieben Jahre,
bis mich der Verleger zu besagtem Essen einlud.

Meine nachfolgende Geschichte bei der *Woche* ist die Geschichte einer gescheiterten Freundschaft mit Manfred Bissinger. Ich war zu Hause, beschäftigte mich mit Malerarbeiten
und wartete auf die Resonanz von Bewerbungsgesprächen,
die ich mit Hans-Werner Kilz, Wolfgang Kaden und Robert
Leicht geführt hatte. Die Chefredakteure des *Spiegel* waren
interessiert an mir, in ihrem Bonner Büro. Die *Zeit* reagierte

ungemein träge. Zum dritten Mal in meinem Leben nach Bonn, das schreckte mich allerdings. Da rief mich Manfred Bissinger an, dem ich bis dahin nie begegnet war, und der in Hamburg an einer Wochenzeitung neuen Typs bastelte.

Das faszinierte mich. Denn die Arbeiten an diesem Blatt hatten noch gar nicht richtig begonnen. Hier kam ich nicht in ein fertiges Nest, hier konnte ich mich selbst am Bau des Nestes beteiligen. Und Bissinger war nicht von der Angst getrieben, dass ich ihn bedrängen oder gefährden würde, die ich andernorts gespürt hatte. Er hatte sein Büro in einer leer stehenden Villa des Verlegers Thomas Ganske, dem einiges gehörte: unter anderem der Buchverlag Hoffmann und Campe, das Reisemagazin *Merian* und der Jahreszeiten-Verlag mit einem Strauß von Zeitschriften. Eine Gruppe von Villen in feinster Lage an der Außenalster war das Zentrum des Imperiums.

Bissinger saß mit seiner Sekretärin im ersten Stock der verlassenen Villa, ich baute im Keller mit dem Grafiker Uwe C. Beyer Modellseiten für das neue Blatt. Beyer, damals noch ein junger Wilder mit einer ausgeprägten Liebe zu Cowboystiefeln, wurde später Art Director des *Spiegel*. Wir entwarfen die zweite Seite mit der Debatte über eine bestimmte These, die dritte Seite mit dem Porträt der Woche und die Aufmacherseiten der Ressorts. Ich entwarf zudem einen Fragebogen für Prominente auf der letzten Seite. Beratend schauten Markus Peichl und Lo Breier vorbei, die Einfluss auf die Struktur des Blattes nahmen. Die *Woche*, um es knapp zu beschreiben, war eine Revolution auf dem Zeitungsmarkt: durchgängig vierfarbig, mit einem System von Grafiken und Infokästen, einem Farbleitsystem der Ressorts und einem handlichen Format. Es war eine Kampfansage an die *Zeit*. Verschattet wurde diese Herausforderung allerdings durch die Gründung des *Focus* von Helmut Markwort, der damit den *Spiegel* aufs Korn nahm.

Auch Bissinger hatte eine *stern*-Geschichte hinter sich. Viel bewegter als meine. Als Stellvertreter Henri Nannens hatte er das Blatt linksliberal politisiert, bis er um die Jahreswende 1977/78 wegen eines von ihm verantworteten, aber nicht geschriebenen Artikels auf Druck von Bertelsmann-Eigner Reinhard Mohn geschasst wurde. »… und morgen die ganze Welt« beschrieb die internationale Expansion deutscher Konzerne, auch in faschistisch beherrschten Staaten. Bertelsmann gehörte dazu. Als Hermann Schreiber sein Buch über Henri Nannen recherchierte, erfuhr ich, dass Mohn Bissingers Entlassung von dem zunächst störrischen Nannen erkauft haben soll. Für ein paar Millionen und einen Porsche. Dennoch sprach Bissinger niemals schlecht von Nannen, auch nachdem er dies gehört hatte.

Mohns 70. Geburtstag ist mir als bizarres Ereignis in Erinnerung geblieben. Es war 1991, ich war Stellvertreter von Schmidt-Holtz beim *stern*, als alle Angestellten von Gruner + Jahr aufgerufen wurden, sich zu einer langen Menschenkette um das Verlagshaus, über seine Balkone und Außentreppen aufzureihen. Kamerateams filmten dann, wie einer dem anderen fiktiv etwas zuflüsterte, das nicht zu verstehen war, bis am Ende der Letzte ins Mikrofon sprach: Herzlichen Glückwunsch, Reinhard Mohn! Das war eine poststalinistische Inszenierung, gespenstisch. Ich machte in der Wartezeit meine Scherze, sagte, wir sollten unsere Jahresgehälter addieren, damit der Letzte die Summe ins Mikrofon rufen könne – anderes interessiere in Gütersloh sowieso niemanden. Die Kollegen amüsierten sich. Hermann Schreiber aber, der in meiner Nähe stand – er war Chefredakteur von *Geo* –, empörte sich über die Majestätsbeleidigung. Eine interessante Erfahrung mit diesem so angesehenen Journalisten. Und ein erschreckender Einblick in die damalige Führungskultur von Bertelsmann. Mohn soll den Film übrigens wegen der überschwappenden Feierlichkeiten nie gesehen haben. Es war auch nicht schade drum.

Umwerfend fand ich Bissingers Kunstsammlung. Hunderte von Werken füllten spezielle Schubladen und Schränke. Zwei Bilder hat er mir im Laufe unserer gemeinsamen Jahre geschenkt. Eines von Horst Janssen, mit dem er befreundet war und den er für ein Genie hielt. Es ist ein Selbstbildnis des gebeugten Künstlers, der den Tod als Skelett auf dem Rücken trägt. Das nahm Bezug auf meine düstere Prophezeiung, ich würde wohl nicht älter werden als mein Vater, der mit 56 gestorben war. Das zweite ist ein wunderbarer kleiner Holzschnitt von Frans Masareel, das einen Zeitungsleser im Sessel zeigt, dem die Blätter durchs Fenster zufliegen. Der Blick aus dem Fenster glich unserem aus dem zweiten Redaktionshaus auf das benachbarte Gebäude der *Zeit*. Der Holzschnitt war jedenfalls eine überaus treffende Analogie unserer Existenz bei der *Woche*. Später fragte ich mich, ob dem Leser auf dem Holzschnitt eigentlich die Zeitungsblätter zuflogen oder ob sie umgekehrt aus dem Fenster davonflogen. Angesichts des bitteren Endes der *Woche* passt auch die zweite Interpretation.

Ich war zunächst als Ressortleiter Politik vorgesehen. Als die erste Ausgabe erschien, am 18. Februar 1993, fungierte ich auch als stellvertretender Chefredakteur. Denn ich hatte maßgeblichen Einfluss auf das Projekt genommen, das zunächst unter dem Tarnnamen Gabi begonnen worden war. Unter den zur Auswahl stehenden Titeln, abgeleitet von vorhandenen, wie etwa »Zeitspiegel«, war »Die Woche« am klarsten. Ich propagierte diesen Titel. Und statt des üblichen Untertitels Zeitung für Politik, Wirtschaft, Kultur etc. schlug ich schlicht »Gegründet 1993« vor. Das hob ganz auf die Modernität des Blattes ab und saß perfekt. Bissinger und Ganske waren beeindruckt. Auf die Erstausgabe schrieben mir beide eine Widmung, Bissinger formulierte: »Uli, ohne Sie wär's nichts geworden. Danke, Ihr Manfred B.«

In dieser ersten Ausgabe schlug ich Ignatz Bubis, den Vorsitzenden des Zentralrats der Juden, als Bundespräsidenten vor. Als Linksradikaler in Frankfurt hatte ich selbst erlebt, wie diesem beeindruckenden Mann Unrecht geschehen, wie er als Spekulant geschmäht worden war. Nun schrieb ich: »Die Exzesse in Rostock, Mölln und anderswo haben ihn seither in eine gesellschaftliche Schlüsselstellung katapultiert, die

die politischen und menschlichen Qualitäten dieses Mannes scharf konturiert erkennen lassen. Das große Wort möge verziehen werden, es ist unvermeidlich: Ignatz Bubis ist *die* moralische Autorität in Deutschland geworden.« Schon die Diskussion über seine Kandidatur werde verborgenen Rassismus und Antisemitismus bloßlegen und uns gerade dadurch befähigen, diese Pest der Zeit niederzuhalten. Der Vorschlag war kein publizistischer Gag, er war sehr ernst gemeint, auch weil er den Kurs des neuen Blattes klar erkennen ließ. Bubis lehnte ab – und obgleich ich enttäuscht war, verstand ich ihn später gut. Die Kandidatur, noch mehr aber seine Wahl, hätte für ihn lebensbedrohend sein können. Für einen jüdischen Präsidenten war Deutschland noch nicht reif.

Bissinger und ich warfen uns noch ein zweites Mal für ein Staatsoberhaupt in die Bresche. 1994 veröffentlichten wir ein Interviewbuch mit dem gerade gewählten Roman Herzog, einem umstrittenen, weil vielfach falsch beurteilten Konservativen. Die Karlsruher Interviewsitzungen mit dem seinerzeitigen Kopf des Bundesverfassungsgerichts sind mir unvergesslich – wegen der Qualen, die damit verbunden waren. Wir saßen zu dritt in Herzogs Büro und rauchten, seiner Vorliebe folgend, bei sperrangelweit geöffnetem Fenster und winterlicher Kälte einen Zigarillo nach dem anderen. Zu trinken wurde uns Hamburgern nichts angeboten, was unsere Stimmen zunehmend krächzender werden ließ. Das Buch erwies sich indes für ihn als Segen. Als er unmittelbar nach seiner Wahl eine kurze Ansprache gehalten hatte

und die – böswillig – als Indiz für mangelnde Entschieden-
heit gegen rechts interpretiert worden war, veröffentlichten
wir seine zentralen Aussagen aus dem Buch, die unbezweifel-
bar das Gegenteil bewiesen. Die Kritik verstummte, er war
durch. Auf die Frage, wie man mit Neonazis umgehen solle,
hatte er etwa geantwortet: »Frontal auseinandersetzen! Das
ist zunächst eine Frage von Polizei und Justiz.«

Aus dem Arbeitsverhältnis mit Bissinger wurde über die
Jahre eine Freundschaft. Wir konnten uns blind aufeinander
verlassen. Bernd Gäbler, der Medien-Ressortleiter, formulierte es einmal so: Bissinger ist der Bundespräsident, Jörges der
Bundeskanzler. Das traf es ziemlich genau. Wir arbeiteten
beide bis zur Erschöpfung, er stärker nach außen, ich nach
innen. Spaß und Mühe waren aufs Engste miteinander ver-
flochten. Anfangs hatten wir noch Not, die Seiten zu füllen.
Immer wieder brachen Texte weg, zum Teil am Schlusstag.
Reserven hatten wir aber kaum. Das allerdings gab sich mit
den Jahren und die Mühe wurde darauf verwendet, außerordentliche Ausgaben abzuliefern. Die beste gab es jeweils am
Jahresende, wenn die gesamte Redaktion von formalen Be-
schränkungen befreit war und der Kreativität freien Lauf lassen konnte. Es entstanden Solitäre. Markus Peichl und Lo Breier waren längst von Bord gegangen, Dirk Linke war der neue
Art Director, mit dem wir uns prächtig verstanden. Dienstags
wurde die jeweilige Ausgabe geschlossen, weit nach Mitternacht gingen wir meist noch essen: eine Reistafel bei einem
Chinesen in der Nähe der Reeperbahn oder ein gewaltiges

Steak in der Schlachterbörse am Schlachthof. Gegen Jahresende lud Bissinger zu einem Grünkohlessen mit Rotwein am offenen Kamin in sein Haus im Alten Land ein.

Ich fuhr in dieser Zeit das schönste Auto meines Lebens: einen Daimler Double Six. Es war ein Jaguar in dieser speziellen Version, mit einem seidenweichen Zwölfzylindermotor – zwei hintereinander geschalteten Reihensechszylindern. Ich hatte ihn gebraucht bei einem BMW-Händler stehen sehen, als ich meinen BMW zur Inspektion gab. Er kostete 30.000 Mark, so dass ich auf mein altes Auto, das ich in Zahlung gab, nur 10.000 drauflegen musste. Das war die Sache wert. Es war ein unglaubliches Gefährt, mit Wurzelholzarmaturenbrett, mächtigen Ledersitzen und zwei verchromten Tankdeckeln, die hinter der Heckscheibe aufragten und tief Luft holten, wenn man sie aufschloss. War der eine Tank leer, musste man durch Knopfdruck am Armaturenbrett auf den zweiten umschalten. Die fassten nur jeweils 40 Liter, der Wagen verbrauchte aber fast 20 auf 100 Kilometer, sodass man den Zeiger der Tankuhr förmlich beim Absinken beobachten konnte. Ein eleganteres Fahrzeug gab es nicht, es glitt dahin, der Motor war nicht zu hören. Meine Frau erklärte mich für verrückt, die beiden Töchter aber hatten ihren Spaß. Es war das abenteuerliche Auto zum Abenteuer der Zeitungsgründung. Als es 120.000 Kilometer gelaufen war, ich hatte es bei 86.000 gekauft, war der Motor hin, wie bei Jaguar in dieser Zeit fast üblich. Ich gab das Auto in Zahlung für einen Saab, dessen

Vierzylinderturbomotor sich allerdings anhörte, als wäre ich auf einen Traktor umgestiegen.

Der publizistische Erfolg der *Woche* war zunächst durchschlagend. Die betuliche *Zeit* erschrak und legte ihre Arroganz rasch ab. Das Blatt wurde wiederholt als »World's Best-Designed Newspaper« ausgezeichnet. Mit prachtvoll gestalteten Beilagen gaben wir den jungen Wilden der CDU eine Plattform, die schwarz-grün dachten und den Mehltau der Kohl-Jahre abstreifen wollten: Ole von Beust, Peter Müller, Günther Oettinger und Christian Wulff. Peter Glotz, der Intellektuelle der SPD, schrieb in der *Woche* ebenso wie Roger Willemsen, der Mann der Kultur, und der Schriftsteller Peter Rühmkorf.

Bissinger war mit Gerhard Schröder befreundet und förderte dessen Aufstieg als Reformer nach Kräften. Während seiner Scheidung von Hillu besuchte Schröder uns einmal am Schlusstag in der Redaktion – und klagte darüber, dass er durch den Unterhalt für die Frau, deren Tochter und das Pferd so abgebrannt sei, dass sein Gehalt als niedersächsischer Ministerpräsident nicht einmal mehr ausreiche, um seine Bodyguards zu einem Bier einzuladen. Er verließ uns getröstet und angeheitert. Bei der Nachfolgerin Doris bekam er zunächst Unterkunft in einem kleinen Apartment mit Bügelbrett im Wohnzimmer. Als er Bundeskanzler war und wir ihn in seinem Büro interviewten, konnte er sich revanchieren. Neben seinem Schreibtisch standen ein paar Flaschen Wein. Den Korken zog er persönlich. Ich trank meinen ersten Tignanello, den toskanischen Roten, den ich bis heute schätze.

Was Schröders Politik betraf, war ich im Prinzip Bissingers Meinung, kritisierte ihn als Kanzler aber auch immer wieder, teils scharf. Dem Herausgeber und Chefredakteur jener Jahre muss ich hoch anrechnen, dass er das geschehen ließ, ohne jemals ein kritisches Wort über meine Texte zu verlieren.

Die junge Angela Merkel lernten wir kennen, als wir sie in Hamburg zu einem Mittagessen einluden. Sie machte mich neugierig, denn sie fiel ganz und gar aus der Kohl-Kultur. Fortan kommentierten wir auch ihren Aufstieg wohlwollend.

Meine Rolle bei der *Woche* weckte bald das Interesse anderer Verlage. 1994 lud mich Adolf Theobald, ein Großer des Gewerbes, Gründer von *Capital* und *Natur*, nach Freiburg ein. Es ging um die Chefredaktion der *Badischen Zeitung*, die einen guten Ruf hatte. Ich sprach mit den Verlegern und dem aktuellen Chefredakteur, schaute mir die Zeitung genau an – und sagte ab. »Das Blatt wirkt erstarrt, veraltet und ungeordnet – mit einem Wort: vollkommen antiquiert«, schrieb ich Theobald. »Das gesamte Erscheinungsbild und die Struktur des Blattes müssten verändert, Chefredaktion wie Redaktion neu zugeschnitten werden. Die Operation würde faktisch auf einen Relaunch hinauslaufen.« Von den Eigentümern sei die Bereitschaft zu erwarten, von der Redaktion indes nicht. »Niemand ist konservativer als ›linke‹ Journalisten.«

Bissinger hatte ich von der Einladung nach Freiburg erzählt. Er war alarmiert. Und berief 1995 Kurt Breme als zweiten Stellvertreter. Der war vorher bei der *Bild am Sonntag*

Vize unter Michael Spreng gewesen. Wir verstanden uns damals gut. Und Bissinger ließ keinen Zweifel aufkommen, dass ich seine Nummer eins war. Im September 1997 schrieb er mir: »Wie Du weißt, habe ich nicht die Absicht, für den Rest meiner Tage hier angeschirrt zu bleiben. Mir ist ein Leben ohne die *Woche* durchaus denkbar, wenn ich auch nicht verhehle, gerne hier zu sein. Du trägst einen wichtigen Teil dazu bei. Doch es nähert sich der Tag, von dem an ich meine Präsenz verringern möchte. Es wird spätestens zur Jahrtausendwende sein (welch bombastisches Datum), also im Jahr 2000. Ich werde dann sechzig: ein gutes Alter, die Chefredaktion an Dich abzugeben.« Wir waren so vertraut miteinander, dass er mir eines Tages sagte, ich solle bei seiner Beerdigung die Grabrede halten, weil es sonst wohl niemanden mehr gebe, der positiv über ihn spreche. Und als er seine Minderheitsbeteiligung an der *Woche* an Thomas Ganske verkaufte, wollte er mir etwas abgeben von seinem Erlös. Ich lehnte das Handgeld fast empört ab.

Auf Bissingers Geburtstagsfeier, im Oktober 2000, sprach Gerhard Schröder über den Jubilar. Ich geriet mit Günter Grass aneinander. Heftig. Grass warf mir vor, dass ich Joschka Fischer kritisiert hatte, wegen der Affäre um die leichtfertige Vergabe von Visa durch die deutsche Botschaft in der Ukraine. Der habe seine Sache als Außenminister doch gut gemacht, bemerkte er. Ich erwiderte, mit dieser pauschalen Formulierung könne ich nichts anfangen, die könne auch aus der *Bild*-Zeitung stammen. Daraufhin explodierte

Grass. Wort und Widerwort eskalierten. Im Zorn wandten wir uns voneinander ab. Ich konnte solche Vorwürfe nicht ertragen, hatte sie zu oft gehört. Man hat links zu sein und dann schließt man auch das linke Auge. Kritik nach links ist für Linke nicht statthaft. Bissinger hatte mich zuvor schon zweimal nach Behlendorf bei Lübeck mitgenommen, wo Grass in einem Bauernhaus mit separater Kate, in der er arbeitete, ein wenig einsiedlerhaft lebte. Er hatte Aquarelle auf dem Boden ausgebreitet und saugte unablässig an einer teerverkrusteten Pfeife. Wir führten Interviews mit ihm und wurden dann zur Suppe eingeladen. Wieder und wieder Suppe.

In einem dieser Interviews rechnete der Schriftsteller spektakulär mit Oskar Lafontaine ab: »Halt's Maul! Trink deinen Rotwein, fahr in die Ferien, such dir eine sinnvolle Beschäftigung!« Ich ließ mich indes nicht davon abhalten, einen tragfähigen, respektvollen Kontakt zu Lafontaine aufzubauen. Denn ich hatte ja erlebt, wie er aus Schröders Umfeld, namentlich von Bodo Hombach, soweit getrieben worden war, dass er die Nerven verlor und seine Ämter in Bonn hinschmiss. Lafontaines dickschädelige Art war meiner ziemlich ähnlich.

Bissinger hielt Wort. Am 8. Dezember 2000, meinem 49. Geburtstag, wurde meine Berufung zum Chefredakteur unter dem Herausgeber Manfred Bissinger bekanntgegeben. Doch von Anfang an sickerte Misstrauen in unser Verhältnis. Er ließ sich, wie mir glaubwürdig versichert wurde, vertraulich berichten, was in der Redaktion in der Etage unter seinem Büro vor sich ging. Und fast wöchentlich gab es erregte

Debatten um Kürzungen seiner Kolumne. Er schrieb mit der Hand, die Texte waren immer zu lang und mussten auf das passende Format gekürzt werden. Er indes vermutete politische Absicht beim Streichen bestimmter Sätze oder Ändern von Formulierungen. Das allerdings war Unsinn. Meist gab es erst Frieden, wenn ich selbst den Text kürzte und ihm die Entscheidungen erläuterte. Misstrauen und Konkurrenz prägte nun auch mein Verhältnis zu Kurt Breme, der nach meiner Berufung zum Chefredakteur eigentlich gehen wollte, auf mein Zureden aber schließlich bereit war, auf den Stuhl des Geschäftsführers zu wechseln. Dort war er kein Verbündeter mehr für mich, sondern sah sich eher als Werkzeug des Verlegers.

Ich wiederum fühlte mich vom Herausgeber im Stich gelassen, als Ganske versuchte, drastische Einsparungen durchzusetzen. Bissingers Abschied von der Chefredaktion verlockte ihn offenbar dazu. In mir keimte der Verdacht, dass sich Bissinger zurückgezogen hatte und nun bei diesen Debatten nicht mehr präsent war, weil er wusste, was an höchst unangenehmen Entscheidungen kam. Ich stand allein im Feuer. Vorher hatte er alles abgewettert.

Dennoch waren wir uns noch einmal so vertraut wie nie zuvor. Im Frühjahr 2001 erlitt Bissinger einen Schlaganfall – im Büro. Als ich hocheilte, fand ich ihn auf dem Boden liegend vor, kniete neben ihm und sprach mit ihm. Ein Krankenwagen war gottlob rasch zur Stelle. Er kam in die Klinik, wo ich ihn wiederholt besuchte, bei Spaziergängen begleitete und aus der

Redaktion berichtete. Anfang Mai schrieb er mir: »Es wurde Zeit, dass ich mich bei Dir für Fürsorge + Unterstützung + Umsicht bedanke. Das war keineswegs selbstverständlich. Ich bin im Übrigen sehr froh darüber, dass wir rechtzeitig unsere Stühle getauscht haben. Das ist für die Woche von Glück, für den Verlag sowieso und wie sich weist auch für mich.«

Im Juli 2001 indes trieb mich der Verleger in die erste Kündigung. Er hatte mir Unzumutbares aufgepackt. »Die Reduzierung des Blattumfangs auf 44 Seiten bedeutet den Abschied von dem Konzept, das wir erst zu Jahresbeginn beschlossen hatten«, schrieb ich an Ganske. »Die Reduzierung der Druckauflage, der Abbau von Auslandsbüros, betriebsbedingte Kündigungen in der Redaktion bei gleichzeitiger Senkung der redaktionellen Produktionskosten machen die Lage vollends desolat. Das alles ist nach meiner Überzeugung der Auftakt für den publizistischen Niedergang der *Woche*. Es kommt eine Abwärtsspirale in Gang, die, so fürchte ich, nicht mehr aufzuhalten ist. Ein Loch reißt das nächste auf, eine negative Entscheidung bedingt die folgende. Für die *Woche* könnte das am Ende die Todesspirale sein.« Ich sollte recht behalten.

Die Verluste des Blattes waren über die Jahre immer weiter gestiegen. Sie näherten sich 20 Millionen Mark im Jahr. Das Dilemma der *Woche* war, dass sie von einem anderen Verlag nicht gegründet worden wäre, dieser aber zu klein und zu unerfahren auf dem Zeitungsmarkt war, um sie groß zu machen. Eine Feinsteuerung des Vertriebs fand zum Beispiel nicht statt. Etwa die Hälfte der Verkaufsstellen war ausverkauft und wurde nicht nachbeliefert, die andere Hälfte hatte kein einziges Exemplar abgesetzt. Der Anzeigenverkauf war ein Desaster. Die Geschäftsführer lösten sich wie durch eine Drehtür ab. Ganske wollte mit Macht heraus aus den Verlusten. Meine Kündigung schnitt ihm zunächst den Weg ab. Er verweigerte ihre Annahme und nahm sein Sparprogramm zurück. Ich sparte ja längst! Nach einigem Grübeln kassierte ich auch meine Kündigung. Das war ein Fehler. Denn einmal verschüttete Milch geht nicht mehr in die Kanne.

Am 11. September 2001 bäumte sich die Woche spektakulär auf – zur wohl besten Ausgabe ihrer Geschichte. Es war ein Dienstag, Schlusstag des Blattes, als am frühen Nachmittag deutscher Zeit das erste Flugzeug in den ersten Turm des World Trade Center in New York raste. Während wir noch darüber debattierten, was das wohl zu bedeuten habe, ob es ein Unfall gewesen sei oder mehr, und wie wir im Blatt darauf zu reagieren hätten, schlug die zweite Maschine in den zweiten Turm ein. Nun stand fest: Das war ein Terroranschlag von bislang unvorstellbarer Dimension. Ich rief die Redaktion zusammen, wir warfen alle bis dahin fertiggestellten Seiten weg und ich beschloss, das gesamte Blatt, von vorne bis hinten, neu zu machen. Nur zu diesem Thema. Jedes Ressort bekam eine halbe Stunde Zeit, sich Gedanken zu machen, dann trafen wir uns wieder und ich verteilte die Aufgaben. Sabine Rosenbladt, die Ressortleiterin Ausland, ließ ich die Titelgeschichte schreiben unter der Headline »Weltkrieg des Terrors«. Wir verließen die vertrauten Formen und gestalteten das Blatt ganz neu.

Auf den Seiten zwei und drei stellten wir Porträts von Osama Bin Laden und George Bush gegenüber. Der eine war nach unserer Überzeugung der Drahtzieher des Anschlags, der andere sein Ziel. Wir arbeiteten angestrengt und konzentriert bis zum kommenden Morgen. Ich machte das Blatt, besprach die Themen, gestaltete mit dem Art Director die Seiten, redigierte die Texte und korrigierte die Überschriften. Gegen sechs Uhr waren wir fertig. Das ganze Blatt hatte den Terroranschlag des Jahrhunderts zum Inhalt – bis hin zur Frage, welchen Schmelzpunkt Beton hat, die im Wissenschaftsressort aufgeworfen wurde. Es war eine einzigartige Ausgabe, die uns erschöpft und zufrieden zurückließ. Nach dieser Erfahrung riss ich grundsätzlich die Barrieren zwischen den Ressorts ein und gestaltete das Heft nach Bedarf, nicht mehr im starren Korsett.

Bissinger und Ganske waren am 11. September in Frankfurt, auf der Internationalen Automobil-Ausstellung. Keiner von beiden rief auch nur ein einziges Mal an, um zu fragen, was wir taten und ob wir Rat oder Hilfe brauchten. Das empfand ich als höchst bemerkenswert. Wollte Bissinger mich scheitern sehen? Und selbst nicht hineingezogen werden in dieses Scheitern? Zwei Tage später, als die Ausgabe erschienen war, richtete er eine Mail an die Redaktion. In der Anrede wurde ich als Letzter erwähnt. »Ihr habt in den wenigen Stunden von Dienstagnachmittag bis Mittwochfrüh eine reife journalistische Leistung abgeliefert, die sich auch heute Morgen noch mit den wichtigen Konkurrenzblättern messen kann – obwohl deren Zeithorizont wie deren Ressourcen mit unseren nicht vergleichbar sind. Ich kann Ihnen/euch nur gratulieren!« Das war in Ordnung, aber eher untertrieben. Wir konnten uns mit den anderen nicht nur messen, wir waren ihnen mit unserer einmaligen Ausgabe überlegen. Der Kasseler Zeitungsverleger Karl Dierichs, der die *Woche* druckte, schrieb mir nur einen einzigen Satz, doch der passte: »Lieber Herr Jörges, das habe ich nicht für möglich gehalten, eine Zeitung so schnell, so radikal, so ingeniös neu zu erfinden.«

Dennoch kam schon im November der zweite Angriff des Verlegers. Wiederum war Bissinger als Herausgeber abwesend. Er verhandelte inzwischen mit Bodo Hombach, dem Chef der WAZ-Gruppe, über den Verkauf der *Woche*. Die sollte womöglich als Wochenendbeilage in den dürftigen Zeitungen des Ruhrimperiums kannibalisiert werden. Ich wurde kaum informiert, erfuhr nur schemenhaft und auf Nachfrage, dass gesprochen wurde. Was ich von Hombach hielt – und der mutmaßlich von mir – wusste Bissinger.

Am 29. November 2001 saßen Kurt Breme und ich Thomas Ganske und seinem Finanzchef Peter Notz gegenüber, um in der Villa des Verlegers den Etat des folgenden Jahres zu besprechen. Das war so üblich in der Ganske-Gruppe. Ich war völlig unvorbereitet auf das, was dann folgte. Eigentlich hatte ich allen Grund, zufrieden mit der Entwicklung zu sein. Die Auflage war zuletzt auf knapp 136.000 Exemplare gestiegen – um 3,8 Prozent, weit mehr als die der Konkurrenten. Wir waren schon durch mit unserer Tagesordnung, als Ganske seinem Spitzenmanager noch einmal das Wort erteilte und der uns eröffnete, wir hätten 2002 eine Million Mark im Personaletat zu sparen. Mit diesem Schlag in die Magengrube war die Sitzung beendet. Mir war sofort klar, dass das mindestens ein Dutzend Entlassungen bedeuten würde, bei einer Redaktion von nur einigen dreißig Redakteuren, die ohnehin schon überlastet waren. Politik und Ausland arbeiteten seit Jahresbeginn nur mit zwei Leuten, streckenweise sogar nur mit einem Redakteur.

In der Nachbereitung des Gesprächs zeigte sich, dass Breme nicht auf meiner Seite stand, sondern bereit war, die Forderung umzusetzen. Damit aber wäre die *Woche* nicht mehr zu machen gewesen. Eine Wochenzeitung dieser Qualität mit gut zwanzig Journalisten, das konnte nicht gut gehen. Ich schlief eine Nacht darüber und kündigte anderntags selbst, diesmal unerschütterlich. Verdiente, engagierte Kollegen zu feuern, an einer solchen Schweinerei wollte ich mich nicht beteiligen. Und das Blatt derart zu beschädigen, dass es de facto erledigt war, das kam für mich auch nicht in Frage. Wer gegen seine Überzeugung und sein Gewissen arbeitet, daran glaubte ich fest, wird über kurz oder lang krank, holt sich etwa einen Krebs.

»Kündigungen hätten … nach meiner Überzeugung nicht nur zur Folge, dass die Qualität der *Woche* nicht gehalten – geschweige denn weiter verbessert – werden könnte; das

Blatt würde beschädigt«, schrieb ich Ganske. »Darüber hinaus würden Motivation und Zusammenhalt der Redaktion zerstört, von denen das Projekt über schwierige Jahre hinweg gelebt hat und die gerade bei der geplanten Struktur- und Layoutreform unabdingbar sind. Denn diese Reform ist nicht mit weniger, sondern mit mehr Arbeit und Engagement verbunden. Ich selbst arbeite schon unter den gegebenen Bedingungen am Rande meiner physischen Möglichkeiten. Mehr kann und darf ich mir nicht aufladen.« Was ich tun könne, um die Situation des Blattes stabil zu halten, würde ich jedoch noch tun.

Manfred Bissinger fehlte wieder bei diesem Showdown mit dem Verleger. Hatte er von dessen Absichten nichts gewusst? Ich konnte mir das kaum vorstellen. Denn offenbar wollte Ganske die Braut doch chic machen für die Hochzeit mit Hombach. So dürr, wie er sie herunterhungern wollte, konnte sie indes nicht mehr attraktiv sein. Nun hatte er, mitten in den Verhandlungen, seinen Chefredakteur in die Resignation getrieben. Nach Schulte-Hillen war dies der zweite Verleger, der einen solchen Kardinalfehler mit mir beging. Sehenden Auges. Als die Sache entschieden war für mich, schrieb Bissinger noch einen Brief an Notz, in dem er sich gegen die Sparpläne wandte. Aber den empfand ich als nachträgliche Inszenierung. Warum wandte er sich an Notz und nicht direkt an Ganske? Hier wurde ein Schuldiger gesucht und der durfte nicht der Verleger sein, denn der stand auch in einem besonderen Verhältnis zum Herausgeber. Bissinger hatte mich in dieser Rolle zum zweiten Mal im Stich gelassen.

Nun war unser Verhältnis zerbrochen. Und meine Entscheidung gefallen. Bissinger verbreitete später im Berliner *Tagesspiegel*, ich hätte bloß 220.000 Mark sparen sollen, was nicht so schwer gewesen wäre. Ich widersprach in einem Leserbrief. In seinem eigenen Schreiben an Notz hatte er ja von einer Million gesprochen, und zwar nur im Personaletat. In der mit mir abgestimmten Presseerklärung zu meinen Ausscheiden hieß es denn auch, »unterschiedliche Vorstellungen über Besetzung und Organisation der Redaktion« seien dafür maßgeblich gewesen. Das traf die Sache.

Ich hatte ein Jahr Kündigungsfrist, bis zum 30. November 2002. Ganske versprach ich, das Blatt ohne Abfindung zu verlassen, sobald ich eine neue Aufgabe gefunden hätte. Er könne sich darauf verlassen. Als meine Nachfolgerin schlug ich Sabine Rosenbladt vor. Das Gespräch mit Ganske war schwierig, um nicht zu sagen eiskalt. Er drohte mir, er werde dafür sorgen, dass die deutschen Verleger von meinem Verhalten erführen. An diese Drohung musste ich denken, als mir Johannes Friedmann, der Verleger der *Süddeutschen Zeitung*, später die Chefredaktion des Blattes anbot. Er lud mich zu einem Essen in das Restaurant Borchardt in Berlin ein, brachte seinen halbwüchsigen Sohn mit, und wir verstanden uns prima. Alles schien klar zu sein. Danach allerdings meldete er sich nie wieder. Hatte er nachgefragt, wie es war mit mir und der

Woche? Ergebnislos blieb auch ein Treffen mit dem Verleger Stefan von Holtzbrinck in Stuttgart, Anfang 2002.

Am 8. Dezember 2001 feierte ich meinen 50. Geburtstag, als Chefredakteur in Kündigung, nur wenige Tage nach dem Bruch. Zum Feiern war mir nicht zumute, ich lud zu einem Essen im kleinsten Kreis ein. Im Januar 2002 beurlaubte mich Thomas Ganske. Sabine Rosenbladt wurde meine kommissarische Nachfolgerin. Die Redaktion war schockiert, besser gesagt: traumatisiert. Am 8. März, exakt drei Monate nach meinem Geburtstag, wurde das Blatt eingestellt. Ich bot Bissinger ein Treffen an, um unseren Groll aufzuarbeiten. Er lehnte brüsk ab: »Verabreden? Nein. Das Prinzip Jörges habe ich bis zur Neige genossen.« Mein Prinzip, hätte ich gerne erwidert, war jedenfalls nicht Prinzipienlosigkeit.

Erst 2018 sahen wir uns wieder, auf einem Senatsempfang zum 70-jährigen Jubiläum des *stern* im Hamburger Rathaus. Bissinger produzierte, wie schon in unserer gemeinsamen Zeit, exzellente Firmenzeitschriften, die auch vom Ruf der *Woche* lebten. Ich ging auf ihn zu und wir sprachen ganz unverkrampft miteinander, später übrigens auch zu dritt mit Michael Jürgs. Ich bin überzeugt: Man darf solchen Zwist nicht mit ins Grab nehmen. Später lud mich Bissinger zum Essen in ein chinesisches Restaurant in Berlin ein. Meiner Eingangsbemerkung, wir würden doch jetzt sicher nicht mehr den Konflikt von 2001 aufarbeiten wollen, stimmte er lebhaft zu. Wir sind also wieder on Speaking Terms. Immerhin.

Auch Thomas Ganske lud mich später noch mal zum Essen ein. Und bis heute schickt er mir zu Weihnachten jeweils zwei Bücher aus seinem Verlagsprogramm. Das interpretiere ich als zartes Zeichen der Einsicht in eigene Fehler – sehr ähnlich der Reaktion von Gerd Schulte-Hillen. Auf meiner ersten Ausgabe der *Woche* hatte Ganske die Widmung hinterlassen: »Gegründet und gerettet.« Das bezog sich auf einen Scherz, den wir miteinander gemacht hatten. Den zweiten Teil des Versprechens – die Rettung – hielt er nicht ein. Im Gegenteil: Der Verleger vernichtete seine Wochenzeitung selbst.

Drei Bücher übrigens habe ich in der *Woche*-Zeit nebenher zustande gebracht: *Blick voraus im Zorn* mit dem SPD-Recken Friedhelm Farthmann, *Der unbequeme Präsident* mit Roman Herzog und als Herausgeber *Der Kampf um den Euro* mit vielen prominenten Debattenteilnehmern.

Es folgt der *stern* – zum Dritten und Letzten.

Anfang des Jahres 2002, mein Bruch mit der *Woche* war gerade bekannt geworden, rief mich Thomas Osterkorn an, neben Andreas Petzold Chefredakteur des Magazins. Sie suchten einen politischen Kopf des *stern*. Erst später erfuhr ich, warum. Das Blatt hatte der CSU in einer Titelgeschichte gerade einen Finanzskandal angehängt, der gar keiner war. Denn die inkriminierte Methode, zu Geld zu kommen, war vom zuständigen Bundestagspräsidenten Wolfgang Thierse, immerhin SPD, ausdrücklich gutgeheißen worden. Das aber fehlte in der Story. Insofern hatte Edmund Stoiber, der Parteichef, allen Grund, sich zu beklagen. Bei Bertelsmann in Gütersloh war man überhaupt nicht amused und spielte ein wenig mit den Köpfen der Chefredakteure.

Die sollten sie aber gerne aufbehalten, denn das Angebot kam mir in meiner Not natürlich gerade recht. Der Vertrag als stellvertretender Chefredakteur und Berliner Büroleiter war mit Rolf Wickmann, dem Zeitschriftenvorstand des Verlags, rasch ausgehandelt. Mein Krach mit Schulte-Hillen hatte keinen nachhaltigen Schaden zurückgelassen. Wickmann wusste ja, dass der Verleger seinerzeit haarsträubenden Mist gebaut hatte. Wir trafen uns in seinem Privathaus an der Außenalster und als wir eigentlich schon durch waren, kam mir spontan noch eine Idee: »Könnte ich nicht auch einen wöchentlichen Kommentar schreiben im *stern*?« Wickmann war sofort einverstanden, denn das kostete ja kein zusätzliches Geld, und das Format wurde flugs im Vertrag verankert.

Die kleine Ergänzung sollte sich als mächtiger Treibsatz meines weiteren journalistischen Werdegangs erweisen. Zu meiner Verblüffung. 960 Kolumnen verfasste ich zwischen 2002 und 2020. Woche für Woche. Nicht ein einziges Mal fiel ein Stück durch Krankheit oder Urlaub aus. Bevor ich in die Sommerferien fuhr, schrieb ich drei Kolumnen zu zeitlosen Themen vor. Nur einmal kam mir die Aktualität dazwischen und ich flog für eine Nacht zurück nach Berlin, um über einen Terroranschlag zu schreiben. Denn einen Laptop hatte ich nicht mitgenommen und ich wollte stets zeilengenau schreiben, um Kürzungen im Text durch andere zu vermeiden. Mir schrieben etliche Leser, sie kauften den *stern* nur wegen des »Zwischenrufs«. Die *stern*-Chefredaktion bot mir am 10. Juni 2020 noch mal eine Verlängerung des Kolumnistenvertrags um ein Jahr an. Der lief am 30. Juni aus und hätte eigentlich schon im Dezember 2019 prolongiert werden müssen. Ich sollte nun im vierzehntägigen Wechsel mit dem Chefredakteur Florian Gless schreiben. Als das Angebot kam, wollte ich nicht mehr, denn ich war darüber hinweg. Man soll gehen, solange das andere noch bedauern.

Der »Zwischenruf aus Berlin«, den Titel hatte ich in der *Woche* erfunden und dann als persönliches Label mitgenommen, fand vorne im Blatt seinen festen Platz, füllte jede Woche eine Seite. In der Redaktion war indes nicht jedermann Freund des kantigen Formats. In der wöchentlichen Blattkritik wurde anfangs offen darüber gestritten, jeden Donnerstag. Kritiker warfen die Frage auf, warum der Neue denn – erstens – das Recht zu einer Kolumne bekomme, zumal seine Meinung doch – zweitens – keineswegs immer die der Redaktion sei. Ich hörte am Telefon davon und nannte die Kritik meine »rituelle Steinigung«. Erst als einige Kollegen die Erfahrung gemacht hatten, dass ihnen meine Kolumne, welche die Chefredakteure aber anfangs nicht so nennen mochten, um meine Bedeutung nicht noch zusätzlich hervorzukehren, den Zugang zu schwierigen Gesprächspartnern erleichterte, verebbte der Tumult. Denn draußen hatte das Stück rasch Ansehen und Aufmerksamkeit gewonnen.

Das erstaunte mich selbst. Ich begriff es erst, als mich Gerd Schmückle zum Mittagessen ins Borchardt einlud. Er war als erster deutscher General zum stellvertretenden Nato-Oberbefehlshaber in Brüssel aufgestiegen, vorher hatte er dem Verteidigungsminister Franz Josef Strauß als Pressesprecher gedient. Schmückle wollte den kennenlernen, der den »Zwischenruf« schrieb, und legte ihm auseinander, dass dies ein außergewöhnliches Format sei, das unbedingt fortgeführt werden müsse und dann von ähnlicher Relevanz sein könne wie früher die Kommentare Rudolf Augsteins im *Spiegel*. Der Mann hatte eine gute Nase. Hergard Rohwedder, angeschossen und lebenslang verletzt vom Mörder ihres Mannes, nahm später auf ähnliche Weise Kontakt mit mir auf, lud mich zum Frühstück ins Hotel Adlon ein und zu einem Empfang für ihr liberales Netzwerk in ihrer Düsseldorfer Wohnung. Ab und zu meldete sie sich telefonisch, um über eine Kolumne zu sprechen.

Bei einem Teil der Politik hatte der Autor des »Zwischenrufs« hingegen gleich zu Beginn verdeckte Abwehrreaktionen ausgelöst. Bernd Kundrun war neuer Vorstandschef von Gruner + Jahr, sehr viel umgänglicher und gesprächsfähiger als sein Vorgänger Schulte-Hillen. Er wollte mich kennenlernen und als wir uns zum ersten Mal gegenübersaßen, deutete er ziemlich unumwunden an, dass es von außen Versuche gegeben hatte, meine Anwerbung beim *stern* zu sabotieren. Wer da genau vorstellig geworden war, habe ich nie erfahren, doch es müssen Einflüsterer aus den Reihen der Sozialdemokratie gewesen sein. Denn es dauerte nicht lange, da konnte ich Kräfte aus der SPD beobachten, die mich zu Fall bringen wollten. Im Intranet der Partei kursierte ein Aufruf, *stern*-Abonnements zu kündigen – aus Protest gegen mich. Anständige Genossen machten mich auf diese Konspiration aufmerksam. Bernd Buchholz, damals für den *stern* zuständiger Verlagsmanager und später Vorstandschef in der Nachfolge von Kundrun, den ich von dem Aufruf zur Abokündigung unterrichtet hatte, rief mich an: »Bleiben Sie ganz ruhig«, eröffnete er mir, »der Verlag steht hinter Ihnen.« Auch Angela Merkel, die damals noch nicht Kanzlerin war, raunte mir im Vorübergehen zu: Machen Sie sich keine Sorgen, Ihnen wird nichts passieren. Wie sie davon erfahren hatte, weiß ich nicht. Ich vermutete, dass sie mit den Eigentümern, Bertelsmann in Gütersloh, gesprochen hatte.

Damit aber war es noch nicht getan. Gerhard Schröder selbst war es, der zweimal versuchte, mich beruflich zu vernichten. Beide Male durch persönliche Intervention bei Bernd Kundrun, dem Verlagschef, und beide Male auf dem Berliner Jahresempfang von Bertelsmann Unter den Linden. In zwei aufeinanderfolgenden Jahren. Ich stand jeweils vielleicht 20 Meter entfernt. Beim ersten Mal forderte der Kanzler den Verleger auf, er solle mir das Maul stopfen. Beim zweiten Mal verlangte er, Kundrun solle mich feuern. Als der antwortete, derartiges sei bei Gruner + Jahr nicht üblich, erwiderte Schröder: Dann seid ihr euer Geld nicht wert. Er meinte den

Verlagsvorstand. Kundrun kam sofort nach diesen Kollisionen zu mir und berichtete von Schröder, den Wortlaut noch frisch in Erinnerung. Ein bisschen Erdogan ist eben überall. Auch im ach so pressefreien Deutschland. Es ist ja keineswegs selbstverständlich, dass derartige Angriffe auf Journalisten abgewiesen werden. Helmut Kohl etwa, ich weiß das von den Betroffenen, hat zwei Chefredakteure des Springer-Verlags gelegt, darunter meinen späteren Freund Michael Spreng. Mathias Döpfner, Chef und Miteigentümer des Hauses, hatte nach Sprengs Tod die Größe, das öffentlich einzugestehen. Damals allerdings war er noch nicht bei Springer.

Die Kolumne erwies sich als scharfes Schwert im Meinungskampf. Ich führte es nach allen Seiten, wie es meiner Überzeugung entsprach. Doch getroffen fühlte sich, mehr als alle anderen Parteien, die Sozialdemokratie. »Wofür stehst du, Kanzler«, war im März 2002 meine erste Kolumne überschrieben. »Die SPD ist Programmpartei – oder sie ist nicht«, schrieb ich. »Verliert Schröder seinen Reformnimbus, ist er verloren. Der Eindruck: Er hat die SPD unterworfen, nun weiß er nicht, was er mit ihr anfangen soll.« Das war eine Ansage, lange vor der Agenda 2010. Vier Monate später, im Juli, stürzte ich Rudolf Scharping als Verteidigungsminister. Mit den Kollegen Andreas Borchers und Hans-Peter Schütz enthüllte ich, dass der frühere Parteichef in die Fänge des PR-Unternehmers Moritz Hunzinger geraten war, der auch für Rüstungsunternehmen arbeitete. Der kleidete ihn aufs Feinste neu ein – die Zweithose zu Anzügen wurde als Kulturphänomen landesweit bekannt –, nahm ihn unter seine Fittiche und richtete ihm bei einer Kölner Privatbank ein Konto ein, um regelmäßig die Mehrung des Vermögens abzurechnen. Welche Dienste Scharping dafür leistete oder leisten sollte, außer einem nachgewiesenen Essen mit einem Rüstungsmanager, blieb indes im Dunkeln.

Wir waren an Dokumente aus Hunzingers Firma gekommen, die eine breite Fährte legten. Wir recherchierten, was zu recherchieren war. Um zu sehen, ob das Kölner Konto noch existierte, überwies ich fünf Mark aus meiner privaten Schatulle. Das Konto gab es noch, andernfalls wären sie zurückgekommen. Genau genommen, ist Scharping mir das Geld heute noch schuldig. Dann präsentierten wir Scharping und Hunzinger einen Fragenkatalog, um sie mit den Vorwürfen zu konfrontieren. Hunzinger antwortete prompt, redete und schrieb sich aber um Kopf und Kragen. Widersprüche über Widersprüche. Scharping hielt es ganz anders. Er brauche Zeit, sagte er, um in seinen persönlichen Unterlagen nachzuschauen, und diese Zeit gab ich ihm auch aus Gründen der Fairness. Dann aber merkte ich, dass er die Zeit nutzte, um die *Bild*-Zeitung und die *Süddeutsche Zeitung* zur Abwehr einzuspannen. An einem Montag, dem Schlusstag des *stern*, fuhr ich also mit Hans-Peter Schütz nach Hamburg in die Zentrale und wir schrieben den Artikel, heiß und fettig rutschte er ins Heft. Osterkorn, gebrannt durch Stoiber, traute sich indes nicht, die Geschichte zum Titel zu machen. Hätte sie nicht gestimmt, hätte ihm das aber auch nicht geholfen.

Sie stimmte. Rundum. Es war jedoch eine eigenartige Erfahrung, dass zunächst nichts passierte, als wir mit unserem Bericht an die Medien gingen. Niemand stieg darauf ein. Der *stern* hatte viel Vertrauen verloren. Wir bereiteten uns schon auf eine Folgegeschichte in der nächsten Ausgabe vor, als der Blitz einschlug. Schröder entließ Scharping. Der hatte sich zuvor geweigert zurückzutreten.

Nun waren die Pferde nicht mehr zu halten. Die Medienrösser galoppierten, ich gab ein Interview nach dem anderen und ging auch zur letzten Pressekonferenz Scharpings, um dort aufzustehen und ihn zu stellen. Doch dazu kam es schon nicht mehr. Dann erlebte ich Schröder in seiner jovialen Art, selbst in dieser Lage. Ich hatte für die nächste Ausgabe ein Interview mit ihm angefragt. Nun rief er mich an, ungemein freundlich im Ton und einen Tropfen Rotwein auf den Stimmbändern: »Hömma, das kannste doch nich erwarten, dass ich euch'n Interview gebe, eine Woche, nachdem ich den Rudolf gefeuert habe.« Ein gewisses Verständnis konnte ich nicht verhehlen.

Bernd Kundrun rief aus dem Urlaub an und gratulierte zu der Scharping-Enthüllung. Ein Vierteljahr zuvor hatte er noch wegen des missratenen Stoiber-Titels gezittert. Jetzt auf einmal glänzte der *stern*. Besser hätte mein Einstand nicht sein können.

Später kam auf einem Empfang Scharpings damalige Frau, Gräfin Pilati, auf mich zu. Ich dachte schon: Mein Gott, jetzt raunzt sie dich an, da gab sie mir die Hand und sagte charmant:

»Herr Jörges, ich möchte mich bei Ihnen bedanken. Sie haben meinen Mann vor manchem bewahrt.« Ich dachte zunächst, sie meine es sarkastisch, doch es erwies sich, dass sie es ganz ernst vorgetragen hatte. Offenbar fürchtete sie, dass Scharping noch tiefer in Hunzingers Morast gesunken wäre. Der gewesene Minister, dem ich später wiederholt begegnete, erwies sich stets als gesprächsbereit und umgänglich. Allerdings mit gelegentlich bitterem Unterton. Fünfzehn Jahre später, im Juni 2017, sah ich Schröder und Scharping vor einem Restaurant am Berliner Gendarmenmarkt beim Mittagessen. Ich trat an ihren Tisch und gratulierte ihnen dazu, dass sie wieder miteinander sprachen. Schröder war glänzender Stimmung, Scharping eröffnete mir, es sei nicht das erste Mal seit seiner Entlassung, dass sie wieder zusammen seien. Das empfand ich als großartiges Zeichen der Versöhnungsbereitschaft.

Schröder gewann die Bundestagswahl im September 2002 hauchdünn gegen Edmund Stoiber und geriet anschließend in schwere Wasser. Die Agenda 2010 mit ihren harten Einschnitten und Sozialreformen zertrümmerte die SPD. Ich fasste Schröder hart an und glaubte, er nehme das sportlich. Anfang 2004 beschrieb ich ihn als »Kanzler von Neverland« und bei einem Interview im Kanzleramt lautete meine erste Frage: »Herr Bundeskanzler, wann treten Sie zurück?« Dass er vorgezogene Neuwahlen im Jahr 2005 einleiten würde, hatte ich im Gespür und wagte die Kolumne unter dem Titel: »Wie kühn ist der Kanzler?« Ich behielt recht. Und meine Schlusssätze erwiesen sich als seherisch: »Verliert Schröder, hat er sich mit einem Paukenschlag in die Geschichte verabschiedet. Lieber so, mag er denken, als 2006 mit einem Winseln.«

Der Paukenschlag kam, noch am Wahlabend. Schröder legte einen Auftritt hin, wie ihn das Land noch nicht erlebt hatte. Pampte die verschüchterte Angela Merkel an, rief den Kavalier Guido Westerwelle zu ihrer Verteidigung auf die Bühne und giftete gegen den Journalismus. Letzteres kam tief aus seiner Gefühlswelt – und ich bin überzeugt, dass ich darin eine gehörige Rolle spielte. Schröder hatte *Spiegel* und *stern* gleichermaßen verloren, nachdem die Sozialdemokraten die beiden Magazine stets als publizistisches Eigentum betrachtet hatten. Beim *Spiegel* war nun aber Gabor Steingart Berliner Büroleiter, beim *stern* war ich es. Wir kritisierten Schröder gleichermaßen. Hans Leyendecker schrieb dazu entgeistert in der *Süddeutschen Zeitung*, beide Magazine seien »früher mal im Zweifel linksliberal gewesen«. Die unklaren Fronten veranlassten ihn nun zu dem Ausruf: »Wo leben wir eigentlich?« In einem Land, hätte ich gerne geantwortet, in dem bestimmte Medien nicht mehr bestimmten Parteien gehören. Das war, ich bin davon zutiefst überzeugt, das Motiv für Schröders Eruption am Wahlabend.

Sehr viel später, das ist die Ironie der Geschichte, rief mich Schröder wiederholt an, lobte meine Kolumnen und bemerkte, ich sei der Letzte in den Medien, der abweichend vom Mainstream schreibe. Es waren lebhafte, freundliche Telefonate. Vermutlich bezog sich Schröder vor allem auf meine

Kolumnen, in denen ich für ein engeres Verhältnis zu Russland und gegen die herrschenden Wirtschaftssanktionen argumentierte. Seine Interventionen beim Verleger gegen mich hatte ich ihm längst verziehen. Wir waren uns wechselseitig an die Existenz gegangen. Ich hatte überlebt, publizistisch. Er nicht, politisch.

Den in Hamburg geknüpften Kontakt zu Angela Merkel nahm ich in Berlin wieder auf. Ich traf sie zum Frühstück im Cafe Einstein Unter den Linden. Man konnte über alles mit ihr reden, sie war neugierig und lebendig. Von nun an lud ich sie zu den jährlichen *stern*-Festen in den Räumen des Berliner Büros ein. Dort mischte sie sich unters Volk und war eine umlagerte Gesprächspartnerin. Sie trank gerne ein Glas Wein. Oder zwei. Oder drei. Nach einem dieser Feste war sie am folgenden Morgen noch so zungensteif, dass sie sich im Bundestag gleich beim ersten Satz einer wichtigen Rede unter dem Gelächter des Hohen Hauses verhaspelte. Wladimir Kotenew, der denkwürdige russische Botschafter, mit dem ich befreundet bin, strahlte, als er die Gelegenheit erhielt, mit der kommenden Frau Bundeskanzlerin protokollfrei sprechen zu können. Kotenew, ursprünglich ein persönlicher Abgesandter Wladimir Putins zu Gerhard Schröder, richtete mit seiner Frau Mascha rauschende Feste in der Botschaft nahe dem Brandenburger Tor aus, gesponsert von Porsche und anderen Größen der deutschen Wirtschaft. So etwas hatte Berlin nach dem Krieg noch nicht gesehen. Die Amerikaner standen im Schatten der Russen.

Vor der Bundestagswahl 2005, die Merkel mit Mühe die Kanzlerschaft brachte, wollte ich sie noch einmal direkt sprechen, allein. Wir verabredeten uns in ihrem damaligen Lieblingslokal, bei Chez Maurice am Prenzlauer Berg, das sie noch aus Ostzeiten kannte. Ich hielt nicht viel von der Küche, die man kaum französisch nennen konnte, denn dafür war sie einfach zu fett. Bodenständig nennt man das wohl, freundlich formuliert. Der Termin lag im Sommer, ich war im Urlaub auf Mallorca, doch ich wollte das Treffen nicht verschieben und flog für einen Tag zurück. Das Gespräch brachte uns näher. Am Ende sagte ich tollkühn: »Ich möchte, dass Sie Kanzlerin werden.« Das war nicht nur großkotzig, sondern auch eine haarsträubende Grenzüberschreitung. Doch ihre Reformideen, etwa die Kopfprämie in der Krankenversicherung und ein drastisch vereinfachtes Steuersystem, gefielen mir. Nach der hauchdünn gewonnenen Wahl allerdings ließ sie die Pläne entsetzt fallen. Nie wieder entwickelte Angela Merkel programmatischen Ehrgeiz. Der hatte sie politisch fast umgebracht.

Zu dem Essen bei »Maurice« hatte sie ihre Pressesprecherin und spätere Kanzleramtsvertraute Eva Christiansen mitgebracht. Mit ihr freundete ich mich an. Ich meine keine politische, sondern eine persönliche Freundschaft. Auch meine zweite Frau Christiane, Fernsehjournalistin, mochte sie sehr. Wir sahen uns öfter und einmal luden wir sie mit ihren Eltern zum Essen in unser Ferienhaus auf Mallorca ein. Die beiden sind Vertriebene aus Schlesien, der Vater ist dem polnischen Papst Wojtyla wie aus dem Gesicht geschnitten. Er ist auch so katholisch. Umgekehrt gab ich zwei- oder dreimal bei einer Feier in Christiansens Wohnung für Evas Tochter und die Kinder anderer Politnasen aus CDU, SPD und Grünen den Nikolaus. Mit großem Erfolg. Ich trug hinter weißem Rauschebart vor, was ich in meinem goldenen Buch über sie notiert hatte. Die Kinder waren entzückt von den Zauberkristallen, die ich verteilte, um sie unterm Kopfkissen vor Sorgen zu bewahren. Und sie froren den Schnee, den ich vom Berg Korvatunturi in Finnland mitgebracht, in Wahrheit aber vor der Tür aufgesammelt hatte, im Eisschrank ein. Zu Tränen rührte mich die Tochter einer alleinerziehenden Grünen, die dem Nikolaus vor aller Ohren ihre größte Not anvertraute: »Ich hab' keinen Papa.« Aber eine tolle Mama, antwortete ich und flüchtete mich in die Vorzüge der Mutter. Auf dem Rücken hatte ich eine Gänsehaut.

Berufliche Gespräche mied ich mit Eva Christiansen. Nur selten, wenn ich etwas Unspektakuläres klären wollte, rief ich sie im Kanzleramt an und warnte sie gleich, dies sei ein dienstliches Gespräch. Ich wollte vermeiden, dass sich die Ebenen verschoben, Freundschaft und Beruf vermischten. Das wäre gefährlich geworden. Deshalb setzte ich mich bei größeren privaten Essen gar nicht erst neben sie. Kein Sterbenswörtchen hat sie mir je verraten aus dem Kanzleramt. Das schützte sie allerdings nicht davor, dass die Kanzlerin sie mitunter misstrauisch oder missbilligend anschaute, wenn sie eine kritische Kolumne über sich im *stern* gelesen hatte. Eva haftete irgendwie mit, weil Merkel von unserer Freundschaft wusste. Das war leider unvermeidlich. »Ihr Herr Jörges …«, hieß es ab und zu, wenn der wieder etwas Böses geschrieben hatte.

Merkel las meine Kolumne jede Woche. Gelegentlich erreichte mich das Echo. Kritik mochte sie gar nicht, doch sie brachte die Größe auf, den Kontakt nicht abzubrechen. Einmal erschien sie sogar an einem Tag zum *stern*-Fest, an dem ich sie in der Kolumne schmerzhaft angeschossen hatte. Ich sah gar nicht ein, dass ich wegen des Festes mit meiner Meinung hinterm Berg halten sollte. Mein Dickkopf hatte immer wieder seine Risiken. Eine flache Pappschachtel bewahrt mir eine besondere Erinnerung an Angela Merkel. Als sie einmal im *stern*-Büro erschien und auf die Terrasse vor meinem Büro trat – man hatte dort einen spektakulären Blick auf Dom und Museumsinsel –, bückte sie sich unversehens und rupfte Unkraut aus, das zwischen den Platten wucherte. Kam auf mich zu, drückte mir das Kraut in die Hand und bemerkte: »Sie müssen hier mal saubermachen lassen.« Ich nenne es seither das Merkel-Kraut und denke immer mal wieder daran, die längst vertrockneten Pflanzen in Acryl gießen zu lassen, als ironischen Ausdruck unserer welkenden Beziehung.

Denn die wurde mit den Jahren distanziert. Auf einem Flug nach New York fuhr sie mir schroff über den Mund, als ich bei einem Pressebriefing Fragen stellte, die ihr nicht gefielen. »Sie haben jetzt genug gefragt.« Der Kollege Gabor Steingart schloss daraufhin an: »Dann stelle ich eben die Frage, die der Kollege Jörges stellen wollte.« Der Mann zeigte Charakter. Als sich Merkel vom letzten *stern*-Fest verabschiedete, zu dem sie erschienen war, küsste ich sie rechts und links auf die Wangen, wie das so meine Art ist. »Dürfen Sie das, Herr Jörges?«, fragte sie spitz.

Doch sie ließ es geschehen. Auf einem privaten Sommerfest auf Sylt kam sie mir dann wieder persönlich und vertraute mir im Garten bei einem Glas Wein an, auf welche Weise sie merke, dass sie erschöpft sei. Dann nämlich hänge ihr Mann im heimischen Badezimmer, ohne Diskussion, die Wäsche zum Trocknen auf. Man muss sich diese Szene bildhaft vorstellen. Dass die Öffentlichkeit von Merkels Mann so gut wie nichts wusste, erschien mir unerträglich. Der Professor war weder Physiker noch Chemiker, sondern Physikochemiker. Schon mit dieser hybriden Disziplin konnte niemand etwas anfangen. Er entzog sich jedoch der Öffentlichkeit. Die Vorstellung, dass die Kanzlerin mit einem Obskuranten zusammenleben könnte, der ihr schräge Ansichten ins Ohr blies, brachte mich auf die Palme. Seit Corona wissen wir, dass auch Wissenschaftler Obskuranten sein können. Wer die Kanzlerschaft innehat, muss also in begrenztem Maße auch den Partner vorstellen, fand ich. Auf verschlungenen Pfaden hatte ich erfahren, dass Joachim Sauer offenbar beträchtlichen Einfluss auf seine Frau hatte. Er sei so etwas wie die Stimme des gesunden Menschenverstandes in Merkels guter Stube und pflege die klare Ansage. Nach dem Motto: »Was habt ihr euch denn dabei wieder gedacht …«

Ich beschloss, den Mann kennenzulernen und beantragte bei der Pressestelle der Humboldt-Universität ein Interview mit ihm und schwor Stein und Bein, weder nach Politik noch nach seiner Frau oder der Ehe zu fragen. Ich wollte nur wissen, womit er sich wissenschaftlich beschäftigte. Jemand hatte mir erklärt, seine Arbeiten seien unter anderem wichtig für die

Entwicklung poröser, leichter Materialien, mit denen man etwa bei Schiffsunglücken ausgelaufenes Öl auf dem Wasser binden könne. Mit seinen Forschungen sei er knapp am Nobelpreis vorbeigeschrammt, und das auch nur, weil gerade ein anderer die Auszeichnung auf einem verwandten Gebiet erhalten hatte. Das sollte er mir doch bitte selbst erläutern. Doch nach zwei Tagen erhielt ich von der Uni die Auskunft, Professor Sauer stehe leider nicht zur Verfügung. An der Hochschule lag es nicht, das gab man mir zu verstehen. Er nickte mir dann einmal im Foyer der Philharmonie zu, fast unmerklich. Doch das war's auch schon. Selbst zu einem Smalltalk konnte er sich nicht aufraffen. Außerdem sah ich ihn gelegentlich mit Merkel und einem seiner erwachsenen Söhne beim Abendessen im Borchardt.

Merkel hatte keine Stasiakte. Ich hatte aber die Akte eines Kollegen, der sie am Zentralinstitut für physikalische Chemie in Adlershof beobachtet und an den DDR-Geheimdienst berichtet hatte. Daher wusste ich, dass sich Merkel und Sauer dort kennengelernt hatten und beim nachmittäglichen Kaffeetrinken nähergekommen waren. Er war damals noch verheiratet und hatte zwei Söhne. Die Liaison sprach sich im Institut herum. »Beide waren beim Frühlingsball der FDJ und bei der 25-Jahr-Feier der Abt. TC in engem Kontakt«, schrieb der IM mit dem Decknamen »Bachmann«. Tanzen mit der FDJ im Palast der Republik, das war schon ein Statement. Bachmann holte sie morgens gerne zu Hause ab, auf dem Weg zur Arbeit; dabei öffnete mitunter ein Mann im Bademantel. Keine

Beziehung dauerte angeblich länger als ein halbes Jahr. Bis sie eben bei Sauer in festen Händen war. Für die anfängliche Merkel-Debatte in der Union war das nicht unerheblich. Gewisse Herren aus CDU und CSU zerrissen sich die Mäuler über das Girls' Camp, in dem die junge Kanzlerin lebte, umgeben von Frauen. Damit wurde durchaus Abweichendes insinuiert. Ausgerechnet die Stasiakten sprachen Merkel indes ohne Restzweifel davon frei.

Politisch hinterließ Bachmann in den Akten, dass sie in der FDJ-Grundorganisation Kulturfunktionär war – und nicht, wie ihr lange von Gegnern angehängt wurde, Sekretärin für Agitation und Propaganda. In vielen Fragen habe Merkel »eine positive Grundeinstellung zu unserem Staat«. Der IM fügte hinzu: »Sie hat gewisse pazifistische Tendenzen, tritt aber öffentlich nicht so auf.«

Ich beobachtete Merkel im Laufe der Jahre zunehmend kritisch. Bis ich in einer Kolumne Ende 2019 mit ihr brach. Unter der Headline »Merkel – ein Abschied« schrieb ich: »Es bleibt eine bittersüße Erinnerung. Erinnerung an eine Frau, die ich über ihre vielen Jahre begleitet, beobachtet und gedeutet habe, von Nahem anfangs, dann aus immer größerer Distanz. Verteidigt und kritisiert habe ich sie, wie es der Beruf eben erforderte. Und sie hat mir gegenüber aufgeboten, was immer ihr zur Verfügung stand, von Charme bis Ruppigkeit. Richtig boshaft konnte sie werden, wenn ihr etwas nicht passte. Was ihr Beruf eben so erlaubte. Heute könnte meine Entfernung von ihr kaum größer sein. Denn in diesem Jahr habe ich innerlich Abschied genommen von Angela Merkel. Weil sie fertigbrachte, was ich niemals für möglich gehalten hatte. Um es unsentimental auszudrücken: Sie hat ihr politisches Verfallsdatum überschritten. Ohne das Ende zu bedenken. Merkels Ära ist vorüber, aber sie ist noch da. Wie ein großer, schwerer Schrank im Winkel des Wohnzimmers.«

Die Grundsympathie hatte lange getragen, nun war sie aufgebraucht. Vor allem Merkels bescheidener Lebensstil hatte mich für sie eingenommen. Sie kaufte selbst im Supermarkt ein, bei Ullrich oder in der Lebensmittelabteilung des Kaufhauses Lafayette, und andere Kunden fielen jedes Mal schier in Ohnmacht, wenn die leibhaftige Kanzlerin aus der Deckung eines Regals hervortrat. Nach einem mehrtägigen, überaus erschöpfenden EU-Gipfel wurde sie etwa an einem späten Freitagnachmittag im Supermarkt gesichtet, ein Glas Artischocken und eine Flasche Weißwein im Korb. Den Tropfen hatte sie indes nicht zur Entspannung für sich selbst gekauft, wie ich in ihrem Umfeld recherchierte, sondern für ihren Mann. Die Kanzlerin kommt aus Brüssel zurück, völlig fertig, und kauft zunächst mal für ihren Mann ein! Das sagt viel über diese Frau.

Das Leben im Kanzlerinnenbüro kann man sich gar nicht bodenständig genug vorstellen. Ohne Gäste versteht sich. Merkel liebte es, ihre Schuhe von den Füßen zu schleudern, wenn sie den Raum betrat, um dann barfuß zu entspannen. Mittags bevorzugten die Damen im Machtzentrum nicht etwa edles Catering, sondern Buletten mit Kartoffelsalat. Die Bedeutung von Beate Baumann, Merkels Büroleiterin, kann man gar nicht hoch genug einschätzen. Manchmal konnte man den Eindruck gewinnen, sie sei die wahre Kanzlerin. Denn sie bestimmte maßgeblich den Kurs des Kanzleramts, schrieb Merkels Reden, wobei sie anfangs noch bei einem Netzwerk von Nahestehern Ideen und Beiträge erbat, und redigierte, das heißt in Wahrheit: kastrierte Texte von Interviews für Zeitungen und Magazine. Originelles, Herausragendes fiel bei der Autorisierung dem Hobel zum Opfer. Das war Programm. Wurde Merkel in Wahlkämpfen für das Fernsehduell mit ihrem jeweiligen Herausforderer gecoacht und gab im ersten Anlauf unbeholfene Antworten, konnte Baumann leicht aus der Haut fahren und laut werden. Ja, die Kanzlerin anschreien. Der geniale Satz: »Sie kennen mich« aus dem Schlusswort des Duells im Jahre 2013 war übrigens keineswegs eine Frucht Merkelscher Schlagfertigkeit. Er war vorbereitet, einstudiert.

Wenn es jemanden gibt, der rechtzeitig die Nachfolge regelt und vor der folgenden Wahl übergibt, dann diese uneitle, bescheidene Frau, hatte ich in zahlreichen Vorträgen erklärt. Und auch geschrieben. Ich kenne niemanden in der CDU-Führung, der das damals anders sah. »Fliegender Kanzlerwechsel«, schrieb ich im Januar 2019. Nachdem ich die »Bananenrepublik Deutschland« gegeißelt hatte, in der nichts mehr gelang, und »Die Erschöpfung der Elefanten« in der Großen Koalition. Als die Politik in der Coronakrise spektakulär versagte, mochten einem die Ohren klingeln. Doch Merkel konnte den Absprung nicht finden. Ja, sie zerstörte sogar lustvoll die Ambitionen jener Frau, die man für die »Kronprinzessin« und erwählte

Nachfolgerin hielt. Kundige auf beiden Seiten haben mir diese denkwürdige Konfrontation übereinstimmend geschildert. Merkel hatte Annegret Kramp-Karrenbauer durch eine Fehlerdiskussion zermürbt, die ihr Umfeld anfachte, dann lud sie die zur Rivalin gewordene Möchtegernnachfolgerin im Mai 2019 zu einem Abendessen und packte sie frontal: »Ich höre, du willst mich stürzen. Du kannst es ja mal versuchen.« Das war eine unverhohlene Drohung. Und AKK erschrak derart, dass sie postwendend in einem Zeitungsinterview Treue schwor. Bis zum Ende. So aber hatte ich mir den Fortgang der Politik in Deutschland nicht vorgestellt, so fad und erstarrt. Was die Lockdown-Politik angeht, ist diese Klassifizierung sogar noch zu freundlich. Tumb und uninspiriert, das erscheint mir zutreffender. Nach 16 Jahren, mindestens zwei zu viel, hat die Merkel-Ära das überfällige Ende gefunden. Nichts ist nun dringender als eine Amtszeitbegrenzung, zweimal fünf Jahre wären angemessen.

Wie ist Merkels Ansehen, vor allem im Ausland, zu erklären? Sie hat das Land, das die Welt zweimal mit verheerenden Kriegen überzogen hat, berechenbar und bündnisorientiert gehalten. Deutschland wurde wirtschaftlich immer mächtiger, doch politisch blieb es ohne Ambitionen. Die Deutschen störten die Welt nicht mehr, weder Amerikaner noch Franzosen noch Russen. Das war die außenpolitische Umsetzung der Merkel-Losung: Aus der Ruhe kommt die Kraft. Sie hat damit schwierigste Situationen und Serien von Wahlniederlagen in den Bundesländern überstanden. Einfach sitzen bleiben und abwarten, es kommt schon wieder anders.

Machtpolitisch mag das klug sein, nicht aber für die Führung eines Landes. Merkel hinterlässt einen Versagerstaat. Die Coronakrise hat mir die Augen geöffnet. Außer Anordnungen an die Menschen, wie die sich zu verhalten hätten, brachte die Politik nichts zustande, wenn es galt, Dinge selbst zu regeln. Als die Pandemie begann, wurden die Alten- und Pflegeheime nicht geschützt, weil man der Meinung war, es seien zu viele. Es begann das große Sterben. FFP2-Masken und Tests wurden zu spät bestellt, Impfungen vertrödelt, Schulen chaotisiert, Fabriken und Werkstätten beim Infektionsschutz einfach vergessen.

Diese Erfahrung schärft auch den Blick für schwere Versäumnisse der Vergangenheit. Deutschlands Schulen sind in einem erbärmlichen Zustand, bei der Digitalisierung – nicht nur des Bildungssystems – hinkt das Land weit hinterher. Noch immer ist die Landkarte von Funklöchern übersät und schnelles Internet ein Privileg der Metropolen. Mehr als ein Jahr Pandemie hat nicht ausgereicht, um wenigstens die Gesundheitsämter von Fax- auf Online-Kommunikation umzurüsten. Das Publikum hat sich geduldig an die wöchentliche Springprozession der Gesundheitsbehörden gewöhnt. Zu Wochenbeginn sackten die Inzidenzwerte steil ab, weil die Gesundheitsämter übers Wochenende technisch und personell ausgeknockt waren, um danach wieder in die Höhe zu schießen. Das Staatsversagen reicht von der Coronapolitik über den fehlenden Katastrophenschutz bei der Flut und die verstolperte Evakuierung der Helfer aus Afghanistan bis zum Zusammenbruch des Wirecard-Konzerns unter den Augen der Finanzaufsicht und der Ausplünderung des Staates durch kriminelle Banken und Investoren durch CumEx-Schiebereien. Am Ende der Ära Merkel gibt es das Modell Deutschland nicht mehr.

Deutschland braucht eine Runderneuerung. Auch personell. Dass in allen gesellschaftlichen Bereichen falsche Leute auf wichtigen Stühlen sitzen, muss ein Ende haben. Merkels Kabinett ist dafür das erschütterndste Beispiel. Peter Altmaier, um nur ihn zu nennen, ist ein überaus kluger, aber durch und durch entscheidungs- und führungsunfähiger Mann. Und eine bizarre Persönlichkeit obendrein. Der Morgenrunde bei Merkel blieb er vor allem dadurch in Erinnerung, dass er geräuschvoll Würfelzucker kaute. Crash, crash, crash. Spooky.

AKK war die dritte Rivalin, die von Merkel weggebissen wurde. Als Edmund Stoiber 2002 die Bundestagswahl knapp gegen Gerhard Schröder verloren hatte, hoffte Friedrich Merz wieder auf den Fraktionsvorsitz im Bundestag, den er schon seit dem Jahr 2000 innehatte. Den hatte sich Merkel aber längst durch eine Absprache mit Stoiber gesichert, ohne dass Merz davon wusste. Stoiber tat ihr den Gefallen, nachdem sie ihm beim Wolfsratshauser Frühstück, gepresst durch mächtige Männer in der CDU, die Kanzlerkandidatur überlassen hatte. Merz fühlte sich betrogen, was eine immerwährende Feindschaft mit Merkel und der CSU zur Folge hatte. Über die Parteichefin sprach er derartig abfällig, dass sich die Wiedergabe solcher Bemerkungen verbietet. Und das Verhältnis zu Söder ist eisig.

Der zweite Widersacher, den die Kanzlerin spektakulär aus dem Weg räumte, war Norbert Röttgen. Er ist einer der glänzendsten Analytiker seiner Partei und ein umwerfend ehrlicher Mann. Anfangs gehörte er als regelmäßiger Gast der Morgenrunde Merkels an, als Mann des institutionalisierten Widerspruchs. In vielen Fragen war er anderer Meinung als Merkel und er hielt damit nicht hinter dem Berg. Das hatte für die Parteichefin den Vorteil, dass sie stets frühzeitig erkennen konnte, welche Widerstände ihr begegnen würden. Auf Röttgen fiel indes zurück, dass ihr dessen Argumente immer wieder an anderer Stelle begegneten, was ihr zu belegen schien, dass er hinter ihrem Rücken gegen sie arbeitete. Lange konnte das nicht gut gehen. Nach der Atomkatastrophe von Fukushima am 11. März 2011, einem Freitag, kam es dann zur offenen Konfrontation. Röttgen, Minister für Umwelt und Reaktorsicherheit, drohte ihr mit Rücktritt, falls sie nicht am selben Wochenende eine Kehrtwende in der Atompolitik beschließe. Der Rücktritt des zuständigen Ministers inmitten einer erregten Debatte über die Atomkraft wäre für ihre Kanzlerschaft überaus schädlich gewesen. Sie beugte sich und verkündete am folgenden Montag ein Atommoratorium, dem später der Beschluss zum Ausstieg folgte.

Diese Erpressung hat sie Röttgen nie verziehen. Als er 2012 als Spitzenkandidat der CDU die Landtagswahl in Nordrhein-Westfalen verloren hatte – seine Weigerung, im Fall einer Niederlage nach Düsseldorf zu wechseln, trug dazu maßgeblich bei –, kam die Stunde ihrer Revanche. Sie feuerte ihn aus ihrem Kabinett, nachdem er einen Rücktritt hartnäckig verweigert hatte. Mir fiel dabei der Satz Helmut Kohls wieder ein, aus der Zeit, als noch gar nicht daran zu denken war, dass sie ihn einst aus dem Weg räumen würde. »Die Dame ist eiskalt. Eiskalt, denken Sie an meine Worte.«

Die späteren Rivalen um die Merkel-Nachfolge kannte ich schon lange. Markus Söder war ich wiederholt in der »Münchner Runde« begegnet, der Talkshow des Bayerischen Fernsehens. Er war damals Generalsekretär der CSU und so brennend ehrgeizig, dass ich an den Wandel seines Charakters zum Bienenfreund und einfühlsamen Coronaretter nicht recht glauben mochte. Der junge Söder jedenfalls beschwerte sich mehrfach in den Aufsichtsgremien des Senders, dass er in der »Münchner Runde« unter der Moderation von Ursula Heller nicht ausreichend zu Wort gekommen sei. Das war eine ausgemachte Schweinerei, denn das hätte er direkt mit ihr klären können, statt dieser nicht CSU-hörigen Frau ganz oben Probleme zu bereiten. Als wir beim Jahresessen der bayerischen Verleger im Hotel Bayerischer Hof aufeinandertrafen, Söder war schon Ministerpräsident und die befreundete Verlegerin Michaela Hueber hatte mich eingeladen, entwickelte sich daraus eine explosive Konfrontation. Die Tradition dieses Essens sieht vor, dass einer – in diesem Fall ich – die Festrede hält, während der andere, Söder, ihm dafür dankt. Ich sprach über Merkels Flüchtlingspolitik und äußerte die Hoffnung, dass der Pakt mit der Türkei für ein Abflauen des Drucks sorgen werde. Denn ich wollte Tröstliches hinterlassen zum Jahreswechsel. Dass ich an diesem Abend die Nummer eins und er nur die Nummer zwei sein sollte, akzeptierte Söder aber nicht. Schon während ich sprach, rumorte er am Tisch, dass er genauso viel Zeit haben wolle wie ich. Als er schließlich am Mikrofon stand, dachte er gar nicht daran, mir zu danken, sondern hielt eine bösartige Gegenrede, in der er meinem versöhnlichen Ton widersprach und eine Fortsetzung oder gar Verschärfung der Flüchtlingskrise an die Wand malte. Wobei er meine Worte auch noch verdrehte. Die Versammlung war konsterniert. Der Ministerpräsident hatte sich an der Tradition des Verbandes versündigt. Ich kannte ihn gar nicht anders.

Armin Laschet wiederum kenne ich aus seiner Zeit als nordrhein-westfälischer Integrationsminister im Kabinett von Jürgen Rüttgers. Er ging damals der CDU weit voran mit seinen Ideen und beeindruckte mich ganz besonders dadurch, dass er in seinem Stab ungemein kluge junge Frauen aus dem Milieu der Migranten beschäftigte. Das gab es kein zweites Mal in der deutschen Politik. 2014 ergriff ich mit meinem Freund und *stern*-Kollegen Uli Hauser die Initiative zu einem großen multinationalen Volksfest in Köln, um nach zehn Jahren an den Nagelbomben-Anschlag des rechtsterroristischen NSU auf die türkisch geprägte Keupstraße zu erinnern. »Birlikte – Zusammenstehen«, lautete das Motto, unter dem Joachim Gauck, der Bundespräsident sprach. Auch Armin Laschet erschien, zog mit mir über das Fest und bot mir das Du an. Ich konnte und wollte nicht ablehnen, obgleich ich das Duzen von Politikern nach Möglichkeit vermeide. Armin Laschet war mir sympathisch und politisch nah. Er ist es noch heute. Gelegentlich telefonieren oder simsen wir, wenn auch sehr viel seltener als früher, denn ich habe auch ihn wegen seiner mauen Performance kritisiert. Im Juli 2020 forderte ich unter der Headline »Luschet oder Laschet«, jemand müsse ihm »Beton in die Schuhe kippen«. Er war verschnupft, brach den Kontakt aber nicht ab.

Merkel hat es über die Jahre nicht nur versäumt, ihre Nachfolge zu regeln, sie hat auch alles dafür getan, Kandidaten aus der CDU zu verdrängen oder zu schwächen. Kramp-Karrenbauer, Merz und Röttgen habe ich schon erwähnt, auch Laschet darf aber nicht vergessen werden. Als heftig darüber diskutiert wurde, ob er der richtige Kandidat wäre, schoss sie ihn in einer Sendung von Anne Will spektakulär an. Das war so unnötig, dass sich der Schluss aufdrängte, sie wolle Söder, nicht aber Laschet. Dieser Eindruck verfestigte sich bei mir, als bekannt wurde, dass Peter Altmaier, treuer Knappe seiner Herrin, im CDU-Vorstand für Söder plädiert hatte. Mit Altmaiers politischer Haltung ließ sich das nicht erklären, denn der Saarländer ist als liberaler Geist bekannt. Mit Söder verbindet ihn politisch wenig, zumal der Bayer den Wirtschaftsminister immer wieder wegen schleppender Coronahilfen öffentlich attackiert hatte.

Ein Geständnis ist nun fällig: Obgleich ich das im Grundsatz ablehne, duze ich einige Politiker. Wolfgang Kubicki, Ole von Beust, Gregor Gysi und Michael Fuchs. Hans-Dietrich Genscher, Norbert Blüm, Monika Grütters, Theo Waigel, Peter Hintze, Sigmar Gabriel und Volker Kauder waren oder sind politische Freunde, die ich indes nicht mit Du anspreche. Gabriel schenkte mir zum 65. Geburtstag »Die Frau und der Sozialismus« von August Bebel aus dem Jahr 1911. Mit der Widmung: »Man muß das Leben nehmen, wie es ist – aber man darf es nicht so lassen. Dieses Lebensmotto alter Sozialdemokraten gilt wohl auch für Sie!« Er schloss mit »Dank für viel guten Rat«. Julia Klöckner hielt in schwarzem Lacklederanzug die Laudatio auf mich, als ich 2014 auf einem Volksfest den Weinkulturpreis der Stadt Alzey in Rheinhessen erhielt. Walter Scheel faxte gelegentlich Komplimente. Rezzo Schlauch duze ich, seit er mich in seine Heimat Hohenlohe mitnahm, mir sein Elternhaus zeigte und den Bruder vorstellte, der gerade an einem Holundersekt laborierte. Anschließend speisten wir bei einem traditionellen Kuh-Essen Suppe und Braten.

Ratschläge erteilt habe ich der Politik im Regelfall per Kolumne, offen also. Zwei Politiker aber habe ich auch persönlich beraten. Wolfgang Kubicki, dem Liberalen aus Schleswig-Holstein, riet ich bei einem langen Strandspaziergang zu einem Leuchtturm an der Kieler Förde, er solle endlich die Landespolitik aufgeben und nach Berlin gehen, in den Bundestag und dann, wer weiß, womöglich in die Bundesregierung. Der Spaziergang an der Förde begründete unsere Freundschaft, die dann mit Bootstouren auf der Ostsee und vielen weiteren Treffen ihre Fortsetzung fand. Wenn wir auf dem Boot fuhren, kippte er an einer bestimmten Stelle stets ein Glas Weißwein in die Wellen, zur Erinnerung an seinen dort bestatteten Hund. Ein Fraktionskollege, erzählte er mir, habe ihm einmal eröffnet: Du redest, wie der Jörges schreibt. Nicht so verkehrt …

Dem niedersächsischen Ministerpräsidenten Stephan Weil wiederum schrieb ich vor der Landtagswahl 2017 ein Konzept der Erneuerung und Selbstbehauptung im Umfeld einer überaus bedrohlichen SPD-Depression. Als ich eine Kolumne über ihn und die Konfrontation in Hannover verfassen wollte, eröffnete ich ihm aber, nun könne ich ihn nicht weiter beraten, denn das wäre unethisch, Betrug am Leser. Er verstand das, lud mich in Hannover noch mal zum Essen ein, bedankte sich – und vorbei war's. Die Wahl gewann er glatt.

Der CDU-Abgeordnete Clemens Binninger, früher Polizeioffizier in Baden-Württemberg, versetzte mich nachhaltig in Erstaunen, weil er an der offiziellen Version der rechtsextremen NSU-Morde zweifelte und ein Netzwerk von Tätern dahinter vermutete. Da er der Polizei nicht glaubte, ermittelte er selbst, privat. Ein einziger solcher Abgeordneter, das lernte ich, vermag Vertrauen in ein ganzes Parlament zu stiften. Als er mich zum ersten Treffen einlud, erwartete ich, von ihm abgekanzelt zu werden, denn ich hatte geschrieben, dass ich die gängigen Thesen zum NSU nicht glaubte. Er eröffnete das Gespräch in der Villa der Parlamentarischen Gesellschaft mit den Worten: »Es ist alles richtig, was Sie geschrieben haben. Aber es ist noch viel schlimmer.« Dann dozierte er eine knappe Stunde lang über die Fragwürdigkeiten und Fehler der Ermittlungen.

Michael Glos wiederum, der CSU-Mann und Wirtschaftsminister, lud mich in sein Haus in Franken ein, stellte mir
seine weithin unterschätzte Frau vor, die das gemeinsame
Mühlenunternehmen mit ungeheurer Tatkraft führte, plat-
zierte mich an der Tafel zu seinem 60. Geburtstag und flüsterte mir eines späten Abends am Ende eines Umtrunks ins Ohr,
er habe bei der Bundestagswahl 2009 der FDP seine Stimme
gegeben. Denn mit Horst Seehofer, dem eigenen Parteichef,
könne er nicht. Das nenne ich ein Geständnis! Es gibt nichts,
das es nicht gibt in der Politik.

Ein wenig sentimental war meine Beziehung zu Guido Westerwelle. Er war der höflichste Politiker, dem ich je begegnet bin.
Doch er litt unter seiner anfangs verborgenen Homosexuali-
tät und ich riet ihm in einer Kolumne, ohne seinen Namen zu
nennen, sich öffentlich dazu zu bekennen. Schreiberisch war
dieses Stück nicht einfach. Dann analysierte ich das gründ-
lich verkorkste Verhältnis zu Jürgen Möllemann. Die beiden
seien wie siamesische Zwillinge miteinander verwachsen und
müssten nun getrennt werden. Überschrift: »Verbluten unterm
Skalpell«. Ich zitiere ein wenig daraus, denn das gehört erläutert: »Unerträglicher Nähe entspringen monströse seelische Qualen. Die liberalen Zwillinge waren und sind hoch-
neurotisch miteinander verstrickt. Möllemann der dominante
Partner: Antreiber, Ideengeber, Stratege. Westerwelle dem anderen verfallen: Nachahmer, Bewunderer, Neider. Der Kopist
stellte den Meister schließlich in den Schatten, wurde nach

dessen Schnittmuster Parteichef. Seine Schuld- und Dankbarkeitsgefühle arbeitete Westerwelle mit Loyalität, Geduld und Ergebenheit ab. Möllemann beutete die Abhängigkeit des anderen mit Rücksichtslosigkeit, Häme und Erniedrigung aus. Im Herzen verachtete er den Epigonen als Schwächling. Jedes Interview transportierte eine Unverschämtheit gegen den anderen. Der schwieg. Und litt still. Zu lange.«

Kurz bevor sich Möllemann mit einem Fallschirmsprung das Leben nahm, führte ich noch neben dem Kollegen Hans-Peter Schütz ein Interview mit ihm. Es war ungeheuer mühsam, raubte Zeit, musste mehrfach unterbrochen werden. Als wir ihn anschließend nach Hause fuhren, versuchte er für seinen Suizid, den er offenbar schon plante, eine falsche Spur zu legen. Er schilderte sich als vom israelischen Geheimdienst verfolgt, da er Präsident der Deutsch-Arabischen Gesellschaft war. Wenn er einmal tot sei, ganz plötzlich, sollten wir daran denken. Als ich von den Umständen seines Todes hörte, glaubte ich keine Sekunde an diese Mär, doch ich war erschüttert. Möllemann war zum Fallschirmsprung mit anderen in ein Kleinflugzeug gestiegen und als die anderen abspringen wollten, um sich in der Luft die Hände zu reichen – man nannte das »einen Stern fliegen« – fragten sie, ob er teilnehmen wolle. Er antwortete, und das waren seine letzten Worte: »Ich flieg heute einen Einzelstern.«

Als Westerwelle 2016 an Leukämie starb, 13 Jahre nach Möllemann, stellten meine Frau und ich abends eine Rose in einer Champagnerflasche vor seine Haustür. Er wohnte neben dem italienischen Restaurant San Giorgio in Charlottenburg, wo wir uns gelegentlich im Vorübergehen sahen. Der Wirt erzählte mir, nach der Wahl 2005 habe Gerhard Schröder dort mit Klaus Uwe Benneter, dem Generalsekretär der SPD, auf Westerwelle gelauert, um ihn in eine Ampelkoalition unter seiner Führung zu locken und die Große Koalition unter Angela Merkel abzuwenden. Westerwelle sei an diesem Abend durch die Tür getreten, habe Schröder sitzen sehen und auf dem Absatz kehrt gemacht, um jeden Kontakt zu vermeiden. Er ahnte, worum es ging. An diesem Abend hat Westerwelle Angela Merkels zur Kanzlerin gemacht. Erst 2009 trat er in ihr Kabinett ein.

Ein wechselhaftes Verhältnis hatte ich zu Josef Ackermann, dem Chef der Deutschen Bank. Ich lernte ihn gut kennen. Manchmal lobte ich ihn, weil er etwa dafür sorgte, dass die Gerüchte über Auswanderungspläne der Bank ein Ende fanden. Manchmal aber kritisierte ich ihn auch scharf, weil er ein so hohes Renditeziel fixiert hatte – 25 Prozent! –, dass in der Bank alle Sicherheitsventile platzten, Geschäfte ohne Sinn und Verstand gemacht wurden. Vor allem aber: auch ohne Moral. Jürgen Fitschen, später in einer Doppelspitze mit Anshu Jain Nachfolger Ackermanns, lud mich ein, im Hotel Ritz-Carlton auf der Deutschlandkonferenz der Bank eine Rede zu halten. Er kannte meine Haltung von einem Vortrag, den ich in München im kleinen Kreis gehalten hatte.

Ich griff also in Berlin Ackermanns Renditeziel vor seinen Leuten frontal an und prognostizierte, das werde kein gutes

Ende nehmen. Es wurde mächtig unruhig im Saal, nach meiner Rede sogar laut, und Ackermanns Pressesprecher Stefan Baron stürmte hinaus, um den Chef in London telefonisch von dem Ungeheuren zu unterrichten, das sich gerade im Herzen der Deutschen Bank zugetragen hatte. Fitschen wurde dafür umgehend im Vorstand der Deutschen Bank zur Rede gestellt. Er trug es gelassen, glaube ich. Mein Verhältnis zu ihm nahm jedenfalls keinen Schaden. Allerdings schied ich auch in Frieden von Ackermann. Als er aus dem Amt kippte, gab die Kunstmäzenin Gabriele Henkel in Düsseldorf ein Bankett für ihn, zu dem sie mich einlud. Kluge Frau, sie wusste genau … Ackermann gab mir am Ende freundlich die Hand. Keiner wusste ja besser als er, dass ich recht hatte. Sein Renditeziel und die krummen Geschäfte, die daraus erwuchsen, brachten die Bank in den folgenden Jahren fast um.

Der Coronapolitik Angela Merkels, der Springprozession der Lockdowns, stand ich kritisch gegenüber. Von Anfang an. Im April 2020 schrieb ich unter der Headline »Es reicht«: »Die schweren Eingriffe in die Grundrechte, die Selbstentmachtung der Parlamente, die Deformation des politischen Systems dauern an. Unbefristet. Das ist nicht länger akzeptabel.« Da hatte ich selbst schon die erste Quarantäne hinter mir, weil bei der Geburtstagsfeier meiner Frau ein Infizierter unter den Gästen war. Ich telefonierte alle persönlich ab, denn keines der zuständigen Gesundheitsämter, die sofort informiert wurden, meldete sich bei ihnen. Corona hat meine Meinung über diesen

Staat und dieses Volk in zweierlei Hinsicht grundlegend korrigiert. Niemals hätte ich gedacht, dass sich die Parlamente derart widerspruchslos in ihre Entmachtung fügen würden. Und niemals hätte ich für möglich gehalten, dass einer bedeutenden Mehrheit des Volkes die Suspendierung der Grundrechte völlig gleichgültig sein würde. »Was nützen mir die Grundrechte, wenn ich tot bin«, schrieb mir ein Leser in zeittypischer Einfalt. Dieses Volks hat seine historische Lektion gelernt, dachte ich früher. Heute denke ich: Vieles ist wieder möglich. Zu viel.

Die Kolumnen waren mein publizistisches Standbein, wurden von jedermann in der Politik gelesen und auch sonst viel beachtet. Ein Spielbein kam später hinzu. Der Kolumnenstil ist zupackend, direkt, ins Herz der Dinge zielend. Alles ist der Kolumne erlaubt. Ein weiter Bogen von kühl analytisch über satirisch bloßstellend bis leidenschaftlich kämpferisch. In der Auswahl meiner Themen war ich vollkommen frei, ebenso in der Entscheidung, wie ich sie anging. Gelegentlich setzte ich mich dadurch auch in Gegensatz zu einem anderen Beitrag im *stern*. Schädlich war das nicht. Meinungsstreit macht ja nicht dumm. Ich hatte für mich nur eine Bedingung formuliert: Du schreibst niemals das, was alle schreiben. Gibt es in den Medien schon ein einheitliches Meinungsbild, dann trittst du ihm nicht auch noch bei. Du konzentrierst dich darauf, was andere nicht erkennen oder noch nicht beschrieben haben. Und wenn möglich, schreibst du gegen den Mainstream. Nur Leichen schwimmen mit dem Strom.

Beliebt machte mich das bei den Kollegen naturgemäß nicht. Wohl aber bei den Lesern. 89 Prozent waren 2008 bei einer Befragung der Meinung: »spricht brisante Themen an«. Ich beschrieb die »Kernschmelze der SPD«, nannte Merkel »Die Physikerin der Macht« und Hartz IV das »Brotmesser am Herzen« der Sozialdemokratie. Ich verteidigte Merkels Flüchtlingspolitik, kritisierte aber, dass es darüber nie eine Abstimmung im Bundestag gegeben hatte. Ich kämpfte für die Gewinn- und Kapitalbeteiligung der Arbeitnehmer in ihren Betrieben, bis die Große Koalition die steuerlichen Anreize dafür verbesserte. Ich beharrte darauf, immer wieder, dass die Toten der Auslandseinsätze der Bundeswehr genannt werden und initiierte schließlich den Bau eines Mahnmals zur Erinnerung an sie. Ich zerstörte die Legende um Angela Merkel als angebliche FDJ-Sekretärin für Agitation und Propaganda in der DDR, weil ich aus Stasiakten den Gegenbeweis antreten konnte. Ich beschrieb Donald Trump auf Basis der psychiatrischen Debatte in den USA als geisteskrank und empörte mich über den »Raubzug durch die Rente« in Gestalt von Krankenkassenbeiträgen auf Betriebsrenten. »Grün frisst Schwarz«, beschrieb ich den Aufstieg der einstigen Alternativen und prognostizierte die Nominierung eines grünen Kanzlerkandidaten. Ich beschrieb das handwerkliche Niveau der Politik im Jahr vor Corona als erbärmlich und entdeckte die von niemandem beachtete Bundestagsdrucksache, in der schon Anfang 2013 eine verheerende Pandemie mit Coronaviren durchgespielt worden war. Mit einem Wort: Ich hatte eine gute Nase, gute Augen und offene Ohren. 2005 sah ich die Gründung der Linkspartei voraus, die sich »populär und eingängig« nur »Die Linke« nennen solle. Gegründet wurde die Partei zwei Jahre später. Unter diesem Namen.

Exklusives, für das eine Kolumne eigentlich nicht geschaffen ist, kam gelegentlich hinzu. 2006 enthüllte ich, dass Gerhard Schröder versucht hatte, Edmund Stoiber über den Mittelsmann Franz Beckenbauer zu einem Putsch gegen Angela Merkel und in eine Große Koalition zu locken. 2013 folgte, dass die Deutsche Bank an einen ihrer Londoner Investmentbanker 80 Millionen Euro Bonus gezahlt hatte – ein Rekordbetrag, schier unglaublich. Zumal er an einen Banker ging, der des Zinsbetrugs verdächtigt wurde. Meine Quelle kam aus dem Vorstand der Deutschen Bank. Der Mann war so empört wie ich. 2013 schrieb ich, dass Joachim Gauck kein zweites Mal für das Amt des Bundespräsidenten kandidieren werde – und Merkel den überaus geeigneten Bundestagspräsidenten Norbert Lammert, trotz aller Dementis, als Nachfolger verhindere. Und ich plädierte für die Wiedereinführung der Wehrpflicht, eingehüllt in einen sozialen Pflichtdienst. Dass die chinesische Staatsspitze Merkel vor dem Ausschluss Griechenlands aus dem Euro gewarnt hatte, schrieb ich 2012 – andernfalls werde China nicht mehr in Euro investieren. 2019 enthüllte ich die harte persönliche Konfrontation zwischen Merkel und Kramp-Karrenbauer.

Nur in einem behielt ich über alle Kolumnen hinweg Unrecht: dass die Kanzlerin vorzeitig aus dem Amt scheiden werde. Wobei ich niemandem in der CDU-Führung begegnet bin, der nicht dieser Meinung war. Eine vorzeitige Amtsübergabe machte einfach Sinn, um die Macht ihrer Partei zu sichern. Sie selbst spielte ja auch mit dem Gedanken. Wiederholt. 2013 schrieb ich: »Merkels letzte drei Jahre.« Die Kanzlerin wolle 2016 aufhören und sich dann einen Lebenstraum erfüllen: »Mit ihrem Mann den Pan-American Highway hinunterfahren. Der verbindet die beiden Amerikas, den Norden und den Süden, beginnt in der Prudhoe Bay in Alaska und endet in Ushuaia, der südlichsten Stadt der Welt im argentinischen Feuerland.« Sie widersprach öffentlich. Doch eine solche Geschichte kann man nicht erfinden. Sie stammte aus dem Kanzleramt, wo Merkel diesen Traum einmal ausgesponnen haben muss. Und zwar nicht von meiner Freundin Eva Christiansen, die davon gar nichts wusste. Und ganz entsetzt war.

Zwei Kolumnen hatten kuriose Konsequenzen. 2003 kam Philipp Mißfelder, Vorsitzender der Jungen Union, in schweres Wasser, weil er künstliche Hüftgelenke für 85-Jährige auf Kosten der Allgemeinheit infrage gestellt hatte. Für so etwas könne es Zusatzversicherungen geben, wie auch für Zahnersatz. In der Boulevardpresse wurde die Generation der Trümmerfrauen und des Wiederaufbaus gegen den »Milchbubi« in Stellung gebracht. Ich verteidigte ihn mit den Worten: »Wir haben das Land nach dem Krieg wieder aufgebaut, werfen sie sich in die Brust. Und denken: Also haben wir Anspruch auf die volle Ernte. Aber wer, ihr Hitlerjungen und Russlandfahrer, hat es vorher in Schutt und Asche gelegt?«

Daraufhin leitete die Hamburger Staatsanwaltschaft Ermittlungen wegen Volksverhetzung gegen mich ein. Nach geraumer Zeit erst wurden sie eingestellt. Schon merkwürdig in einem Land der Meinungs- und Pressefreiheit.

»Europa wird deutsch«, lautete 2011 die Überschrift einer Kolumne über die neue Führungsrolle des Landes in der EU – »doch auf dem deutschen Muskelberg sitzt nur ein winziges Hirn«. Volker Kauder wandelte meine Headline in einer Rede auf dem CDU-Parteitag vorsichtig ab in: »Europa spricht deutsch.« Ich weiß, dass er sich inspiriert fühlte von meinem Text, er hat anschließend immer wieder darunter geächzt. Denn auch die Vorsicht nützte ihm nichts. Er wurde heftig angegriffen ob dieses Anfalls von angeblichem Nationalismus. Merkel sprang ihm nicht zur Seite.

Es fehlte nicht an Aufmerksamkeit. 2004 wurde ich zum Journalisten des Jahres in der Kategorie Politik gewählt. Gemeinsam mit Frank Schirrmacher, dem Herausgeber der *FAZ*, der diesen Titel übergreifend erhielt. Wir verstanden uns gut. Er rief gelegentlich an, wenn ihm eine Kolumne gut gefallen hatte, ich hielt es umgekehrt ebenso, wenn er im Feuilleton seines Blattes ein Ausrufezeichen gesetzt, etwa die frühere Mitgliedschaft von Günter Grass in der Waffen-SS enthüllt hatte. Gelegentlich sah ich, wie der damals noch ungemein jugendlich wirkende Mann in einem Mercedes durch Frankfurt gefahren wurde, auf dem Rücksitz, vorne sein Chauffeur. Ein kurioses Bild. Fast, als würde ein Gymnasiast zur Schule chauffiert. Wenn die *FAZ* am Ende der Frankfurter

Buchmesse zu ihrem Empfang lud, war ich dabei. Dort lernte ich auch Udo Jürgens kennen, der meine Texte las, wie er sagte, und auf mich zukam. Wir unterhielten uns lange, tranken zusammen und lagen uns am Ende selig in den Armen. Ähnliche Bekanntschaften machte ich später bei diversen Gelegenheiten auch mit Veronika Ferres, Jan Josef Liefers, Lisa Fitz, Peter Maffay und Ralf Möller.

Schirrmacher wohnte in dem idyllischen Dörfchen Sacrow am Jungfernsee, zwischen Berlin und Potsdam. Ich fuhr dort an einem herrlichen Sommermorgen mit dem Auto durch, hielt an und stieg aus, um mir ein paar Häuser näher anzuschauen. Da kam mir Schirrmacher entgegen, mit zwei Begleitern. Ich konnte schon von Weitem erkennen, wie irritiert er war. Offenbar hielt er es für möglich, dass ich ihm privat hinterher recherchierte, denn sein Hang zu publizistischen Gruppenbildungen und intellektuellen »Verschwörungen« war bekannt. Ich konnte ihn beruhigen. 2014, als er einem Herzinfarkt erlegen war, nahm ich sowohl an der Trauerfeier in der romantischen Heilandskirche als auch an der Beisetzung auf dem Friedhof teil. Schirrmachers früher Tod ging mir nahe, deshalb mied ich auch den anschließenden Umtrunk der vielen Adabeis und fuhr direkt nach Hause.

Zwei Jahre später zählte mich die britische *Financial Times* zu den einflussreichsten Kommentatoren der Welt. Davon hatte ich nichts mitbekommen. Ein Freund, der zufällig in London war und die Zeitung mit der entsprechenden Beilage las, machte mich aufmerksam. Es folgte noch mehr, was ich nur kurz streifen möchte. 2007 wurde ich in diversen Blättern unter den möglichen Nachfolgern von *Spiegel*-Chefredakteur Stefan Aust diskutiert. Die *Spiegel*-Redaktion, las ich, lehne mich indes ab, so wie Frank Schirrmacher, weil ich »zu rechts« sei. Zwei Jahre später rangierte ich nach den beiden neuen *Spiegel*-Chefs als Nummer zwei auf der Liste der wichtigsten Meinungsmacher in Deutschland. Ich wurde ins Kuratorium des Max-Planck-Instituts für Kognitions- und Neurowissenschaften in Leipzig und das Kuratorium der Freundesgesellschaft des Goethe- und Schiller-Archivs in Weimar berufen. 2008 war ich Pfeifenraucher des Jahres, was damals noch eine Ehre war, sozusagen am Aschenbecher von Herbert Wehner.

Doch es schwappten auch immer wieder Wellen von Hass über mich herein. 2015 antwortete ich in einer Kolumne. »Lange, zu lange, habe ich euren Dreck gefressen. Mich anpöbeln, herabsetzen und beleidigen lassen. Weil ich anderer Meinung bin als ihr. Weil ich im Flüchtling einen Menschen sehe. Weil ich den Muslim nicht fürchte. Ich möge in der syrischen Wüste verrecken, hat mir jemand geschrieben. Ich gehörte in ein KZ, ein anderer. Meine Texte seien Erbrochenes, ein Dritter. Der Rest ist nicht zitabel. Es ging mir nicht alleine so. Viele mussten Vergleichbares schlucken. Nun reicht es.«

Im Berliner Rundfunksender Radio eins sprach ich zu dieser Zeit jeweils am Donnerstag, zehn nach acht, einen Frühkommentar. Sechzehn Jahre tat ich das, in der Nachfolge von Gregor Gysi, der aufhören musste, als er in der Politik

Karriere machte. Die Kommentare machten Spaß, der Sender hatte ungewöhnlich intelligente Hörer und zwei der Moderatoren wurden Freunde. Im Unterschied zu den übrigen Frühkommentatoren, die an anderen Tagen im Interview auf Fragen antworteten, sprach ich einen zusammenhängenden Text, allerdings frei, für den ich Stichworte auf einen Zettel notiert hatte. Das Echo war groß, nach 16 Jahren war ich des frühen Aufstehens an den Donnerstagen aber überdrüssig – ich musste mir ja noch Gedanken machen über das Thema, das man mir am Vorabend zugerufen hatte – und an meinem letzten Donnerstag sagte ich zum Abschluss, live über den Sender: »Das war übrigens mein letzter Kommentar.« Moderatoren und Sender waren schockiert, doch auf diese Weise war es von vornherein aussichtslos, mich noch umstimmen zu wollen. Das wollte ich mir ersparen.

Nun zu meinem eigentlichen Spielbein, das für meine öffentliche Wahrnehmung zeitweise wichtiger wurde als das Standbein, die Kolumne. Über die Jahre wurde ich nämlich immer öfter in Fernsehtalkshows eingeladen. Der *Presseclub* am Sonntag war nur der Auftakt. Es folgten Einladungen von Erich Böhme und Sabine Christiansen und ging dann gleitend über zu Anne Will, Maybrit Illner, Sandra Maischberger, Günther Jauch, Frank Plasberg und Markus Lanz. Sie brauchten mich in zwei Funktionen: entweder als Analytiker, insbesondere nach Wahlen, oder als Anheizer, der einer eingeschlafenen Politikerrunde Leben einblies. Wie einmal bei

Anne Will, als ich schon das Eingangsstatement des FDP-Ministers Dirk Niebel mit dem wiederholten Zwischenruf abwürgte: »Frau Will, schalten Sie diesen Sprechautomaten ab!« Niebel hatte kreuzbrav Parteiparolen rausgewürgt, eine Zumutung für die Zuschauer, wie ich fand. Westerwelle trieb ich einmal aus dem Illner-Studio: Er verließ wutentbrannt und wortlos den Raum, nachdem ich ihm bei einer Attacke gegen die 68er schnaubend in die Parade gefahren war. Otto Schily dagegen war entzückt von dem Duell.

Ich ging gerne in Talks, denn ich hatte Spaß am Meinungsstreit. Kollegenneid verdichtete sich indes zunehmend in Klassifizierungen wie Talkshow-Bewohner, Alleswisser oder Rechthaber. 2010 war ich die Nummer drei auf der Liste der Talkgäste, 2011 die Nummer zwei. Das hört sich gewaltig an, schaut man indes genauer hin, stellt man fest, dass ich selbst als Nummer zwei nur auf sieben Auftritte im Jahr kam. Alle sieben Wochen einer also. Zu viel? Dennoch begann ich, Einladungen abzulehnen, und schrieb über den »verbalen Overkill« der Talks, was wiederum Ströme von Häme auslöste. Ausgerechnet der! Verdenken kann ich es den Kritikern nicht. Friedrich Küppersbusch und Sat1 hatten mich sogar mal als Moderator einer eigenen Show im Auge, doch ich lehnte es ab, meine Kolumne dafür aufzugeben, und die *stern*-Chefredaktion war solchen Ideen gegenüber extrem reserviert.

Die Chefredakteure hatten ohnehin einiges mit mir auszuhalten. Ich war öffentlich bekannter als sie und hatte auch im Blatt eine privilegierte Position. 2007 kündigte ich meinen

Vertrag als Berliner Büroleiter und stellvertretender Chefredakteur, nachdem sich die *stern*-Chefs über Monate geweigert hatten, eine erstklassige Geschichte über Beate Baumann, die mächtige Büroleiterin und Strippenzieherin Angela
Merkels, zu drucken. Die Kündigung war draußen – und ich
ging zu Cinema for Peace, war auch über Handy nicht zu erreichen. Hamburg rotierte, eine kleine Genugtuung für die
monatelange Demütigung. Wir hatten Baumann als Erste in
den Blick genommen, zu Recht, denn die Frau ist noch heute
die Großmacht hinter der Kanzlerin. Vielleicht ist sie mehr
Merkel als Merkel selbst. Wenn aber mein Einfluss als *stern*-
Vize nicht mal ausreichte, eine solche Geschichte ins Blatt
zu heben, dann war die Position nichts wert. Ich eröffnete
Bernd Buchholz, dem neuen Verlagschef, dass ich nie wieder
als Vize arbeiten würde. Er schuf daraufhin die Position eines
Mitglieds der Chefredaktion und Chefredakteurs für Sonder-
aufgaben des Verlags Gruner + Jahr. Auf diese Sonderauf-
gaben komme ich noch. Fortan war ich eine Art Ich-AG im
stern, eine vollkommen selbstständige politische Einheit. Das
war die große Freiheit.

Honorare spielen übrigens entgegen der landläufigen Meinung bei Talkgästen keine Rolle. Die Spanne bewegt sich zwischen null und tausend Euro. Maybrit Illner zahlt nichts, Sandra Maischberger tausend – nach Steuern bleibt davon nicht
allzu viel. Zufälle oder spontane Wendungen während der
Diskussion werden so gut wie unmöglich gemacht, weil die
Redaktionen die Meinungen der Teilnehmer vorher akribisch

erforschen, in bis zu einstündigen Telefonaten, und jede/r dann von der Moderation eine Rolle zugedacht bekommt. Der Angreifer, der Verteidiger, der Fachmann, der Analytiker, der Provokateur (nur in seltenen Ausnahmefällen), nicht zu vergessen aber: die Frau. Eine Frau, zumindest eine einzige, muss schon sein. Sonst werden die Zuschauer ungnädig. Inzwischen sprechen einzelne ja auch schon den Genderstern mit. Die Durchinszenierung der Gespräche hat natürlich einen schweren Nachteil: Den Gästen sind die Zähne abgefeilt und die Zungen in Blei gegossen, Unvorhergesehenes oder gar Leidenschaftliches gibt es nicht mehr. Dieses Opfer müssen die Gäste den empfindlichen Karrieren der Moderatoren bringen. Wer aus der Reihe tanzt, gar Meinungsfreiheit gegen die Talks in Anspruch nimmt, fliegt. Wie ich.

Am Abend der Bundestagswahl 2017 saß ich noch in der Sendung von Anne Will und sie erteilte mir als Erstem das Wort zur Analyse des Ergebnisses. Das war eine außerordentliche Ehre. Schon im folgenden Jahr aber rangierte ich nicht mal mehr unter den 25 am häufigsten eingeladenen Gästen. Und das blieb auch so. Denn ich hatte den Talks Mitschuld am Erstarken der AfD gegeben. Nach der Flüchtlingskrise 2015 hatten sie unablässig über Migranten und Islam debattiert, wobei sich die Titel der Sendungen – mit Fragezeichen, doch in der Wirkung wie Thesen – wie Parolen der AfD lasen. »Wer soll zu Deutschland gehören?« – »Deutschland 2016: Leben mit Gewalt und Terror?« – »Flüchtlingsrepublik Deutschland – reichen Geld und guter Wille?« – »Feinde im eigenen

Land – was tun gegen den IS-Terror?« – »Bürger in Angst, Polizei unter Druck – ist unser Staat zu schwach?« oder »Terror im Namen Gottes – hat der Islam ein Gewaltproblem?«

Ich streifte das Thema einmal in einer Kolumne, da rief mich Maybrit Illner an und beklagte sich. Das war ungewöhnlich, denn ich hielt sie für eine Freundin. Sie hatte mich zu ihrem 40. Geburtstag und zu ihrer Hochzeit mit René Obermann eingeladen. Wir waren auch zu viert mit Partnern schon Essen gewesen. Und duzten uns. Plasberg hatte die vom *stern* organisierte Feier zu meinem 60. Geburtstag in Clärchens Ballhaus moderiert. Auch er kappte nun alle Drähte.

Telefonisch kam ich nicht zusammen mit Illner. Sie wollte mir noch mal Auge in Auge gegenübersitzen. Also verabredeten wir uns im Café Einstein Unter den Linden. Auch dort blieb ich bei meiner Position und wiederholte sie später etwas ausführlicher im *stern*. Schlagartig war es zu Ende mit den Einladungen. Ich hatte den Eindruck, da habe jemand klammheimlich einen Boykott organisiert, dem sich nur Sandra Maischberger gelegentlich entzog. Als ich irgendwann bei Illner nachfragte, was denn der Grund sei für diese Abstinenz in hochpolitischen Zeiten, ob ich einen Fehler begangen hätte, antwortete sie: Da gebe es nichts, aber alle suchten »neue Köppe«. Aha. Zwei Tage später saß Michael Spreng in ihrer Sendung, der neue Kopp. Wie zum Dementi. Sie lud mich noch ein einziges Mal ein, zu einem etwas merkwürdigen Talkformat, in dem ich eine Rolle am Rande spielte, und hatte dazu ihren Mann mitgebracht, der sich nach der

Sendung um mich kümmerte. Als fürchtete sie, ich würde sie zur Rede stellen. Sie selbst mied mich. Mit meiner Kritik an den Talks, das erfuhr ich von einem Intendanten der ARD, hatte ich in die Zwölf getroffen: Denn auch in den Aufsichtsgremien der Sender wurde über die Verantwortung der Talks für den Aufstieg der AfD diskutiert. Ein Thema für die breite Öffentlichkeit war das aber nicht. Ich hatte das Schweigen allerdings medial durchbrochen.

Günther Jauch bat mich im Oktober 2014 zu meinem ungewöhnlichsten Talkshoweinsatz. Ich sollte mit einem Kameramann nach Slowenien reisen, dort den Flüchtlingsstrom über den Balkan beobachten und das kurz zuvor in Brand gesetzte Lager Brezice besuchen, um dann am Sonntagabend in seiner Sendung darüber zu berichten. Ich akzeptierte, weil mich die persönliche Erfahrung reizte, flog mit dem Kameramann nach Kroatien und von dort aus mit einem Mietwagen nach Slowenien. Schon von Weitem entdeckten wir einen Flüchtlingszug und gingen zunächst mit den Syrern Richtung Lager. Schon das war bewegend, denn einige brachen zusammen oder blieben zurück und wurden von Krankenwagen davongefahren.

Das Lager Brezice aber erschütterte mich bis auf den Grund meiner Seele. Als wir uns näherten, erkannten wir Menschen hinter Stacheldraht, die nach Wasser und Nahrung riefen. Davor ein Panzerfahrzeug, ein Wasserwerfer und Polizisten in Kampfausrüstung mit Sturmgewehren. Dann fiel der Blick auf die Szene rechts vom Lagertor: Frauen und Kinder lagen auf dem Boden, ausgestreckt, wie leblos. Sie waren im Lager zusammengebrochen. Sanitäter breiteten Folien über den Körpern aus, um sie zu wärmen. Ich verspürte den Impuls, in unseren Mietwagen zu steigen und den Zaun des Lagers zu durchbrechen. Doch das hätte nicht Freiheit für die Flüchtlinge bedeutet, sondern ein Blutbad ausgelöst, falls die Polizisten zur Waffe griffen. Ich begleitete Flüchtlinge, die zu Bussen geführt und dann nach Österreich gefahren wurden, radebrechte mit ihnen. Sie hatten tagelang nichts zu essen bekommen und Wasser nur selten.

Im Flugzeug zurück weinte ich die ganze Zeit still vor mich hin. So nahegegangen war mir noch nie etwas. Und auch am Abend, in der Sendung bei Jauch, kamen mir die Tränen, als ich berichtete. Tränen vor der Kamera, darüber erregte sich der Kollege Frank A. Meyer, der das in seinem Schweizer Millionärszynismus für einen Trick hielt. Der CSU-Abgeordnete Peter Gauweiler aber verstand und zeigte Respekt. Ich schätze ihn als unabhängigen Geist nicht erst seit dieser Sendung. Am nächsten Morgen meldete sich mitfühlend ein evangelischer Bischof und bedankte sich. Das Lager Brezice, das ich bei Jauch als Schande für Europa bezeichnet hatte, wurde bald aufgelöst.

Bei Markus Lanz erlebte ich 2014 meine größten Talkshowturbulenzen. Sarah Wagenknecht zählte zu den Gästen, der Moderator bedrängte sie hart, brachte mich zwischendurch ins Gespräch und auch ich reagierte ungnädig. Als sie etwa den angeblichen Militarismus der Europäischen Union attackierte, erklärte ich das zu »Stuss«, weil die Europäer ihre Verteidigung in der Nato organisiert hätten und es in der EU nicht mal einen Rat der Verteidigungsminister gebe. Die Sendung wurde aufgezeichnet und erst am nächsten Tag ausgestrahlt. Das gab der klugen Linken Zeit, eine Gegenkampagne im Internet auf die Beine zu stellen. Die kam. Und wie. Eine Online-Petition verlangte die Ablösung von Lanz als Talkmoderator beim ZDF, und auch ich bekam mein Fett ab, wenn auch längst nicht so heftig wie er. Doch ich sprang ihm publizistisch bei. Das Fiasko hatte mir eine Lehre erteilt: Ganz gleichgültig, worum es politisch geht – niemals dürfen zwei Männer eine Frau rhetorisch in die Zange nehmen. Tun sie das doch, haben sie von vornherein verloren. Wagenknecht traf ich später, nach einer langen Talkpause, wieder. Wir verstanden uns gut und scherzten behutsam über die Kollision bei Lanz.

Die größte, ewig blutende Wunde meines Lebens ist meine gescheiterte Freundschaft mit Uli Hoeneß, die bei Maybrit Illner begann. Wir saßen mehrfach als Gäste beieinander und stellten fest, dass unsere politischen Positionen wie auch die Art, sie vorzutragen, sehr ähnlich waren. Nach den Talks stand man zum Abklingen immer noch bei einem Glas Rotwein oder einem Bier zusammen und wurde dann schnell persönlich oder gar privat. Das brachte uns noch näher zueinander – sodass Hoeneß mich nach München einlud. Zum Fußball in die Bayern-Lounge, wo Rummenigge auf mich zukam und mir eröffnete: »Alle lesen Ihre Kolumnen.« Bald umarmte ich beide, Hoeneß wie Rummenigge, zur Begrüßung oder zum Abschied. Und als ich mit Hoeneß auf die Wies'n ging, zum Oktoberfest, war das im Bierzelt die Sensation. Alle kannten ihn, aber viele kannten auch mich. Wir waren umlagert und sprachen mit den Leuten.

Längst duzten wir uns. Und wenn Hoeneß zu einem Talk eingeladen wurde, bestand er darauf, dass auch ich dazu käme. Die Talks und die populären Positionen, die er dort vertrat, machten ihn für die Politik interessant. Gelegentlich lud ihn Angela Merkel ins Kanzleramt ein. Und bevor er dort aufkreuzte, bat er um ein Gespräch mit mir, um sich über die aktuelle Politik ins Bild setzen zu lassen. Das sollte später noch von größter Bedeutung sein. Ich funkte ihm etwa, dass das Glas an Merkels Armbanduhr zerbrochen sei, ob er ihr nicht als Spaß eine Fanuhr des FC Bayern schenken könne. Die kostete nur einen Appel und ein Ei, dennoch dürfe Merkel sie nicht annehmen, aber es sei nun mal eine überraschende Aufmerksamkeit. Er tat es auch wirklich.

Als wir 65 wurden, er und ich, luden wir uns gegenseitig zu unseren Feiern ein. Ich tauchte hinein in die Vollversammlung des deutschen Fußballs in München, er kam zu mir in Clärchens Ballhaus, das seinen morbiden Charme noch immer aus den Schäden des Bombenkriegs zieht. Im großen Spiegelsaal, wo wir feierten, Kurt Biedenkopf und Sigmar Gabriel zu Gast waren, sind die Wände rußgeschwärzt, die Spiegel blind vom Feuer. Wir fühlten uns wechselseitig wohl. Als ich ihn dann fragte, ob er sich vorstellen könne, einmal einer

Fußball-Jugendmannschaft in der hessischen Provinz Rede und Antwort zu stehen, zögerte er nicht. Der Trainer hatte mich gefragt, ob ich nicht Hoeneß … Er buchte also auf eigene Kosten einen Flug nach Frankfurt, nahm sich einen Tag Zeit und wir ließen uns in einem klapprigen Kleinwagen aufs Dorf chauffieren. Pressezirkus, da stimmte er mir zu, wollten wir dabei nicht haben. So ist er. So zugewandt, so menschenfreundlich.

Umso schlimmer, dass ich dann, als seine Zockerleidenschaft an den Börsen und seine Steuerhinterziehung in der Schweiz bekannt wurden, in einer Talkshow versagte. Ausgerechnet an dem Ort also, wo unsere Freundschaft entstanden war und wo mich eigentlich nichts erschüttern konnte. Ich muss etwas ausholen, um diese Geschichte plausibel zu machen. Es begann mit einem kuriosen Zufall. Am 14. Januar 2013, einem Montag, saß ich mit Uli Hoeneß zum Frühstück im Berliner Café Einstein Unter den Linden. Er war mittags mit Angela Merkel im Kanzleramt verabredet und wollte sich, nicht zum ersten Mal, über die politische Lage ins Bild setzen lassen. An diesem Vormittag, beim *stern* war Redaktionsschluss, wurde in der Hamburger Zentrale die Enthüllung über einen namentlich nicht genannten »Spitzenvertreter der deutschen Fußball-Bundesliga« fertig gemacht, der bei der Schweizer Privatbank Vontobel einen unversteuerten Millionenbetrag aus Spekulationsgeschäften liegen habe. Ich wusste von dieser Geschichte indes nichts, denn sie hatte mit meiner Arbeit nichts zu tun, und sprach deshalb auch mit

Hoeneß nicht darüber. Das klingt verrückt, aber es war so. Hans Leyendecker von der *Süddeutschen Zeitung* hatte daran später massive Zweifel, die ich indes in einem ausführlichen Gespräch ausräumen konnte. Auch Hoeneß erfuhr von der *stern*-Geschichte erst später durch einen Anruf der Vontobel-Bank, die von einer Recherche des Magazins berichtete. In Panik versetzt, entschloss er sich daraufhin zur Selbstanzeige, um straflos davonzukommen.

Öffentlich bekannt wurden die Ermittlungen gegen Hoeneß erst am 20. April 2013, einem Samstag. Ich erfuhr davon aus den Nachrichten im Autoradio und war wie vom Donner gerührt. Uli Hoeneß ein Großspekulant – jener Uli Hoeneß, der mir zu einer Kolumne gegen die Spekulation gratuliert hatte? Ich rief ihn an und er sprach, wie danach auch öffentlich, vom Fehler seines Lebens. Ich versuchte ihn zu stützen und er erklärte mir, er werde mir das niemals im Leben vergessen. Es kam dann doch anders. Zunächst äußerte ich in einer Kolumne den Verdacht, dass seine Selbstanzeige, die bei den Behörden ja dem Steuergeheimnis unterlag, aus der bayerischen CSU-Regierung an das Münchner Magazin *Focus* lanciert worden sein müsse, um den Skandal mit möglichst großem Abstand und geringem Schaden für die CSU vor der Landtagswahl im September zu zünden. Am 17. Januar war Markus Söder, der Finanzminister, amtlich darüber informiert worden. Er setzte dann wiederum Horst Seehofer, den Ministerpräsidenten, ins Bild. Eingeweiht wurden zudem die Minister für Justiz und für Inneres. Ich erinnerte daran, dass Hoeneß und Söder einmal in einer Talkshow heftig aneinandergeraten waren. Söder sah nicht gut aus und beklagte sich danach telefonisch bei Hoeneß. Der hatte ihm vorgeworfen, als CSU-Generalsekretär den politisch trudelnden Edmund Stoiber im Stich gelassen zu haben. Eine ausdrückliche Schuldzuweisung an Söder vermied ich jedoch, um mir keine Klage einzufangen. Hoeneß las die Kolumne und rief mich an: Seine Frau Susi sei exakt meiner Meinung.

Bevor der Prozess begann, im März 2014, lud mich Hoeneß nach München ein, genauer gesagt: zu einem Abendessen der beiden Ehepaare im Restaurant Käfer und anderntags, gemeinsam mit meiner Frau, in sein Haus am Tegernsee. Bei dem Abendessen bezifferte er die Steuerhinterziehung auf drei bis vier Millionen Mark und ich machte ihm Mut: Ich könne mir nicht vorstellen, dass er für diesen Betrag ins Gefängnis gehen müsse. Uli Hoeneß in Haft – wegen vier Millionen? Das gab doch wohl eher eine Bewährungsstrafe. Er war indes unruhig, zweifelte. Und seine Frau berichtete, die Familie habe ihm schon lange dazu geraten, reinen Tisch zu machen mit seiner Zockerei. Die Einladung in seine Villa am nächsten Tag empfand ich als Freundschaftsbeweis – und die Einrichtung des Hauses machte ihn mir noch sympathischer. Es war bequem und ansprechend möbliert, aber zeigte keinerlei Protz. Nach einem gemeinsamen Mittagessen in dem Restaurant in der Nähe seines Haues bestand er darauf, uns auch noch zum Flughafen zu fahren. Das war eine ordentliche Strecke und ein erneuertes Zeichen der Zuwendung.

Mehrfach fragte mich Hoeneß, ob ich bereit sei, als Zeuge vor Gericht unser Berliner Frühstück am 14. Januar 2013 zu bezeugen. Selbstverständlich war ich das. Wenn ich auch nicht verstand, wie ihm das helfen sollte. Dazu kam es dann ja auch nicht mehr. Den Prozess erlebte ich aus den Medien – und wurde wiederum schockiert. Nun war nicht mehr von drei bis vier, sondern von 28,5 Millionen Euro Steuerhinterziehung die Rede. Dafür kam Bewährung nicht mehr in Frage, das war mir klar. Und mehr als das: Zweimal hatte er mir, wie nun herauskam, die Unwahrheit gesagt. Neben dem Umfang der Steuerhinterziehung war das der Umstand, der ihn zur Selbstanzeige bewegt hatte. Hoeneß hatte mir geschildert, als er an dem bewussten Montag im Kanzleramt bei Angela Merkel gesessen habe, sei ihm klar geworden, dass er nun aufräumen müsse in seinem Leben. In Wahrheit aber hatte ihn die Information der Vontobel-Bank über die Recherchen des *stern* in Alarmstimmung versetzt. Dieser Anruf aus der Schweiz erreichte ihn auf der Fahrt vom Kanzleramt zum Flughafen, nach dem Treffen mit Merkel also.

Als er verurteilt war, zu dreieinhalb Jahren Haft, rief ich ihn am folgenden Morgen an, um ihm, trotz aller Enttäuschung, ein Zeichen des Beistands zu geben. Ich erreichte ihn im Auto auf der Fahrt vom Tegernsee in die Münchner Zentrale des FC Bayern München, wo er nach Beratungen in der Familie seine Ämter niederlegen wollte. Ich riet ihm, auch gleich auf Rechtsmittel gegen das Urteil zu verzichten, und fragte, ob er eine Erklärung für den Rückzug vorbereitet habe. Hatte er nicht. Das war natürlich bei seiner Bedeutung für den Verein und den deutschen Fußball völlig unmöglich. Er fragte mich, was ich an seiner Stelle erklären würde. Nachdem ich spontan ein paar Sätze formuliert hatte, fragte er mich, ob ich ihm die aufschreiben und in die Säbener Straße faxen könne. Ich war einverstanden und erklärte ihm, ich könne in zehn Minuten in meinem Büro sein und ihm weitere 15 Minuten später meinen Text zukommen lassen.

So geschah es. In kritischen Situationen arbeite ich besonders konzentriert. Als die Erklärung fertig war, rief ich die Nummer an, die er mir gegeben hatte. Es war das Büro von Karlheinz Rummenigge. Der war auch am Apparat und gab mir seine Fax-Nummer. Ich übermittelte meinen Text, der wenige Minuten später das Land elektrisierte. Angela Merkel bekundete öffentlich ihren Respekt und am Abend las ich die Erklärung als Aufmacher in der *Tagesschau* – eine ziemlich umwerfende Erfahrung:

»Nach Gesprächen mit meiner Familie habe ich mich entschieden, das Urteil des Landgerichts München II in meiner Steuerangelegenheit anzunehmen. Ich habe meine Anwälte beauftragt, nicht dagegen in Revision zu gehen. Das entspricht meinem Verständnis von Anstand, Haltung und persönlicher Verantwortung. Steuerhinterziehung war der Fehler meines Lebens. Den Konsequenzen dieses Fehlers stelle ich mich. Außerdem lege ich mit sofortiger Wirkung die Ämter des Präsidenten des FC Bayern München e. V. und des Aufsichtsratsvorsitzenden der FC Bayern München AG nieder.

Ich möchte damit Schaden von meinem Verein abwenden. Der FC Bayern München ist mein Lebenswerk und wird es immer bleiben. Ich werde diesem großartigen Verein und seinen Menschen auf andere Weise verbunden bleiben, solang ich lebe. Meinen persönlichen Freunden und den Anhängern des FC Bayern München danke ich von Herzen für ihre Unterstützung. Uli Hoeneß«

Er freute sich, als ich am Nachmittag anrief und ihm von Merkels positiver Reaktion berichtete. Er saß auf der Terrasse und trank mit der Familie Kaffee. Am folgenden Morgen rief er mich an und dankte für die Erklärung: »Du wärst wohl auch ein sehr guter PR-Manager.« Mag sein, aber nur für ihn. Wir waren so eng verbunden wie noch nie. Allerdings nicht mehr lange. Am 16. März 2014 saß ich in der Talkshow von Günther Jauch. Thema: Uli Hoeneß. Das hätte ich nicht tun sollen, denn der Grenzgang zwischen persönlicher Freundschaft und politischer Verurteilung von Steuerhinterziehung glich einem Balanceakt auf der Rasierklinge. Ich hatte mir vorgenommen, nicht nach einer Seite zu kippen. Viele Anrufer aber rieten mir vorher zum einen oder zum anderen. Ich war nervös – und antwortete entsprechend. Steuerhinterziehung nannte ich, wie ich es vorher schon geschrieben hatte, asozial und auf bohrende Fragen Jauchs, ob Hoeneß ein Sozialschmarotzer sei, stimmte ich zu. Er selbst hatte indes erklärt: »Ich bin kein Sozialschmarotzer.« Das ist er auch nicht. Meine Antworten waren, um die Analogie mit Hoeneß zu bemühen, der Fehler meines journalistischen Lebens. Ich hatte dem Druck nicht standgehalten und war nach einer Seite gekippt. Gegen meine Überzeugung. Denn ich kannte keinen sozialeren Menschen als ihn. Er hatte nicht nur enorme Beträge gespendet für humanitäre Zwecke, unter der Bedingung, seinen Namen nicht zu nennen, er hatte sich auch hingebungsvoll um Freunde und Spieler von Bayern München gekümmert. Franck Ribery mag als Beispiel dienen. Der französische Fußballer hat zwei Töchter. Der einen organisierte Hoeneß in München eine Augenoperation und wartete neben dem Vater auf dem Flur der Klinik auf das Ergebnis. Der anderen besorgte er Nachhilfe, damit sie sich in der Schule behaupten konnte. Nein, ein Sozialschmarotzer war er gewiss nicht.

Hoeneß rief mich nach der Talkshow an und erzählte, er habe die Sendung nicht gesehen, seine Frau aber und die sei danach weinend zu ihm ins Bett gekommen. Ich versuchte, mein Dilemma zu erklären, doch es war zwecklos: Er brach die Brücken zu mir ab. Als ich später den Antrag stellte, ihn in der Haft besuchen zu dürfen, antwortete sein Anwalt in wenigen Zeilen, dass er die Termine für andere Besucher brauche. Meine Frau schrieb ihm noch mal einen persönlichen Brief, dessen Inhalt ich nicht kenne, und er rief sie an. Aber er wollte mit mir nichts mehr zu tun haben. Monatelang quälte ich mich mit meinem Fehler, lag stundenlang wach. Doch es war nichts mehr zu retten. Mea culpa, mea maxima culpa.

Es scheiterte auch eine zweite enge Beziehung, doch nicht durch meine Schuld. Christian Wulff kannte ich noch aus seiner Zeit als Oppositionsführer, später Ministerpräsident in Niedersachsen. Wir hatten ein paar gute Interviews geführt. Als er Bundespräsident wurde, war ich einer der wenigen Journalisten, die ihn nicht von vornherein abwerteten gegenüber Joachim Gauck. Bei Anne Will offenbarte ich, dass mich am Tag der Talkshow ein Mitarbeiter Gaucks, früher im Dienst der SPD, angerufen hatte, um mich mit ihm zu verbinden – und damit zu beeinflussen. Das fand ich empörend und lehnte ab. Es tauchte Gauck in ein merkwürdiges Licht. Im Nachhinein allerdings, das muss ich einfach bekennen, fand ich es bedauerlich, dass er nach nur einer Amtszeit aufgegeben hatte. Denn er ist ein großartiger, unabhängiger Kopf.

Als Wulff schließlich Staatsoberhaupt war, saß ich am Morgen des 13. September 2010 zu einem Vieraugengespräch mit ihm im Schloss Bellevue. Ich beschwor ihn, gegen Thilo Sarrazin Stellung zu beziehen, dessen Buch *Deutschland schafft sich ab* zum Dammbruch des Rassismus geworden war. Schon in Niedersachsen hatte er ja durch die Berufung der ersten muslimischen Ministerin Haltung bewiesen. Sarrazin wühlte auch ihn auf. Seine nächste große Rede werde die zur Deutschen Einheit am 3. Oktober sein, eröffnete er mir. Das war es! Die Integration der Muslime hieß doch, aktuell interpretiert, deutsche Einheit.

Am folgenden Samstag traf ich auf dem Kollwitzmarkt am Prenzlauer Berg den Freund Walid Nakschbandi, in Afghanistan geboren, mit einer Deutschen verheiratet, Film- und Fernsehproduzent. Er war verzweifelt über die Anfeindungen, die er seit dem Sarrazin-Buch erlebte, und dachte daran, das Land zu verlassen. Wir waren uns einig, dass der Bundespräsident sagen müsse, der Islam gehöre zu Deutschland. Da war er, der Satz, der später für jahrelange Kontroversen sorgen sollte. Am 29. September war ich zu einem Abendessen für den Emir von Katar ins Schloss Bellevue geladen. Dabei berichtete ich Wulffs Pressesprecher Olaf Glaesecker von Nakschbandi, den er gut kannte, und von dem fraglichen Satz. Den solle Wulff doch in seine Rede aufnehmen! Später erfuhr ich, dass auch Nakschbandi die Idee, ermutigt von Glaesecker, in einem Brief an Wulff vorgetragen hatte. Kurz vor der Rede erhielt ich eine SMS von Glaesecker: Der Satz ist drin. Wulff hatte ihn sich zu eigen gemacht und historischen Mut bewiesen. »Das Christentum gehört zweifelsfrei zu Deutschland«, trug er vor. »Das Judentum gehört zweifelsfrei zu Deutschland. Das ist unsere christlich-jüdische Geschichte. Aber der Islam gehört inzwischen auch zu Deutschland.«

Als dann 2011 die Affäre um die Finanzierung von Wulffs Haus in Großburgwedel aufkam, war ich einer der wenigen, schließlich der letzte Journalist, der dem Furor der Branche noch entgegentrat und ihn verteidigte. Neue Vorwürfe, neue Vorwürfe, neue Vorwürfe, lautete das Mantra aller Nachrichtensendungen um die Jahreswende 2010/11. Ich habe ein solches journalistisches Klima nie wieder erlebt. In den Redaktionen wurden Wetten abgeschlossen, teils gegen Geld, ob es gelingen werde, ihn zu stürzen, oder ob er sich halten könne. Sein Satz über den Islam, der zu Deutschland gehöre, trug nach meiner Überzeugung wesentlich zu der Verfolgung bei. Erst als sich Wulff als unfähig erwiesen hatte, sich der medialen Welle entgegenzustemmen und sich allen Vorwürfen offen zu stellen – wozu ihm Glaesecker riet –, schrieb ich in der Woche seines Rücktritts unter der Überschrift »Aus«, an ihn gerichtet: »Ich habe nicht mit der Meute gehechelt, die Sie gejagt hat, ich habe mich um Differenzierung bemüht, Ihre Verdienste nicht unterschlagen, auch die Meute thematisiert. Nun aber führt für mich kein Weg mehr an der Erkenntnis vorbei, dass Sie für Ihr Amt nicht geeignet sind, es vielleicht nie waren. Mit Verlaub, Herr Präsident, Sie haben keinen Arsch in der Hose.« Für den letzten Satz habe ich mich später entschuldigt, an gleicher Stelle, an der die Ursprungskolumne erschienen war. Dieser Satz war würdelos. Die Lektüre der Kolumne, das erfuhr ich später, hatte ihn mit in die Resignation getrieben. Der Letzte hatte ihn verlassen. Glaesecker hatte er selbst gefeuert.

Ich war genervt von ihm, denn lange hatte ich, auch im persönlichen Gespräch am Telefon, um ein Interview gerungen, in dem er zu allen Vorwürfen Stellung nehmen sollte. Doch er taktierte, wollte sicher gehen, dass nach dem Interview keine neuen Vorwürfe mehr laut werden konnten. Diese Sicherheit aber konnte ihm niemand geben. Außer: Er sich selbst. So aber starb er politisch – aus Angst vor dem Tod.

Das Verhalten der Medien habe ich danach immer wieder thematisiert. Ich prägte den Begriff Rudeljournalismus und wurde deshalb zu Vorträgen geladen, auch vor

Medienpublikum. »Wenn die Bestie erwacht«, überschrieb ich beispielsweise 2013 eine »Nestbeschmutzung«: »Als vierte Gewalt sind die Medien nicht mehr nur Aufklärungs-, sondern zunehmend Empörungsmaschine.« Als die Coronapandemie aufkam und die Medien wiederum vereint waren, in einer unkritischen Welle der Hysterie und Staatsanbetung, wandelte ich den Begriff ab in Herdenjournalismus. Denn gejagt wurde nun niemand mehr.

Mit Wulff hatte ich danach nur noch ein einziges Mal Kontakt. Er lud mich zu einem Gespräch in das schicke Schlosshotel Berlin ein, wo er mir die Rohfassung eines Interviews zeigte, das der *Spiegel* mit ihm geführt hatte. Er hatte in Wahrheit keine Botschaft und hinterließ einen eigentümlichen Eindruck. Ich fragte ihn, warum er sich ausgerechnet dem *Spiegel* stelle, der ihn doch gemeinsam mit der *Bild*-Zeitung aus dem Amt gejagt hatte. Und schlecht fotografiert war er für das Titelfoto außerdem noch. Er antwortete, er wolle Werbung machen für ein neues Buch. Das war mir denn doch zu viel des Opportunismus.

Kollegen aus dem Berliner *stern*-Büro schenkten mir zum 60. Geburtstag zehn Trainerstunden auf der Trabrennbahn Karlshorst. Das entwickelte sich zu einer mehrjährigen Leidenschaft. Einmal pro Woche verbrachte ich einen halben Tag auf dem Sulky und im Pferdestall, lernte Pferde zu steuern, zu beschleunigen, zu bremsen, zu duschen und zu füttern. Eines biss mir dabei fast einen kleinen Finger ab. Er wurde in einer

Lichtenberger Klinik genäht, ist aber ewig gekrümmt. Wir fuhren bei jedem Wetter, auch im Winter. Selbst auf vereister Bahn. Dann allerdings wurde es gefährlich, denn die Pferde schleuderten sich aus den Hufen Eisbrocken von unten gegen den Leib und glaubten, sie würden geschlagen. Sie gingen also immer wieder durch und man schleuderte durch die Kurven, hatte größte Mühe, das Gefährt zu bremsen. Im Frühjahr allerdings war es ein Genuss, bei aufgehender Sonne um die Rennbahn zu kreisen und die Stille zu genießen.

Der Trabrennsport war schon auf dem absteigenden Ast, lebte professionell nur noch von französischen Pferdewetten, die deutschen reichten nicht mehr. Rennbahnen wurden geschlossen. Die in Karlshorst war eine alte mit DDR-Tradition, eigentlich eine unglaubliche Filmkulisse, denn der Wettsaal war noch holzgetäfelt, an den Anzeigetafeln wurden mit langen Stangen die Ziffern hin- und hergeschoben. Zocker sahen aus, wie aus den 50er-Jahren entsprungen, und Rotkäppchen-Sekt gab es für ein paar Euro. Zweimal nahm ich auch an richtigen Rennen teil, besser gesagt: Ich versuchte es. Doch beim ersten Mal gab es einen Fehlstart, wir mussten die Pferde mühsam ausbremsen, um dann zu wenden. Da fuhr mich eine rechts überholende Frau an, mein Pferd erschrak, ging durch, raste von der Rennbahn in einen Graben, überschlug sich und schleuderte den Sulky mit mir über sich hinweg. Als ich mich erhob, sah ich, dass das Pferd verdreht auf dem eigenen Hals lag und Blut aus seiner Nase sickerte. Ich drehte den Kopf so, dass es wieder atmen konnte und erwartete dann die Hilfe anderer. Dem Pferd war zum Glück nichts Ernsthaftes passiert, mir auch nicht. Als ich mich am nächsten Morgen im Bett aufstützte, platzte indes eine große Blutblase am Ellenbogen auf, die ich gar nicht bemerkt hatte.

Das zweite Rennen, das vorletzte in der Saison, fiel ins Wasser, weil Wettbetrüger die Kabel an einigen Masten der Flutlichtanlage durchschnitten hatten. Die Hälfte der Rennbahn lag im Dunkeln. Alle Rennen mussten abgesagt werden, auch meines. Ich hatte gar nicht erst im Sulky gesessen. Fahrer, die von weither gekommen waren, aus Tschechien und aus Hamburg, fluchten naturgemäß. Die Fahndung nach den Tätern blieb indes ergebnislos.

Dann wurde mein Trainer bei einem Unfall schwer verletzt. Er hatte ein fremdes Pferd, das durchging, am Zügel gehalten, statt es laufen zu lassen. Es warf ihn um und zerriss einige Sehnen an einem Arm. Der wurde genäht und einige Monate stillgelegt, bis sich herausstellte, dass währenddessen die Nerven des Armes abgestorben waren. Er konnte also keine Rennen mehr fahren und verdiente sein Geld mit Reitstunden für behinderte Kinder. Das bedeutete auch mein Ende als Trabrennfahrer.

Als ich 65 wurde, knüpfte indes meine Frau mit zehn Stunden bei einem Boxlehrer an. Daraus wurden Jahre großen Vergnügens. Ich trainiere noch heute mit Journalisten, Freiberuflern und Leuten aus bescheideneren Milieus. Michael Möglich, der Trainer, war früher Jugendcoach in der DDR, ein Mann, der auf Technik größten Wert legt. Wir boxen nicht, um zu schlagen. Boxen trainiert den ganzen Körper, vom Kopf bis zu den Füßen. Beim Sparring achten wir darauf, uns nicht hart zu treffen, was auch gelingt. Und: Frauen trainieren inzwischen mit uns. Während der Pandemie, der Boxkeller mit schwerer Ausrüstung noch aus der DDR wurde geschlossen, wichen wir in einen Park aus. Bei schönem Wetter ist das grandios, bei Kälte kneift es ein wenig. Ich werde boxen, so lange ich kann.

Mit nicht mal hundert Zeilen begann im Sommer 2006 ein Projekt, das später beträchtliche Dimensionen annahm. »Das Erbe der Deutschen«, war die Kolumne überschrieben, mit der ich im *stern* die Gründung eines Deutschen Geschichtsarchivs vorschlug. Gefüllt sein sollte es mit Videoaufzeichnungen der Erinnerungen von Menschen, die Höhen und Tiefen der Geschichte seit dem Ersten Weltkrieg erlebt hatten. Herrscher und Beherrschte, Ausbeuter und Ausgebeutete, Treiber und Getriebene, Opfer und Täter, Revolutionäre und Büttel, Helden und Versager, Idealisten und Verirrte – oder einfach nur Mitgerissene, Ausgelieferte, Fortgespülte. »Zeitzeugen faszinieren. Sie tragen Geschichte in ihren Schicksalen«, schrieb ich. Und fragte: »Wer wagt die Initiative, wer trägt die Verantwortung, wer mobilisiert das Geld?« Prof. Guido Knopp, Leiter der Zeitgeschichteredaktion des ZDF, las den *stern* im Urlaub am Strand – und meldete sich anschließend in meinem Büro. Das ZDF hatte Ähnliches schon versucht, doch die Initiative war verdorrt, übrig blieb ein Bus mit Fernsehstudio zum Aufzeichnen von Zeitzeugeninterviews. Er stand beim Sender auf dem Mainzer Lerchenberg und hatte nur noch Schrottwert.

Also taten Knopp und ich uns zusammen und begannen mit der mühsamen Suche nach Unterstützern und Geldgebern. Gut zwei Jahre klapperten wir die deutschen DAX-Konzerne ab, beknieten Kommunikationschefs und Vorstände, schwankten zwischen Euphorie und Depression. Denn anfängliche Begeisterung schlug mitunter in peinliche Absagen oder gar harsche Abwendung um. VW war Feuer und Flamme für das »Gedächtnis der Nation«, wie wir das Projekt inzwischen nannten, nach dem Modell der Shoah Foundation des Hollywoodregisseurs Steven Spielberg, der Überlebende des Holocaust zu ihren Erinnerungen befragen ließ. »Das ist genau das, was wir jetzt brauchen. Ein Vorhaben von nationaler Bedeutung«, hieß es in Wolfsburg, wo gerade ein peinlicher Skandal seine Spuren hinterlassen hatte. Man wollte sogar der einzige Autohersteller sein, der das »Gedächtnis« trug, war also bereit, Daimler herauszukaufen. Doch dann, plötzlich, war niemand mehr in Wolfsburg erreichbar. Der Kommunikationschef ließ sich hartnäckig verleugnen und rief nie zurück. In anderen Vorstandsetagen war deutlich zu spüren, dass man bei aller Bewunderung der Idee doch Angst davor hatte, wieder mit der eigenen NS-Geschichte konfrontiert zu werden.

Nicht alle ließen sich allerdings von dieser Furcht lähmen. Die Robert Bosch Stiftung und Daimler in Stuttgart standen von Anfang an fest zu uns, Bertelsmann und der *stern*-Verlag Gruner + Jahr kamen dazu. Das ZDF mit seinen Schätzen an Zeitzeugeninterviews sowieso. Und, das war in Wahrheit das verlässliche Fundament: Google mit seiner Tochter YouTube, die unentgeltlich die gesamte Technik für das internetgestützte »Gedächtnis« versprachen. Gemeinsam mit dem Mainzer Institut für Medien-Gestaltung besorgte der Tech-Riese das Webdesign. Ein Zeitstrahl führte durch die deutsche Geschichte, Kurzfilme aus den Studios des ZDF beleuchteten die wesentlichen Stationen, Zeitzeugeninterviews schilderten persönliche Erinnerungen. Zwei Kanäle standen am Ende nebeneinander: das »Gedächtnis der Nation« mit den professionell bearbeiteten Interviews, zudem »Unsere Geschichte« als Mitmachkanal für privat geführte Recherchen und Projekte von Schulklassen. Ohne Google, daran gibt es keinen Zweifel, wäre das Projekt gescheitert.

Ende 2008 hatten wir es soweit beieinander, dass ich im *stern* Vollzug melden konnte. »Gedächtnis der Nation« war diesmal meine Kolumne überschrieben. Es solle niemandem gehören, sondern allen: den Deutschen. Doch es dauerte noch drei Jahre, bis das Projekt wirklich an den Start gehen konnte. Die Technik musste aufgebaut werden, die Gremien waren zu bilden. Und es gab manchen Rückschlag. Eine schon verpflichtete Geschäftsführerin sprang wieder ab, ein Nachfolger war zu finden: Jörg von Bilavsky, der nun Stabilität gab. Bundespräsident Christian Wulff übernahm die Schirmherrschaft, nach ihm Joachim Gauck. Kulturstaatsminister Bernd Neumann wurde

Vorsitzender des Kuratoriums. Marcel Reich-Ranicki, Hans-Dietrich Genscher, Egon Bahr, Lothar Späth und Heinrich-August Winkler gehörten zu jenen, die sich auf die eine oder andere Weise in die Pflicht nehmen ließen.

Im Oktober 2011 gaben Knopp und ich in Berlin schließlich den Start frei. Fünf Jahre hatten wir darum gerungen. Wir stellten den Jahrhundertbus vor, der in Wahrheit ein Lastwagen von Daimler war – mit einem Fernsehstudio huckepack, in dem die Interviews mit den Zeitzeugen geführt wurden. Das Echo war enorm. Von Berlin aus ging der Jahrhundertbus auf seine erste Tour durch Deutschland. Viele erkannten ihn schon auf der Autobahn und grüßten im Vorüberfahren. Nach Berlin folgten Magdeburg, Hannover, Eisenach, Jena, Leipzig, Halle, Dresden, Bayreuth, Nürnberg, München, Fulda, Frankfurt am Main und schließlich Mainz, wo die Ernte unterm Dach des ZDF verarbeitet wurde. Die Fischzüge nach Zeitzeugen verliefen immer nach dem gleichen Muster: Regionalzeitungen kündigten den Jahrhundertbus an, berichteten, wann er wo genau stehen werde, und riefen Interessierte dazu auf, sich zur Vorbereitung telefonisch in Mainz zu melden. Im Gespräch mit den Anrufern klärten dann zeitgeschichtlich ausgebildete Redakteure, was die Zeugen zu erinnern wussten, um schließlich eine Auswahl unter ihnen zu treffen und Termine zu vereinbaren. Die Regionalblätter wiederum beobachteten und fotografierten dann, wie die einbestellten Zeitzeugen in das mobile Studio kletterten, auf einem Stuhl Platz nahmen und befragt wurden. Für manche, die Krieg, Vertreibung und Gewalt erlebt hatten, war es eine Entlastung von Seelenqualen. Und die Angehörigen von Widerstandskämpfern gegen die Nazis, die der Bus zu Hause besuchte, freuten sich über das Interesse an ihren Erinnerungen. Die Interviews wurden in Mainz geschnitten und in die von Google geprägte Architektur eingepflegt. Das funktionierte reibungslos.

Knopp und ich kämpften unterdessen für die langfristige Finanzierung. Es fanden sich aber keine weiteren Geldgeber – und die vorhandenen wurden nervös. Vier Jahre hatten sie Geld versprochen. Dann verabschiedete sich Bertelsmann, obgleich der Konzern Bildung auf sein Panier geschrieben hatte. Daimler und die Bosch-Stiftung zeigten sich geduldig und verlängerten, doch ewig zahlen mochten oder durften auch sie nicht. Eine neue Lösung musste gefunden werden. Ich suchte sie in Berlin, unter dem Dach der Kulturpolitik. Im Deutschen Historischen Museum (DHM) gab es schon eine Station des »Gedächtnisses«, in der Besucher Zeitzeugenerinnerungen auf einem Computerbildschirm abrufen konnten. Ich wusste, dass es unter den vom Bund geführten Museen eine lebhafte Diskussion darüber gab, sich zu erneuern und zu modernisieren – unter anderem durch Videos und Zeitzeugeninterviews. Direkte Gespräche mit dem DHM führten jedoch nicht zum Erfolg. Also nahm ich Kontakt auf zu Monika Grütters, der Staatsministerin für Kultur im Kanzleramt. Sie zeigte sich überzeugt – und umwerfend tatkräftig.

Eine Konferenz in ihrem Büro vereinbarte, das »Gedächtnis der Nation« ins Bonner Haus der Geschichte einzubringen, wo es als Teil seines Onlinearchivs die Zeitzeugenarbeit aller Museen des Bundes vorantreiben sollte. So geschah es auch. Hans Walter Hütter, Präsident des Hauses der Geschichte, wurde von Frau Grütters mächtig in Bewegung gesetzt und übernahm den Auftrag zur Zeitzeugenarbeit – nun mit Stefan Brauburger, der von Anfang an dabei gewesen war und Guido Knopp als Leiter der Zeitgeschichteredaktion des ZDF abgelöst hatte. Der Umbau war meine letzte Tat für das »Gedächtnis«. Monika Grütters empfahl ich dabei nachdrücklich einen zuverlässigen Partner auch für andere Kulturprojekte des Bundes: Google. Denn die waren interessiert, zuverlässig und taten es kostenlos.

2007 wurde aus einem absichtslosen Besuch in Brüssel ein großes Thema, das mich jahrelang in Atem hielt. Viviane Reding, die Medienkommissarin der EU, hatte routinemäßig Chefredakteure aus mehreren Staaten eingeladen, um über die Situation der Branche zu diskutieren. Ich fuhr hin – und hörte zunächst zu. Kollegen aus osteuropäischen Staaten berichteten von politischer und ökonomischer Bedrängung. Irgendwann kam mir, mitten in der Diskussion, die Idee: Wir sollten eine Charta für Pressefreiheit haben, auf die sich alle Journalisten überall beziehen könnten. Reding war spontan angetan, als luxemburgische Liberale, schränkte aber ein, dass die EU-Kommission ein solches Dokument nicht selbst formulieren könne. Wir müssten es selbst tun, dachte ich, und nahm die Sache anschließend in die Hand. Ich schrieb einen Entwurf und lud Kollegen anderer Medien ein, um aus diesem Papier eine von allen getragene Initiative zu machen. Christoph Keese vom Springer-Verlag wurde mir dabei zum langjährigen Partner. Bascha Mika, Chefredakteurin der *taz*, gab energisch und uneitel Schub für das Projekt.

Am 25. Mai 2009 trafen wir uns in Hamburg, bei Gruner + Jahr zu einer Konferenz europäischer Journalisten und verabschiedeten das Dokument. Zu den 48 Erstunterzeichnern gehörten aus Deutschland auch Steffen Klusmann, Hans Leyendecker, Mathias Müller von Blumencron und Nikolaus Brender. Die Charta wurde anschließend im Internet freigeschaltet, um von jedem Journalisten, der wollte, unterzeichnet zu werden. Kollegen aus mehr als 30 europäischen Staaten, darunter auch Russland, taten das. Am 9. Juni überreichte ich die Charta in Brüssel formell an die EU-Kommission, sie wurde damit zum anerkannten europäischen Dokument. Hans-Martin Tillack tat das Gleiche im Oktober beim Europarat in Straßburg.

Die Charta aber war ein zahnloses Dokument. Es fehlte eine Instanz, um ihre Einhaltung durchzusetzen und Verstöße gegen sie öffentlich zu machen. Also nahm ich, wiederum mit Christoph Keese, die Gründung eines Europäischen Zentrums für Pressefreiheit in Angriff. Leipzig als Stadt der Freiheit schien uns dafür der geeignete Standort zwischen

Ost und West zu sein, zumal dort die Medienstiftung der Leipziger Sparkasse ein engagierter Partner mit einem fantastischen Gebäudekomplex war. Die Finanzierung allerdings war schwierig. Wir gewannen außer der Medienstiftung die Stadt Leipzig, den Freistaat Sachsen und sehr begrenzt auch das Auswärtige Amt. Ohne die Europäische Union war das EZP einfach nicht denkbar. Wir knüpften also ein europaweites Netzwerk von Journalistenverbänden, unter anderem aus Russland, Ungarn und Serbien, dem sich Universitäten aus Großbritannien, Italien und Schweden anschlossen. Publizisten wie Gavin MacFadyen, Chef des Londoner Centre for Investigative Journalism, riefen zur Gründung auf. Und im Europäischen Parlament schlossen sich Elmar Brok, der Christdemokrat, Manfred Weber, der Christsoziale, Alexander Graf Lambsdorff, der Liberale, Werner Schulz, der Grüne, und Lothar Bisky, der Linke, an. Ohne die Begeisterung des Sozialdemokraten Martin Schulz aber, Präsident des Europäischen Parlaments, wäre die Sache gescheitert. Er stellte seinen Stab zur Verfügung und koordinierte die Bemühungen.

Eine Million Euro wurden im EU-Haushalt bewilligt und bereitgestellt. Alles schien gelungen – da verteilte die neue Medienkommissarin Neelie Kroes das Geld freihändig. Und das EZP bekam keinen Cent. Ein exemplarischer Skandal für die Verhältnisse in Brüssel. Das Parlament war der Kommission ausgeliefert. Warum Kroes so verfahren war, blieb unklar. Womöglich wollte sie uns spüren lassen, dass es ein Fehler war, das Projekt über das Parlament anzugehen und nicht über die Kommission. Alle schäumten, Schulz protestierte – und wir nahmen einen neuen Anlauf. Am Ende erfolgreich, doch mit erheblicher Verzögerung. Im Juni 2015 wurde das Europäische Zentrum für Presse- und Medienfreiheit in Leipzig gegründet, als gemeinnützige Europäische Genossenschaft. Wir trafen in Brüssel noch einmal Martin Schulz, um uns zu bedanken. Ich erhob mich spontan, umrundete den Konferenztisch – und umarmte ihn. Das geschieht in Brüssel nicht allzu oft. Er hatte es einfach verdient.

In der Diskussion über Umgestaltung und Zukunft der Medien schrieb ich 2012 für Bernd Buchholz, seinerzeit Chef von Gruner + Jahr, ein Thesenpapier, das sich als weitsichtig erwies. Ich gebe es hier vollständig wieder:

1. Ich glaube nicht mehr an die Zukunft von Print. Symbolhaft: Wenn ich morgens nach der Zeitungslektüre meine geschwärzten Hände anschaue, begreife ich, dass wir todgeweiht sind, weil technisch, ästhetisch, haptisch von vorgestern. Unhaltbar. Print hat es nicht mal geschafft, einen Zeitungsdruck zu entwickeln, der nicht abfärbt. Und die Zeitschriften sind ästhetisch wie publizistisch ausgemolken, ohne Potenzial.

2. Es wird noch einige Zeit Inseln des Print geben, auf die sich die Kulturkonservativen flüchten im Meer des Internets. Die *Zeit* ist vermutlich so eine Insel, der *stern* nicht. Er wird viel rascher überschwemmt und entvölkert sein.

3. Du solltest als strategisches Ziel die komplette Verlagerung aller Titel ins Internet ausgeben. Als erster Verleger, ganz offensiv. Irgendwann wird der Schalter umgelegt und es gibt keine Papierform mehr. Wann das sein wird, weiß niemand. Vielleicht in 10, vielleicht in 20 Jahren. Aber es wird kommen, da bin ich mir sicher. Alle Ressourcen, alles Denken im Verlag sollten auf dieses strategische Ziel ausgerichtet sein. Der Übergang wird gleitend vollzogen werden, aber er wird kommen. Mit dem Ende des Papiers als letzter Stufe.

4. Publizistisch wie verlegerisch bietet das enorme Chancen. Du solltest mal schemenhaft ausrechnen lassen, was Wegfall von Papier, Druck und Vertrieb (mit den entsprechenden technischen Abteilungen in den Redaktionen) an Kosten spart. Und umgekehrt, was eine Internet-Form an zusätzlichen Investitionen erfordern könnte.

5. E-Mag und stern.de müssen auf diesem Weg rasch vereinigt werden (dito bei anderen Blättern des Hauses). Es entsteht ein großer, opulenter Auftritt ohne die formalen Begrenzungen des Print, mit einer aktuellen Nachrichtenabteilung und unendlich vielen neuen Facetten (Sonderthemen wie Fußball, Gesundheit, Jahresrückblick, Fotostrecken etc.), alles paid content. Und mit ganz neuen Formen der Werbung, Bewegtbild nämlich. Ein solcher Entwurf sollte zunächst skizziert werden, damit man den Anzeigenkunden etwas Aufregendes, Neues vorweisen kann. Wenn die Werbung aus dem Print ins Internet geht, muss

man dort einen Eimer aufstellen. Vielleicht beginnt man im fusionierten E-Mag (neben der ständig aktualisierten Nachrichtenabteilung) noch mit einem wöchentlichen Erscheinungstermin, aber vielleicht ist das verzichtbar. Die Geschichten kommen ins Netz, wenn sie fertig bzw. vonnöten sind. Und dort können sie unendlich lange bleiben, um bei Bedarf abgerufen zu werden.

6. Keine nennenswerten Investitionen mehr in die Print-Ausgaben. Alles Augenmerk aufs Internet. Die Redaktionen werden vereinigt. Alle arbeiten für das Online-Produkt (und noch für die Print-Ausgabe).

7. Die Nachfolger der heutigen Chefredakteure kommen nicht mehr vom Print, sondern aus dem Netz. Dominik Wichmann ist als junger Bursche in der Lage, diese Wende an der Spitze mit zu vollziehen. Daneben braucht er einen (oder mehrere) Online-erfahrene Menschen.

8. Die jetzige Linie, sich im Internet-Nebel voranzutasten, ohne klares strategisches Ziel, und zu versuchen, die Print-Ausgaben gegen den unabänderlichen Lauf der medialen Geschichte zu stabilisieren, ist nicht haltbar. Damit machst Du Dich kaputt. Damit macht sich jeder Chefredakteur unglücklich. Denn diese Linie ist zum Scheitern verurteilt, birgt einen Misserfolg nach dem anderen. Du brauchst wie alle im Verlag eine »Mondlandung«, ein ehrgeiziges, begeisterndes Projekt, für das es sich zu kämpfen und zu denken lohnt.

Print ist nicht zu retten. Einem Sterbenden baut man kein Haus.

Buchholz indes tat das – auf Nachfrage – mit einem einzigen Satz ab. Als ich das Papier auch seiner Nachfolgerin Julia Jäkel übergab, war die Reaktion nicht anders. Ich meine: Alles, was ich damals prognostiziert habe, ist Wirklichkeit geworden.

Ich habe viel und manchmal übermäßig hart gearbeitet. Ein bisschen Rock 'n' Roll musste deshalb immer dabei sein. Sagen wir besser: gelegentlich. 2008 fuhr ich mit einer Gruppe von Kollegen nach Kaliningrad, ins frühere Königsberg, das seit Ende des Zweiten Weltkriegs als Exklave zu Russland gehört. Die Russen indes taten damals alles, um die Relikte deutscher Geschichte zu erhalten. Als die Deutschen geflüchtet oder vertrieben waren, wurden ja Menschen aus allen Teilen der Sowjetunion ins ehemalige Ostpreußen umgesiedelt, die selbst keine gemeinsamen Traditionen hatten, manchmal nicht mal dieselbe Sprache sprachen. Ein Dolmetscher, der uns begleitete, erzählte die Geschichte, wie er mit Freunden im sowjetischen Fernsehen eine Dokumentation über die Zerstörung Königsbergs am Ende des Krieges sah. »Unsere Soldaten zerstören unsere Stadt«, habe er damals gesagt. Dieser Satz erfasste die ganze Zerrissenheit der Neu-Kaliningrader. Zur Rettung des Deutschen als gemeinsame Geschichte zählte auch die Rückkehr des Namens Königsberg. Ein Bier heißt beispielsweise so. Und ein Wodka. Ich kaufte eine Flasche davon – und schenkte sie in Berlin Horst Köhler, dem Bundespräsidenten, der im Osten geboren war und wusste, was ich meinte mit dem kleinen Spaß. Er nahm die zweifelhafte Pulle Schnaps jedenfalls amüsiert entgegen. Sie ist sicherlich nicht in die Annalen des Schlosses Bellevue eingegangen.

Am 19. Juli 2013 stand ich am Nordpol. Und nahm im Fahrwasser des russischen Atomeisbrechers *50 Let Pobedy (dt.: 50 Jahre Sieg)* ein Bad im Arktischen Meer. Zwei Grad Minus hatte das Wasser, das war an der Gefriergrenze. Ich sprang, wie ein paar andere meiner Mitreisenden, in der Badehose ins freigebrochene Wasser hinter der gewaltigen Schiffsschraube, zur Sicherheit eine Leine um die Hüfte, schwamm eine Runde und kletterte über eine Aluminiumleiter wieder heraus aufs Eis. Die Luft erschien mir plötzlich warm im Vergleich zum arktischen Badewasser. Für das kleine Abenteuer erhielt ich dann ein Membership Certificate: »Mr. Hans-Ulrich Joerges took a plunge in the icy cold water of the Arctic Ocean, and therefore became a member of the exclusive Polar Plunge Party, while visiting the most extreme part of the world known as the geographic North Pole.«

Den mächtigen Eisbrecher, angetrieben von zwei kleinen Atomreaktoren des Tschernobyl-Typs mit zusammen 100.000 PS, hatte ich in Murmansk bestiegen, begleitet von ein paar Freunden. Die Erfüllung des Traums kostete mich etwa 20.000 Euro, einen erklecklichen Teil meines Gesparten. Aber das war mir die Sache wert. Im Sommer geht die Sonne in der Arktis nicht unter, man kann also unablässig Ausschau halten nach Eisbären – und vorher, im Packeis, nach Inseln und Walrössern. Der rosarot gestrichene Eisbrecher, den ich komplett in Augenschein nehmen konnte, auch die Steuerstände der Atomreaktoren, räumte im Winter die Fahrrinne von Frachtern um Sibirien frei, im Sommer fuhr er mit teuer zahlenden Verrückten an den Nordpol. Ich teilte mit einem Freund die winzige Kabine eines Ingenieurs mit einer handtuchgroßen Duschzelle. Einmal stellte ich mich auf dem menschenleeren Vordeck ganz vorne an den Bug des Schiffes und richtete den Blick in die Ferne. Ich wurde andächtig. Viel ging mir durch den Kopf über mein Leben und dessen Bruchkanten. In diesem Moment war ich der nördlichste Mensch auf Erden.

Die Eindrücke waren überwältigend. Wir besichtigten verschiedene Inseln, ein Schlauchboot wurde dabei von einem wütenden Walross mit den Stoßzähnen platt gestochen, und schlenderten unter anderem durch die Relikte einer mehr als hundert Jahre alten russischen Polarstation. Die Hundehütten und selbst die Näpfe der Hunde standen noch hinter dem Gebäude, das lediglich vom Sturm etwas windschief

405

geblasen worden war. Gelegentlich lebte noch ein Wissenschaftler darin, der den Auftrag hatte, die Station Stück für Stück zu zerlegen und den Schutt für den Rücktransport in Säcke zu verpacken.

Als wir den geografischen Nordpol erreichten, unser Ziel, durften wir von Bord gehen, das mächtige Schiff umrunden, Würstchen auf einem Grill braten und Wodka aus den Flaschen unserer russischen Mitreisenden genießen. Selbst die rastlosen Chinesen, die mit uns unterwegs waren, benahmen sich nun zivilisiert, statt sich ständig unter Einsatz ihrer Ellenbogen nach vorne zu drängeln. Ich rauchte mit meinen Freunden eine Havanna. Am Nordpol – welch ein exklusives Vergnügen! Die schönsten Momente waren die Rundflüge an Bord eines betagten Hubschraubers, der Pilot hatte einen Hammer und einen Schraubenzieher zwischen den Pedalen, und mein Spaziergang zu aufgeworfenen Bruchkanten des Eises in einiger Entfernung. Posten waren mit Gewehren aufgestellt worden, um uns vor Angriffen von Eisbären zu schützen. Diese Bruchkanten schimmerten im zartesten Blau, das ich je in meinem Leben gesehen habe. In Rinnen stand Wasser darunter, Süßwasser aus geschmolzenem Schnee, das unbeschreiblich frisch und klar schmeckte.

Als wir wieder nach Murmansk einliefen, passierten wir die ziemlich komplett versammelte Atomflotte Russlands. Eisbrecher und U-Boote verschiedener Klassen und Baujahre. In einem kleinen Park war der Turm des Atom-U-Boots *Kursk* aufgestellt, als Mahnmal zur Erinnerung an die beim Sinken ertrunkenen Matrosen. Die Stadt machte einen schrecklichen Eindruck. Die deutsche Luftwaffe hatte den einzigen eisfreien Hafen der Sowjetunion, in dem alliierte Geleitzüge mit Kriegsgerät festmachten, von Norwegen aus in Grund und Boden bombardiert. Nach dem Krieg wurde die Stadt rasch wieder aufgebaut – zu rasch. Und zu provisorisch.

Als unser Atomeisbrecher in diesem Sommer zu einer zweiten Nordpolexpedition auslief, rammte er übrigens einen Eisberg, der ihm den Rumpf aufriss. Die schier unglaubliche Geschichte mailte mir eine österreichische Studentin, die als Kellnerin an Bord arbeitete. Die Havarie wurde geheim gehalten. Eine Kollision mit einem Eisberg, das durfte natürlich einem atomgetriebenen Schiff niemals passieren. Und dass dabei der Rumpf aufgeschlitzt wurde, theoretisch also Wasser eindringen konnte, noch weniger. Wie es dazu gekommen war, konnte man nur mutmaßen. Ich nehme an, dass nachts auf der Brücke Alkohol den Blick getrübt hatte. Denn das Schiff war mit modernster Ortungstechnik ausgestattet, um es vor Kollisionen zu schützen, die sich bei der Beschädigung von Reaktorteilen rasch zur atomaren Katastrophe fernab jeder Zivilisation auswachsen konnten. Der Kapitän dürfte das Kommando umgehend verloren haben. Wie und zu welchen Kosten repariert man übrigens ein Leck im Rumpf eines Atomeisbrechers? Und wie konnte dieses Leck überhaupt entstehen in dem superharten Spezialstahl? Fragen über Fragen, an denen sich die russischen Experten gewiss die Zähne ausbissen.

Purer Rock 'n' Roll war im Mai 2006 meine Reise mit Angela Merkel in die USA. Neben dem amerikanischen Präsidenten George Bush und UN-Generalsekretär Kofi Annan hielt sie dort eine der Festreden auf der 100-Jahr-Feier des American Jewish Committee (AJC). Geladen war zu einem Bankett, an runden Tischen in einem großen, vollbesetzten Saal. Naturgemäß war der Sicherheitsaufwand groß. Wir Journalisten allerdings waren hinter einer Kordel eingezwängt und bekamen weder etwas zu essen noch zu trinken. Das empörte mich zunehmend. Darbend blickte ich auf die Tafel vor uns.

Da sah ich die Kellner in langer Reihe durch eine Schwingtür in die Küche einrücken und durch eine andere Schwingtür wieder herauskommen, auf den emporgestreckten Fingern jeder Hand einen Teller mit Braten und Beilagen. Ich trug einen schwarzen Anzug ohne Krawatte, ganz so wie die Kellner. Also beschloss ich kurzerhand, mich bei ihnen einzureihen und mit ihnen in die Küche zu rücken, um etwas Essbares zu besorgen. Gedacht, getan. In der Küche wurden die Teller auf zwei breiten Metallschienen beladen und Stück für Stück nach vorne gerückt. Dort griffen die Kellner darunter, nahmen rechts und links einen Teller auf und liefen damit durch den Ausgang, um im Saal zu bedienen. Das war einfach. Ich tat es ihnen nach, nahm zwei Teller auf, öffnete die Schwingtür mit der Hüfte und drehte mich heraus. Draußen standen zwei Secret-Service-Agenten, die mich misstrauisch beäugten, dann aber anstandslos passieren ließen. Ich lief nicht nach links in den Saal, sondern nach rechts, in Richtung Pressegatter. Unter den ungläubigen Augen der Kollegen nickte ich einem zu und wir verkrümelten uns nach hinten in den Saal, wo wir unsere Teller ohne Besteck, nur mit den Fingern leer aßen. Es schmeckte doppelt herrlich. Meine Chuzpe konnte ich später selbst kaum fassen. Ich war ein ungeheures Risiko für mein Leben, wenigstens aber meine Gesundheit eingegangen. Hätten die Sicherheitsleute mich für einen Attentäter gehalten, wäre mein Leben keinen Cent mehr wert gewesen. Aber das hatten sie ja nicht. Und das warf noch gravierendere Fragen auf. Nehmen wir an, ich wäre ein Attentäter gewesen, hätte mir in der Küche eine versteckte Waffe gegriffen, sie in den Hosenbund geschoben und wäre dann mit zwei Tellern nach links abgebogen statt nach rechts, wäre ganz nach vorne zu den Ehrentischen gelaufen, wo der amerikanische Präsident saß neben der deutschen Kanzlerin – ich hätte sie über den Haufen schießen können. Wie löchrig also waren die Sicherheitsvorkehrungen selbst in einem Saal voller höchst gefährdeter Juden – mit dem amerikanischen Präsidenten mittendrin? Übrigens wurde auch niemand misstrauisch, als da zwei merkwürdige Männer hinten im Saal ihre Teller mit den Fingern leerten. For God's sake …

Noch bizarrer war meine Rock-'n'-Roll-Einlage bei der UN-Vollversammlung 2015 in New York. Papst Franziskus war angesagt, außerdem mehr als 140 Staats- und Regierungschefs. Ich kam mit Angela Merkel. Die Presseleute wurden zunächst aufwändig kontrolliert, dann aber im Gebäude freigesetzt. Ich war neugierig und schnürte um den riesigen Sitzungssaal, dessen Türen zu einem bestimmten Zeitpunkt geschlossen wurden und nur noch von innen geöffnet werden konnten. Durch den Spalt der Türen konnte ich erkennen, dass drinnen Helfer der Staatenlenker an der Wand aufgereiht standen, ohne Sitzplatz. Das war offenbar üblich. Also beschloss ich, das auch zu tun. Den Papst vor der Vollversammlung sprechen zu hören, ohne Fernsehbild, ohne Übersetzung, das war von hohem Reiz.

Als wieder eine Tür aufging, schlüpfte ich also hinein und stellte mich gleich an die Wand, um ein befugtes Gesicht aufzusetzen. Es war indes nicht befugt genug. Die Security hatte nach ein paar Minuten erkannt, dass ich nicht dazu gehörte, vermutlich an der Farbe meines Ausweises, den ich an einem Band um den Hals trug. Also wurde ich rausgeworfen. Höflich. Und ohne zu kontrollieren, was ich nun draußen tat. Ich wartete eine Weile, dann schlüpfte ich wieder hinein. Mit dem gleichen Ergebnis. Diesmal aber wurde ich draußen in die Obhut zweier anderer Sicherheitsleute entlassen, die mich zu einer breiten Wendeltreppe führten und hinunterschickten. Ich folgte den Anweisungen – und fand mich plötzlich im menschenleeren Foyer der UN wieder, auf spiegelglatter Fläche. Schütteres Publikum wartete hinter Kordeln am Rand. Da kamen auch schon ein paar aufgeregte Secret-Service-Agenten angestürmt, die mich zur Seite zogen und gleich ganz aus dem Gebäude warfen, denn man erwartete gerade die Ankunft des Papstes. Wäre ich da hinein geraten …

Es lohnt sich, einen Moment darüber nachzudenken, was denkbar gewesen wäre, falls sich ein Terrorist in die Vollversammlung geschlichen hätte, getarnt als Journalist, um drinnen von einem unkontrollierten Staatsgast, sagen wir: aus Libyen, eine Pistole zugesteckt zu bekommen und den Papst als Geisel zu nehmen. Oder ein Dutzend der Staats- und Regierungschefs. Am Abend dieses Tages berichtete ich meinem Freund Mark Wood, dem früheren Reuters-Chefredakteur, per SMS nach London, wie ich es hineingeschafft hatte in die UN-Vollversammlung. Wir kommunizierten ausführlich, ich lag auf meinem Bett im Hotel, vielleicht 300 Meter Luftlinie vom UN-Gebäude entfernt. Als wir uns verabschiedet hatten, fuhr mir durch den Kopf, ob jetzt nicht gleich eine Antiterrortruppe die Tür meines Zimmers eintreten würde, weil die Abhörexperten des Geheimdienstes NSA ja auf Botschaften wie meine spezialisiert sein müssten. Doch es passierte nichts. Vermutlich hatten die NSA-Spezialisten, die rund um den Globus die Ohren aufsperrten, in der eigenen Wohnstube gar nichts mitbekommen.

Zurück zur Vollversammlung. Zum zweiten Mal rausgeworfen, diesmal sogar aus dem Gebäude, beschloss ich, die Prozedur der Einlasskontrollen noch mal auf mich zu nehmen. Den Ausweis hatte ich ja schon. Nun ging die Sache schneller, ich machte ein harmloses Gesicht und erklärte, ich hätte draußen vergeblich auf einen Kollegen gewartet. Es funktionierte. Drinnen, im Umlauf des Saals, wartete ich wieder auf eine geöffnete Tür. Diesmal aber wollte ich mich nicht mehr an den Rand stellen, sondern nach einem freien Platz im Plenum Ausschau halten. So geschah es auch. Und so gelang es schließlich. Ich nahm einen deutschen Kollegen ins Schlepptau, trat durch die Tür – der Papst hatte gerade gesprochen, nun folgten andere Größen – und erblickte, vielleicht 20 Meter entfernt, drei leere Plätze. Ich steuerte entschlossen darauf zu, inspizierte unauffällig, durch eine Körperdrehung, das Schild auf dem Tisch und nahm Platz, der Kollege neben mir. »Mongolia«, las ich. Ich saß auf dem blauen Stuhl der Mongolei! Die war offenbar nicht vertreten auf dieser Vollversammlung. Ich blickte mich um. Fünf Reihen vor mir saß »Germany«, Angela Merkel. Links von mir las eine jüngere Blondine Mails auf ihrem Handy. Das war rosarot und hatte zwei Bunny-Ohren. »Monaco«. Ein paar Reihen hinter mir hatte der Präsident Nigerias Platz genommen, den Merkel zwischendurch besuchte. Sie ging direkt an mir vorüber, aber sie nahm mich nicht wahr. Klar, Mongolia ist für Germany von geringem Interesse, im Gegensatz zum ölreichen Nigeria.

Trotz der Reden, die nun routiniert abgespult wurden, war ein einziges Kommen und Gehen. Man redete, doch man hörte sich nicht zu. Der iranische Staatschef kam an mir vorüber und nickte mir lächelnd zu. Hatte der Iran was mit der Mongolei? Oder amüsierte ihn der blonde Mongole? Ich entspannte mich. Und lauschte dem Klopfen meines Herzens. In der Vollversammlung der Vereinten Nationen. Mit dem Stellvertreter Christi und 140 Staatenlenkern. Hätte schlimmer kommen können für den Entwurzelten.

***

Herr
Frau .... H.-U. Jörges
Fräulein

erhält die Erlaubnis, nach Ablegung der Prüfung *)
ein Kraftfahrzeug mit Antrieb durch

Verbrennungsmaschine

der Klasse eins - zwei - drei - vier *) zu führen.

645 Hanau, den .... 12. Februar 19 71

Der Landrat
des Landkreises Hanau
I. A.

(Stempel)

.... (Unterschrift)

Liste Nr. ....

Vermerk des amtlich anerkannten Sachverständigen oder
Prüfers für den Kraftfahrzeugverkehr *) **)
Nach bestandener Prüfung ausgehändigt.

Frankfurt a. M. den .... 3 . 5 . 19 71

Der amtlich anerkannte Sachverständige /
Prüfer*) für den Kraftfahrzeugverkehr

29052/4

.... (Unterschrift)

*) Nichtzutreffendes durchstreichen.
**) Bei Führerscheinen der Klasse 4, bei erneuter Erteilung nach Ent-
ziehung der Fahrerlaubnis und in den Fällen des § 10 Abs. 3
StVZO und § 14 Abs. 4 StVZO, ist dieser Vermerk gegebenenfalls
zu streichen.